ROBERTO YÁÑEZ | THOMAS GRIMM

Ich war der
letzte Bürger der DDR

Mein Leben als Enkel der Honeckers

Insel Verlag

Erste Auflage 2018
© Insel Verlag Berlin 2018
Alle Rechte vorbehalten, insbesondere das
des öffentlichen Vortrags sowie der Übertragung
durch Rundfunk und Fernsehen, auch einzelner Teile.
Kein Teil des Werks darf in irgendeiner Form
(durch Fotografie, Mikrofilm oder andere Verfahren)
ohne schriftliche Genehmigung des Verlages
reproduziert oder unter Verwendung
elektronischer Systeme verarbeitet,
vervielfältigt oder verbreitet werden.
Karten: Peter Palm, Berlin
Satz: Greiner & Reichel, Köln
Druck: CPI – Ebner & Spiegel, Ulm
ISBN 978-3-458-17748-7

N

BUNDESREPUBLIK
DEUTSCHLAND

VR
POLEN

DEUTSCHE DEMOKRATISCHE
REPUBLIK

BUNDESREPUBLIK
DEUTSCHLAND

ČSSR

Darß   Rügen
Stralsund
                    Vilm
Warnemünde ●
      ● Rostock   Greifswald ●
                              Wolgast
Lübeck ○ ─ Wismar ●   Usedom
Hamburg   Anklam
      Elbe Schwerin ● Güstrow ●
                  Nossentiner   ○ Szczecin
                  Heide
            Parchim ● Müritz   ● Neubrandenburg
                        ● Neustrelitz
                              Döllnkrug
                              (Gästehaus der
                              Regierung)
                              Großdöllner
                              See   Schwedt
                        Wildfang Groß Dölln ● ● Joachimsthal
                        Neuruppin ● Schorfheide ● Hubertusstock
                              Pinnowsee
                        Waldsiedlung Wandlitz ● Lobetal
      Stendal ●   Bernau
                        West-Berlin Ost-Berlin
                              Hauptstadt der DDR   Oder
            Brandenburg ● Potsdam ●
                        Drewitz ●   Frankfurt (Oder)
Braunschweig ○   Beelitz ●
      Magdeburg ● DEUTSCHE DEMOKRATISCHE
      Halberstadt ●   Spree
                  Elbe
            Dessau ● Wittenberg
                              Cottbus ●
      Eisleben ● Saale Torgau ●   Neiße
            Halle ●
                  ● Leipzig
Mühlhausen ●   Bautzen ● ● Görlitz
            Altenburg ●
Eisenach ● Erfurt ● Weimar ● ● Jena   Dresden ● Elbe
                        Karl-Marx-Stadt   Zittau ●
            Gera ●   (Chemnitz)
                  ● Zwickau
      Suhl ● Saalfeld ●
                  Plauen ● Fichtelberg
                              Oberwiesenthal
            Hof ○   ○ Karlovy Vary

·········· Bezirksgrenzen von 1952 bis 1990

0   20   40   60 km

Inhalt

Abschied im Pfarrhaus

Es wird sein Abschiedsbesuch sein, das weiß Roberto, als er mit seiner Familie am 25. Februar 1990 in den kleinen Ort Lobetal nördlich von Berlin fährt. Hier haben seine Großeltern Margot und Erich Honecker seit Ende Januar ein Obdach im Pfarrhaus gefunden. Vor wenigen Monaten noch bewohnten sie keine zwölf Kilometer von Lobetal entfernt ein komfortables Haus in der Funktionärssiedlung Wandlitz. Als die neue Regierung ihnen hier den Mietvertrag gekündigt hatte, suchten die Großeltern für sich eine neue Bleibe und fanden sie in Lobetal im Wohnhaus von Pfarrer Uwe Holmer.

Die Auto-Route zum neuen Wohnort führt wie all die Jahre zuvor über Berlin-Pankow auf die Autobahn Richtung Bernau. Roberto kennt diese Straßenführung im Schlaf. Unzählige Male absolvierte er auf dem Rücksitz eines Volvos die gesicherte Regierungsstrecke. Einer von Großvaters Personenschützern steuerte den Dienstwagen.

Als Kind empfand Roberto jede Fahrt auf der sogenannten Protokollstrecke als Abenteuer: »Wenn man zu Hause abgeholt wird und alle Ampeln auf Grün springen, zeigt der Tacho schnell 160 km pro Stunde an. Mit einem Trabant kommt man mit Glück auf 110. Wir haben niemals länger als vierzig Minuten von Berlin-Mitte über die Greifswalder Straße und die Autobahn bis zum Wohnhaus der Großeltern in Wandlitz benötigt. Mein Lieblingsfahrer war Addi. Einmal zeigte er mir seine Pistole im Handschuhfach. Ihn mochte ich von allen Bodyguards am meisten. Erschüttert hat mich sein früher Tod. Er musste sich – wie alle anderen Personenschützer – nach dem Ende der DDR einen neuen Job suchen und arbeitete im Wachschutz für Geldtransporte. Bei einem Raubüberfall wurde er erschossen. Ein aufgesetzter Brustschuss aus nächster Nähe, durch die Schutzweste hindurch und völlig unerwartet. Der Bandit hat ihn förmlich hingerichtet.«

Familie Yáñez ist im eigenen Auto »Marke Wartburg 1.3 mit Sonderausstattung« nach Lobetal unterwegs. Das Modell, mit einem VW-Viertaktmotor ausgerüstet, ist erst 1988 auf den Markt gekommen. Es war bedeutend teurer als ein normaler 353er Zweitakter und wurde auch nur in kleiner Stückzahl produziert.

»Vater war ein bisschen stolz auf den Wagen. Bis heute hält sich ja das Gerücht, meine Familie hätte einen Volvo besessen, mit Fahrer. Nein, sogar Großmutter fuhr privat einen Wartburg, mit dem sie mich oft von der Schule abholte.«

Nach einer halben Stunde verlässt die Familie die Protokollstrecke an der Autobahnabfahrt Bernau-Süd in Richtung Eberswalde. Würden die Großeltern noch in Wandlitz wohnen, müsste man lediglich eine Ausfahrt später nehmen. Vater Leonardo konzentriert sich auf Nebenstraßen, damit er den Abzweig vom Biesenthaler Weg in die Bodelschwinghstraße nicht verpasst. Links abbiegen und schon kommt das Pfarrhaus auf der rechten Straßenseite ins Blickfeld.

Roberto darf die gesamte Wegstrecke auf dem Beifahrersitz logieren. Einerseits freut er sich auf das Wiedersehen, auf der anderen Seite füllt sich sein Herz mit Angst und Wehmut. In Vorbereitung der Ankunft zieht Mutter auf dem Rücksitz der einjährigen Schwester Vivian einen Overall an. Durch das vom Hausherrn bereits geöffnete Gartentor chauffiert der Vater das Auto auf die Rückseite des Kirchenhauses. Man soll den Besuch möglichst nicht von der Dorfstraße aus erkennen. Pfarrer Holmer schließt die Pforte, riegelt sie sorgfältig ab. Für den Nachmittag sind Demonstranten angekündigt.

Seit einigen Wochen leben die Großeltern nun schon im Pfarrhaus der evangelischen Gemeinde Lobetal. Pfarrer Uwe Holmer und seine Frau gewähren dem einst mächtigsten Ehepaar der DDR ein privates Asyl in ihrem Haus. Roberto war schon einige Male zu Besuch hier und kennt die Pfarrersfamilie. Die Großeltern wohnen im Obergeschoss in zwei Zimmern mit einer

Kochplatte und einem kleinen Bad. Er empfindet die Atmosphäre im Pfarrhaus durchaus als angenehm. Großvater sitzt an einem schmalen Schreibtisch, liest Zeitung, notiert sich für ihn Wichtiges. Er sei erschüttert gewesen über seine Lage, traurig, aber Angst hat Roberto bei ihm nicht bemerkt.

Großmutter kocht das Essen für die Besucher. Den Kuchen haben die Eltern aus Berlin mitgebracht.

Für Familie Holmer war es keine leichte Entscheidung, den Chef-Atheisten der DDR bei sich aufzunehmen. Von ihren zehn Kindern konnte keines in der DDR ein Abitur machen, weil Pfarrer Holmer seine Abneigung gegen das SED-System nie verhehlt hatte. Aber die Pfarrgemeinde versteht sich im Geiste des Gründers der Stiftung Lobetal, des Pfarrers Friedrich von Bodelschwingh. Der hatte 1905 die Stiftung als Zufluchtsort für Obdachlose ins Leben gerufen. Dem fühlt sich das Pastoren-Ehepaar verpflichtet und nimmt gegen alle Anfeindungen die Honeckers in seinen Privaträumen auf. Von dessen Kindern leben noch zwei Söhne bei den Eltern.

Mit zweistelligen Plusgraden sind die Temperaturen Ende Februar ungewöhnlich mild. Nach einigen Stunden in der kleinen Stube bei den Großeltern drängt es Roberto ins Freie. Im Garten gesellt er sich zu Holmers Söhnen, die Fußball spielen. Erst nach geraumer Zeit bemerkt er, dass sich mehr und mehr Menschen um das Pfarrhaus versammeln. Sie halten Plakate hoch mit Aufschriften wie »Hängt Honecker« oder »Keine Gnade für Honecker«. Dann skandiert die Menge: »Honecker raus! Hängt ihn auf.« Die sich aufheizende Dynamik der Situation wirkt zunehmend gefährlich. Nur der Zaun hält die Menschenmenge davon ab, das Grundstück zu fluten. Roberto konzentriert sich ganz auf das Fußballspielen, schaut nicht mehr in Richtung der Demonstranten, verschließt seine Ohren. Zornige Rufe der aufgeputschten Demonstranten erreichen ihn nur noch als brummendes Geräusch. »Damals hat der Fußball mir wahrscheinlich das Leben gerettet. Ich habe mich so auf den Ball fixiert, dass keine Angst bei mir einkehrte.«

1 Margot und Erich Honecker im Pfarrhaus Lobetal, 1990.

Das Ehepaar Holmer verhindert die drohende Eskalation. Es geht auf die aufgebrachten Menschen zu und erklärt, warum es die Fliehenden bei sich aufgenommen hat. Später berichtet Pfarrer Holmer den Honeckers von einer bewegenden Szene mit einem Mann, der sich empört habe: »Sie haben überhaupt kein Recht, dem Honecker zu vergeben, Sie haben ja auch nichts erlebt. Ich war fünf Jahre in Bautzen, eigentlich war ich zum Tode verurteilt, dann haben sie mich auf 15 Jahre begnadigt, und fünf Jahre habe ich dort gelitten. Was ich durchgemacht habe, das können Sie sich gar nicht vorstellen.« Seine Frau, die neben ihm stand, habe hinzugefügt: »Was eine Frau durchmacht, wenn sie den Mann abholen und man nicht weiß, wo er bleibt, das können Sie sich nicht vorstellen.« Darauf hatte Holmer geantwortet: »Ich habe Herrn Honecker nur vergeben, was er mir an Unrecht getan hat. Was er Ihnen an Unrecht getan hat, kann ich ihm nicht vergeben.« Dann schaute er dem Mann ins Gesicht und sah seine wirklich verbitterten Züge: »Was Ihnen Honecker an Unrecht angetan hat, müssen Sie ihm selbst vergeben. Wenn Sie ihm nicht vergeben, frisst die Bitterkeit Ihres Herzens Sie auf.« Und da hat der Mann einen Augenblick überlegt und dann gesagt: »Ja, Sie haben vielleicht recht, ich muss vergeben, und ich will vergeben.« Abschließend resümiert Pfarrer Holmer vor den nicht unbeeindruckten Honeckers, dass ihm bei dieser Begegnung sehr deutlich geworden sei, dass das biblische Wort von der Vergebung ein ganz lebenspraktisches Wort ist.

Die Worte des Pfarrers erreichen Roberto wie aus einem dichten Nebel, in Gedanken ist er bereits ganz woanders. In wenigen Minuten schon muss er sich von seinen Großeltern verabschieden. Doch diesmal ist es nicht das übliche »Auf Wiedersehen!«. Gleich am nächsten Tag wird er mit seiner Familie ins Flugzeug steigen und nach Santiago de Chile fliegen, in die Heimat seines Vaters.

Leonardo Yáñez war von Allendes Regierung 1972 zum Studium in die DDR geschickt worden. Als Student an der TU Dresden verliebte er sich in Sonja, Robertos Mutter. Sie ist die einzige Tochter des DDR-Parteichefs und dessen Frau, der Ministerin für Volksbildung Margot Honecker. Leonardo und Sonja heiraten 1974, kurz vor Robertos Geburt.

Die Auswanderung der jungen Familie nach Chile ist seit einiger Zeit geplant. Bereits 1987, als das Pinochet-Regime Robertos Vater von der Todesliste streicht und für ihn das Einreiseverbot aufhebt, schmiedet das Paar erste Pläne. Jedoch muss es den Ausreisewunsch aus der DDR immer aufs Neue zurückstellen. Man will warten, bis die Großeltern alle Staatsfunktionen aufgegeben haben, damit es im Volk nicht heißen würde: Honeckers Tochter darf ausreisen, und wir nicht.

Als sich zu Beginn des Jahres 1988 deutlich abzeichnet, dass der Großvater keine Anstalten macht, sein Amt auf dem nächsten Parteitag aufzugeben, vermehren sich die Spannungen innerhalb der Familie bezüglich der Übersiedlung nach Chile erheblich. Roberto ist oftmals dabei, wenn sich Mutter und Großmutter über eine solche Ausreise streiten. Sonja Yáñez vertritt als Frau eines chilenischen Staatsbürgers in dieser Frage eine eigene Position: Ausreise für jedermann! Oma argumentiert stets dagegen: Die DDR habe ja immerhin die teure Ausbildung bezahlt, und dann würden diese Ärzte und Ingenieure vom Westen abgeworben. Das könne man doch schließlich nicht zulassen! Bei dieser Meinung bleibt Margot Honecker ihr ganzes Leben lang.

Jetzt, im Winter 1990, ist die Situation jedoch eine ganz neue. Robertos Eltern haben die Möglichkeit angenommen, die ihnen eine UNHCR-Hilfsaktion geboten hat. Das UNO-Hilfswerk stellt chilenischen Flüchtlingen für einen begrenzten Zeitraum kostenlose Flüge und ein größeres Gepäckkontingent für die Rückkehr in die Heimat zur Verfügung.

Mutter und Vater sind nach dem Mauerfall arbeitslos geworden. Die finanzielle Lage der jungen vierköpfigen Familie ist nicht gerade rosig. Auch die Konten der Großeltern sind gesperrt. Für Familie Yáñez bietet sich daher jetzt die einmalige Chance, in das Land des Vaters überzusiedeln.

»Ich wollte hierbleiben.« Dieser Moment der endgültigen Verabschiedung von seiner Berliner Heimat, von den Großeltern und Freunden ist Roberto noch heute allgegenwärtig: »Ich habe meinen Eltern gesagt: ›Ich will dableiben‹. Der Vater einer meiner Freunde hat vorgeschlagen, ich könne bei seiner Familie wohnen und weiter in meine alte Schule gehen. ›Nein, das geht nicht, du musst jetzt mit uns fliegen‹, höre ich noch meinen Vater. Es ging alles sehr schnell, sozusagen zack, zack und weg.«

Vor dem Pfarrhaus ist es still geworden, die meisten Demonstranten haben sich mit gecharterten Bussen auf die Heimreise begeben. Familie Holmer hat sich zum Abendgebet zurückgezogen. Roberto ist vom Fußballspielen an den Familientisch zurückgekehrt. Der Moment des Abschieds und des Aufbruchs ist gekommen. Die Großeltern tragen es angespannt, aber mit Fassung. Robertos Mutter ist gezeichnet von der Sorge, was nun aus ihren Eltern, vor allem dem kranken Vater, werden wird, wenn sie und ihre Familie ins ferne Chile ausreisen. In der Presse wird es später heißen, Honeckers Tochter fliehe nach Chile und lasse die Eltern allein zurück. Auf die Frage, ob er, Roberto, beim Abschied geweint habe, erinnert er sich:

»Nein. Hab ich nicht. Wir haben uns umarmt und uns ein Wiedersehen in Chile gewünscht.« Ob in diesem Augenblick alle daran geglaubt haben, wolle er nicht beschwören: »Aber Großvater meinte noch mit verschwörerischem Gestus, dass ihm die sowjetischen Genossen helfen würden. Ich selbst hatte nicht das Gefühl, dass mein Leben in Gefahr wäre. Mein Leben war erst in Gefahr, als ich die Kultur gewechselt hatte.«

Am Tag der Ausreise aus der DDR ist Roberto 15 Jahre und fünf Monate alt. Er landet Anfang März mit seiner Familie in Santiago de Chile, 12 000 km von seiner Heimat entfernt. Eines seiner schönsten Gedichte könnte diesen Wendepunkt in seinem Leben poetisch aufgehoben haben.

Einmal auf der Frühlingsstraße
Stiehlt der Maulwurf unsere Seele
Es sind Angelegenheiten die aus einem Fenster
ein Fenster machen
Ein Lied das der Gärtner singt um nicht zu schlafen
Und die tote Wahrheit küsst die Blumen
Durchs Fenster kann man die Landstreicher sehen
Es ist der Schlaf des Frühlings
In dem die Tiere an uns denken

Schulzeit: Der 15. Geburtstag

Robertos 15. Geburtstag fällt auf einen Dienstag im Oktober 1989. In Berlin herrscht typisches Herbstwetter mit Wolken, Sonne und ab und an ein paar Regentropfen. Das stört ihn nicht auf seinem kurzen Schulweg. Er muss nur die stark befahrene Leipziger Straße in einem Fußgängertunnel durchqueren, dann ist die Schule in Sichtweite. Es ist – wie ganz normal in der DDR – eine zehnklassige allgemeinbildende Polytechnische Oberschule. Was sie von anderen unterscheidet, ist ihre Lage direkt hinter der Mauer in Berlin-Mitte, und ihr Name: Reinhold-Huhn-Oberschule.

Reinhold Huhn war 1962 während seines Wehrdienstes als Grenzposten an der Berliner Mauer von einem Fluchthelfer erschossen worden. Dieser hatte ab der Baugrube der zukünftigen Zentrale des Springer-Konzerns einen Fluchttunnel gegraben, um seine im Ostteil der Stadt wohnende Familie in den Westen zu holen. Die Flucht durch den Tunnel zurück zur Baustelle in West-Berlin gelang. Huhn war auf der Stelle tot. Die DDR-Führung errichtet später in der Zimmerstraße nahe dem ehemaligen Tatort ein Denkmal zur Erinnerung an den getöteten Grenzsoldaten.

Mit Beginn der Einschulung müssen die Schüler der Reinhold-Huhn-Oberschule einmal jährlich die Gedenkstätte besuchen. Das Denkmal besteht aus drei übereinanderliegenden Sandsteinquadern. »Ihr Tod ist unsere Verpflichtung« steht auf dem obersten Stein, darunter an erster Stelle der Name Reinhold Huhns. Auch Roberto absolviert mit seiner Klasse das Ritual und wird belehrt, dass die Imperialisten Klassenkampf mit Lügen, Hetze und Mord führen, um den Aufbau des Sozialismus zu verhindern. Von den durch Grenzsoldaten bei der Flucht in den Westen getöteten Menschen erfahren die Schüler nichts. An einem normalen Schultag geschieht vor den Fenstern ihres Klassenzimmers eines

2 Roberto (2. v. re.) auf dem Schulweg an der Unterführung Leipziger Straße, 1983.

Tages ein besonderer Vorfall. Die Kinder können zuschauen, wie ein Mann mit einem selbstgebauten Segler von einem Hochhaus über die Mauer hinwegfliegt. Der Flüchtling erleidet bei seiner Landung Knochenbrüche, aber er überlebt den Sturzflug. Im Sportunterricht wird Roberto am Nachmittag Granatenwerfen üben. Abends spielt er Handball.

Roberto wächst, umgeben von der Berliner Mauer, nicht weit entfernt vom Checkpoint Charlie auf. Vom Balkon der Wohnung im zwölften Stock schaut er über die Grenzanlagen hinweg auf einen kleinen Platz mit einer Telefonzelle.

»Ich habe geträumt, ich könnte jetzt zu dieser Telefonzelle gehen und dann von da aus meine Freunde in Ost-Berlin anrufen. Das Thema der deutschen Teilung gehörte von Kindheit an zu meinem Leben. Ich weiß noch, wie ich Großvater fragte, ob ich denn sein Elternhaus in Wiebelskirchen im Saarland besuchen könne. Für mich war das eine ganz natürliche Frage, da ich ja wusste: Dort lebt Opas Schwester Gertrud. Die Antwort war ein deutliches ›Nein, das geht nicht.‹ Ich habe gefragt warum, aber

15

3 Roberto (3. v. li.), 18. POS »Reinhold Huhn«.

darauf gab es keine Antwort, nur ein Kopfschütteln. Damit war das Thema erledigt.

In der Schule habe ich als Erich Honeckers Enkel unterschiedliche Erfahrungen gemacht. Von meinem Vater muss ich ein Stück südamerikanisches Temperament geerbt haben, denn die vorgeschriebene Disziplin habe ich selten eingehalten. Bei Verstößen kamen die Lehrer immer mit derselben Leier: ›Du als Enkel von Honecker musst ein Beispiel sein und darfst dich nicht so benehmen, wie du dich benimmst.‹ Viele waren lieb zu mir. Meine Klassenkameraden, die haben sich nicht daran gestört, dass ich der Enkel vom Staatschef war.

Nerviger war meine Großmutter, die als Volksbildungsministerin mit der Direktorin gut befreundet war. Zwei bis drei Mal in der Woche rief sie bei ihr an, um nach meinen Leistungen zu fragen. Man kann sagen, dass ich unter Beobachtung stand, aber verbogen habe ich mich deshalb nicht.

Ich kann mich auch nicht erinnern, dass ich mir einen Maulkorb auferlegt habe. Trotzdem ist da im Inneren so ein Gefühl, dass man jemand Besonderes ist, dass einem im Grunde nichts passieren kann. Wer will sich schon mit dem Staatsratsvorsitzenden anlegen? So konnte ich mir manches Verhalten leisten, was anderen mehr Ärger eingebracht hätte. Zum Beispiel als wir im Unterricht gefragt wurden, ob wir an der militärischen Ausbildung in der GST teilnehmen möchten. Großmutter hatte ja durch ihr Ministerium einen Wehrkunde-Unterricht einführen lassen. Da hab ich mit einigen gesagt: ›Nein, keine Lust.‹ Der Lehrer war verblüfft, aber was will er machen, er hatte ja eine Frage gestellt.

Mich hat man in der Pause ins Direktorenzimmer geschickt. Um mich herum stehen die Direktorin und der Fachlehrer. Es kommt, was kommen musste: ›Deine Großeltern sind Antifaschisten, und du willst nicht mit zur Wehrausbildung. Das geht nicht. Du musst gerade in dieser Sache Vorbild sein.‹ Das Argument vom Antifaschismus hat mich meistens einsichtig gemacht.«

Der Kampf der Großeltern gegen Hitler spielt im Leben Robertos eine dominierende Rolle. Schon als Fünfjährigem wird ihm die offizielle Geschichte über den kommunistischen Widerstand des Großvaters gegen Faschismus und Krieg erzählt.

»Ich hatte aber den Eindruck, er mochte es nicht, von sich selbst zu berichten. Dabei hätte ich gern mehr erfahren über sein Leben im Zuchthaus. Wie lebt man da, wie hält man zehn Jahre hinter Mauern und Gitter aus? Wie war der Moment, als 1945 die Freiheit kam? Von ihm habe ich wenig über diese Zeit erfahren.

Mit meiner Großmutter war das anders. Sie hat mir wiederholt Anekdoten aus der Hitler-Zeit erzählt. Immer wenn ich am Morgen in ihr Bett kroch, begann sie, sich zu erinnern. Zum Beispiel war da die Geschichte einer Razzia in ihrer Hinterhofwohnung in Halle. Beim Erscheinen der Gestapo-Leute ist sie allein mit ihrem kleinen Bruder. Alle Ecken werden durchsucht nach kommunistischem Propagandamaterial. Als die Beamten in ein höheres Küchenmöbel schauen wollen, benötigen sie einen Stuhl. Bevor sie mit den Stiefeln die Sitzfläche betreten, sagt sie: ›Mo-

4 Das Gebäude des ZK der SED.

ment, bitte machen sie den Stuhl nicht schmutzig …‹, und sie legt die offizielle Nazizeitung ›Der Stürmer‹ darüber. Oder als sie ein wenig Brot einkaufen geht und ein Nazi, der das Wohngebiet überwacht, sie mit ›Heil Hitler, Fräulein Feist!‹ begrüßt, da antwortet sie ›Guten Morgen, Herr …‹ Nach der Kriegsniederlage Deutschlands und dem Tod Hitlers kommt sie zufällig an ebendiesem vorbei und begrüßt ihn: ›Heil Hitler, Herr …‹

Am meisten hat mich beeindruckt, wenn Oma über die letzten Tage des Krieges sprach. Hitler hatte aufgerufen, Meter für Meter von Berlin gegen die ›Russen‹ zu verteidigen. Dabei beschrieb sie, wie Jugendliche als ›Kanonenfutter‹ missbraucht wurden, weil diese fest an die Nazi-Ideologie, an den Endsieg glaubten. Auch Erzählungen über ihren Vater, der eine Zeit lang in einem Konzentrationslager eingesperrt war, gehörten zum Repertoire.«

Besonders spannend sind Margot Honeckers Schilderungen vom Einsatz der Sowjet-Panzer gegen »Konterrevolutionäre«. Dass damit die Niederschlagung der Arbeiterdemonstrationen am 17. Juni 1953 gemeint ist, erfährt der Enkel nicht. All diese historischen Ereignisse werden Roberto aus der Sicht einer zutiefst gläubigen Kommunistin vermittelt. Frühzeitig bekommt er ein dogmatisches Weltbild vermittelt, das Freund und Feind wie Weiß und Schwarz trennt. In der historischen Betrachtung der DDR wird der Begriff des »verordneten Antifaschismus« benutzt. Zumindest in der Familie Honecker braucht es diese Doktrin nicht.

Von der Schule sind es Luftlinie gute 500 Meter bis zum Arbeitsplatz von Erich Honecker. Der Generalsekretär der SED hat sein Büro im Gebäude des Zentralkomitees der Partei. Das Haus am Werderschen Markt ist an der Vorderfront mit dem Emblem der SED geschmückt. Der sich lang hinziehende Gebäudekomplex steht gegenüber der Friedrichswerderschen Kirche. Auf seiner Rückseite residiert in einem Anbau die Bezirksleitung der Berliner Parteiorganisation, die Günter Schabowski viele Jahre leitet. Der SED-Bezirkschef wohnt mit seiner Familie im selben Haus wie Roberto, nur ein Stockwerk höher. Mit dessen jüngerem Sohn Jan verbindet ihn eine Kinderfreundschaft. Das »Große Haus« wie es parteiintern genannt wird, ist das absolute Machtzentrum der DDR. Roberto kann vom zwölften Stock des Etagenkorridors vor seiner Wohnung direkt auf Großvaters Bürohaus schauen. Dazwischen liegen grüne Hofflächen und ein Sport- und Spielplatz. Als er mit seinen Freunden an einem heißen Sommertag dort einmal Fußball spielt, fühlen sich Funktionäre bei geöffneten Fenstern von der Bolzerei der Jungen gestört. Sie schicken den Wachschutz, der den Kindern das Fußballspielen ab sofort untersagt. Roberto und seine Mitspieler sind wütend … Die unmittelbare Nähe zu Opas Arbeitsplatz gereicht in diesem Falle zum Vorteil. Roberto rennt ins ZK-Gebäude und verlangt seinen Großvater zu sprechen. Der Generalsekretär hört sich den Enkel an und pfeift den Wachschutz zurück.

»Wir konnten weiterspielen. Da fühlt man sich schon ziemlich großartig, wenn man vor Spielkameraden furchteinflößende Männer in Uniform, mit Waffen ausgestattet, auf diese Art und Weise wegschicken kann.«

Zuhause haben die anderen bestimmt erzählt, dass Robertos Opa geholfen hat, dass sie weiterspielen durften.

Der Dienstag ist im Politikbetrieb der DDR der wichtigste Tag der Woche. Dienstags finden stets die Zusammenkunft der Parteispitze und die Beratung des Politbüros statt. Erich Honecker hat als Generalsekretär der Partei den Vorsitz im Gremium und leitet die Versammlung vom Kopfende eines langen Eichentisches aus. Links und rechts sitzen zweiundzwanzig meist ergraute Funktionäre, die sich auch an diesem Dienstag des 10. Oktober nicht trauen, mit ihrem Chef über die realen Vorgänge im Lande unverblümt zu diskutieren. Seit dem Sommer hat eine anschwellende Fluchtbewegung eingesetzt. Tausende Bürger reisen offiziell zum Urlaub nach Ungarn und in die ČSSR, um von dort aus nach

Österreich oder in die Bundesrepublik Deutschland zu gelangen. In Leipzig gibt es jeden Montag massive Demonstrationen, die einen Politikwechsel der Staatsführung fordern. Doch der Staatsratsvorsitzende schweigt.

Das gilt auch für Robertos Geburtstagsrunde. Wenn Opa zu Besuch kommt, hat der Personenschutz diskret zu sein. Bewacht werden alle Hauseingänge, ebenso der Eingang zum Aufzug, in dem Honecker stets allein nach oben fährt. An diesem Dienstag ist er nur kurz bei der Familie seiner Tochter. Er übergibt Geschenke an den Enkel, und auch in dieser privaten Situation werden keine Worte mit den Anwesenden zu den bedrückenden Ereignissen ausgetauscht.

Was Großvater und Enkel an diesem Geburtstag nicht ahnen, ist, dass bereits eine Woche später, an einem Dienstag, der Generalsekretär der SED Erich Honecker seinen letzten Arbeitstag absolvieren wird. Für Roberto beginnen in drei Tagen die Herbstferien. Die wird er wie so oft in den letzten Jahren auch im Jagdhaus des Großvaters verbringen.

»Über Politik haben wir mit ihm generell nicht gesprochen«, so Roberto. »Das war so ein Tabu, was sich die Familie auferlegt hatte. Bei Großmutter war das anders, sie wollte ja ständig ›erziehen‹, ganz besonders mich. Da war sie um Beispiele nicht verlegen, was alles passieren kann, wenn die richtige sozialistische Erziehung fehlt. So wie im Kapitalismus, wo Kinder Drogen nehmen und ohne Schulbildung auf der Straße leben müssen.«

Nachdem die Großeltern die Geburtstagsfeier verlassen haben, beginnen natürlich alle Gäste über Politik zu diskutieren. »Wir Kinder spielten kaum eine Rolle, so heftig und hitzig ging es unter den Erwachsenen zu. Vor allem Vaters chilenische Freunde nehmen kein Blatt vor den Mund.«

Nebenbei flimmert das Westfernsehen mit den sich laufend wiederholenden Bildern vom Jubel der DDR-Flüchtlinge in der Prager Botschaft, nachdem Bundesaußenminister Genscher am 30. September die Worte verkündet hatte: »Liebe Landsleute, wir sind zu Ihnen gekommen, um Ihnen mitzuteilen, dass heute Ihre Ausreise (Aufschrei und Jubel der fast 4000 Botschaftsflüchtlinge) […] in die Bundesrepublik Deutschland möglich geworden ist.«

Seit zehn Tagen geht dieser Jubelschrei durch die Medien. Roberto hat ihn im Kopf und die Bilder der leeren, abgestellten PKWs, auf die man in der DDR zehn Jahre warten muss.

»Wenn man 15 wird, denkt man ja schon an das erste eigene Auto. Und dort stehen die einfach so zurückgelassen herum. […] Westfernsehen habe ich auch mit meinem Großvater gemeinsam gesehen, also die Nachrichten. Davor die ›Aktuelle Kamera‹ des DDR-Fernsehens. Mit Großmutter saß ich vor dem Fernseher und schaute den ›Schwarzen Kanal‹ mit Karl-Eduard von Schnitzler. Sie sagte jedes Mal zu mir: ›Der Mann ist intelligent, und diese Sendung macht er nicht für uns, sondern für die Seher im Westen. Damit die Menschen dort erfahren, was wirklich in ihrem Land passiert und wer es beherrscht.‹«

In den DDR-Medien wird Erich Honecker konsequent mit all seinen Partei- und Staatsfunktionen genannt. Ganz gleich ob im Fernsehen, Radio oder der Presse, ist der vorgeschriebene Wortlaut bei Nennung seines Namens: Der Generalsekretär der Sozialistischen Einheitspartei Deutschlands und Staatsratsvorsitzender der DDR, Genosse Erich Honecker. Immerhin hat sich in der Vorrede zu seinem Namen der ungeliebte Begriff »Deutschland« erhalten. Seit Roberto denken kann, wird sein Großvater so angekündigt. In der Schule wird der lange Vorspann schon aus Zeitgründen, eine Unterrichtsstunde dauert 45 Minuten, abgekürzt. Dann heißt es nur »… wie der Genosse Erich Honecker richtig sagte.« Für Roberto ist der Name des Großvaters omnipräsent. Doch für ihn ist er eben nur der Opa. Umgekehrt hat der Enkel einen festen Platz im Herzen des Großvaters.

Auf Reisen als Liebling der Großeltern

Als erster Enkel der Honeckers avanciert er schnell zum Liebling der Großeltern. Vor allem Margot Honecker lässt dem Jungen eine fast mütterliche Fürsorge zuteilwerden. Nicht nur die meisten Wochenenden verbringt Roberto bei den Großeltern, selbst die Ferienplanung liegt fest in Großmutters Hand. Einen Teil des Sommers verbringt die gesamte Familie gemeinsam mit den Großeltern im Urlaub auf der Ostsee-Insel Vilm, die vor der Küste Rügens liegt.

Das Eiland ist seit Ende der 1950er-Jahre für die öffentliche Nutzung gesperrt und untersteht dem Ministerrat der DDR. Der lässt für den Urlaubsort elf Wohngebäude im Stil einer Fischersiedlung sowie Wirtschaftsgebäude errichten. Es ist ein gern genutztes Feriendomizil führender Staatsfunktionäre. Wenn Familie Honecker ihren Urlaub auf der Insel verbringt, dürfen andere Personen hier nicht logieren. Die Großeltern wohnen im Haus 2, die anderen Familienmitglieder teilen sich mit dem Betreuungsstab des Staatsratsvorsitzenden die restlichen Gebäude.

Auf einer Insel kann es für ein Kind schnell langweilig werden, wenn der Großvater einen derart streng geregelten Tagesablauf vorgibt. Deshalb sorgt er für Unterhaltung und Spaß des Jungen.

»Ich habe noch ein Foto, auf dem sieht man, wie ich einen fetten Hecht in der Hand halte. Um mich herum stehen Personenschützer, die beim Fischfang das Boot gesteuert hatten. Ob ich den Fisch selbst gefangen habe oder ich ihn nur für das Foto präsentiere, kann ich nicht mehr mit Sicherheit sagen. Letztere Variante dürfte die wahrscheinlichere sein. Mit Oma unternahm ich Ausflüge aufs Festland. Zum Beispiel nach Stralsund ins Meeresmuseum. Dort konnte ich Unterwasserwelten bestaunen. Die bunte Vielfalt der Fischarten, Skelette von Raubwalen. All das habe ich im Gedächtnis gespeichert. Später kehren die Wassertiere in meinen Träumen zurück. Aus den Träumen wandern sie weiter in die Malerei, auf die Leinwand meiner Bilder. Die Ostsee war für mich ein Ozean und sie war doch nur ein Teich.«

5 Roberto in der Waldsiedlung Wandlitz mit den Großeltern.

Von den Winterferien, die in der DDR im Februar liegen und drei Wochen lang dauern, sind mehr Fotos erhalten als vom Sommerurlaub. Roberto an der Seilbahnstation oder Oma beim Langlauf.

»Während meine Eltern arbeiten mussten, hat Großmutter als Volksbildungsministerin in den Schulferien immer Zeit für mich gehabt. Das Ferienziel im Winter war Oberwiesenthal im Erzgebirge. Übrigens, die erste Eisenbahnfahrt meines Lebens habe ich zu diesem Winterferienort erlebt. Bis dahin kannte ich nur das Reisen mit Autos. Oma und ich hatten ein Abteil für uns. Begleitet wurden wir nur von einem Personenschützer. Er war ausgebildeter Fallschirmjäger und machte auf mich einen nachhaltigen Eindruck. Die letzten Kilometer bis zur Endhaltestelle in Oberwiesenthal fuhren wir mit einer Dampflok. Wenn die Bahn um Kurven ratterte, sah man den Rauch in die Landschaft ziehen. Schnee mit weißem Rauch. Was für ein Bild!«

Mit 1214 Metern ist die Seilbahnstation auf dem Fichtelberg oberhalb der Stadt der höchste Punkt des Landes. Oberwiesenthal gilt als das Ski-Eldorado der DDR. Neben der Seilbahn gibt es mehrere Sessel- und Schlepplifte für die Urlauber. Nachdem man die spektakuläre Westabfahrt am Brocken wegen der Grenzanlagen geschlossen hat, wird der Erzgebirgsort zum letzten verbliebenen alpinen Skigebiet.

»Stolz bin ich gewesen, dass mich ›Ebs‹ Riedel das Skifahren gelehrt hat. Der war zehnfacher Meister in der Abfahrt, ist Riesenslalom in Adelboden und zur Olympiade 1960 in Squaw Valley

6/7 Bei den Großeltern
in der Waldsiedlung, 1977.

gefahren. Zuhause hab ich dann erst mal nachgeschaut, wo die Orte überhaupt liegen.«

Eberhard Riedel ist die Alpin-Legende der DDR. Er gehört zur DDR-Nationalmannschaft, als diese 1968 – nach Olympia in Grenoble – aufgelöst wird. Professioneller Skirennsport ist wie der westliche Profifußball bei den sozialistischen Sportfunktionären verpönt. Die Bekanntschaft zwischen Margot Honecker und dem Skirennsportler stammt aus den 1960er-Jahren, als beide Mitglieder der DDR-Volkskammer waren.

»Natürlich hab ich gewusst, dass meine Alpinschuhe aus dem Westen sind. Kinder lernen früh, mit den Augen zu unterscheiden, was an einem Produkt anders ist. Farben und Formen verraten viel über die Herkunft. Mit Ebs hab ich später sogar kleine Rennen veranstaltet.«

Nicht jeder Tag der Ferien ist für den Abfahrtslauf reserviert. Margot Honecker mag keine Abfahrten, sie liebt den Langlauf. Da muss der Enkel dann mit und quält sich durch die Loipen im verschneiten Erzgebirgswald zwischen Fichtelberg und Tellerhäuser. Seine Unlust an dieser Sportart kann man sogar auf den Urlaubsfotos entdecken.

»Den letzten Abfahrtslauf habe ich vor ein paar Jahren in den Kordilleren gewagt. Bin die Pisten prima runtergejagt. Skifahren ist wie Schwimmen, wenn man es mal gelernt hat, kann man es ein Leben lang. Klar, eine gute Grundausbildung ist Voraussetzung. Und meine war bei Ebs erstklassig. Trotzdem hatte ich mir in den Ferien einmal bei einem Sturz die Knochen gebrochen und musste mit Gipsbein durch die Welt humpeln.«

Roberto kennt Oberwiesenthal nur verschneit. Der Schnee ist bis heute eine wichtige Quelle seiner Vorstellungskraft geblieben.

»Im Februar wird es bekanntlich früh dunkel und vor dem Abendessen habe ich gelesen. Ich mochte eine Erzählung ›Der Schleicher und der Lauscher‹. Es war eine Geschichte von einem Mann, der alles hört. An den Autor kann ich mich leider nicht mehr erinnern. Meine Lieblingsbücher waren die Wolkow-Bände, die russische Version des Zauberers im Wunderland Oz, ein mystisches Land, abgeschottet und umgeben von hohen Bergen. Die Tiere konnten reden, auch die Vögel. Ich habe auch die Mehrzahl der Bücher von Karl May gelesen, aber nicht in den Ferien bei Oma. Den mochte sie nicht, der war in ihren Augen ein Rassist und Chauvinist, dessen Bücher den Nazis halfen. Dann hab ich auch einige Karl-May-Filme gesehen und angefangen, die Verfilmungen mit den Büchern zu vergleichen.«

Die literarische Begegnung mit Karl May verdankt Roberto dem nicht nachlassenden Verlangen der DDR-Bürger nach dessen Abenteuerromanen über den Wilden Westen. Lange Zeit unterstellt Margot Honeckers Volksbildung dem sächsischen Schriftsteller, dass seine Werke junge Leser »in vielfacher Hinsicht antihumanistisch beeinflussen und ihnen ein völlig verzerrtes Bild der Welt malen«.

Der alltägliche Umgang mit den Abenteuergeschichten des Schriftstellers widerlegt jedoch diese Einschätzung. Alte Bücher und vom Westen eingeschmuggelte Exemplare gehen in der DDR von Hand zu Hand. Das Karl-May-Museum auf dem ehemaligen Wohngrundstück des weltberühmten Autors in Radebeul bei Dresden kann von jedermann besucht werden. Allerdings trägt das Museum nicht mehr den Namen des früheren Bewohners der »Villa Shatterhand« und der »Villa Bärenfett«. Es heißt schlicht »Indianermuseum«.

Das Druckverbot von Karl-May-Romanen wirkt zu Beginn der 1980er-Jahre selbst für die DDR-Zensur antiquiert und wird fallengelassen. Im Verlag Neues Leben erscheinen ab 1984 hintereinander die »Winnetou«- und »Old Surehand«-Bände, »Der Schatz im Silbersee« und »Der Ölprinz«. Im DDR-Fernsehen konnte Roberto bereits zwei Jahre zuvor die Verfilmung vom »Schatz im Silbersee«, den Kampf von Winnetou, Old Surehand und dem Häuptling der Utah im Wilden Westen gegen hinterhältige Banditen, verfolgen. Mit der Veröffentlichung der Schriften kommen gleichzeitig die Westfilme mit Pierre Brice und Lex Barker ins Kino. Aus der Zeitschrift »Filmspiegel« bringt ein Bekannter von Robertos Eltern dem jungen Karl-May-Fan ein Poster von

8/9 Mit Oma in den Winterferien in Oberwiesenthal.

27

Winnetou und Old Surehand hoch zu Ross mit. Seine Mutter ist dagegen, dass er es im Kinderzimmer aufhängt. »Westfilme haben da nichts zu suchen«, so ihre ultimative Begründung.

»Am meisten mochte ich bei Karl May einen kleinen witzigen Begleiter von Old Shatterhand, der immer sagte: ›Wenn ich mich nicht irre …‹ Das war lange Zeit das Schlagwort bei mir und meinen Freunden: ›Wenn ich mich nicht irre …‹ Karl May behauptete ja, dass er vieles selbst erlebt hatte, was in seinen Romanen vorkommt. Das hat man später zu Recht in Frage gestellt. Aber beim Lesen dachte man echt, der Typ war dort. Um die Person des Schriftstellers, wer das nun wirklich war, habe ich mich nicht weiter gekümmert.

Unterdessen lebe ich bald dreißig Jahre in Südamerika und da gehören die Ureinwohner, die Mapuche, zum Straßenbild. Hier in Chile gibt es noch bewaffnete Auseinandersetzungen zwischen den Mapuche und der Polizei. Die Mapuche haben den Stolz der Ureinwohner. Sie empfinden sich als indigenes Volk und nicht als Chilenen. Der bewaffnete Kampf zwischen Indios und Spaniern dauerte mehr als 300 Jahre, seitdem Pedro de Valdivia Chile 1541 erobert hatte und die Hauptstadt Santiago gründete. Der Konquistador verlor die Schlacht bei Tucapel 1553 und wurde von den Mapuche geköpft und aufgespießt. Vom Norden bis zum Süden Chiles gibt es viele Völker, die den nordamerikanischen Stämmen sehr ähnlich sind, wie zum Beispiel die Diaguita, Ona oder Selk'nam, Qechua, Yagan und andere. Aber Karl May hat vor allem über Winnetou aus dem Stamm der Apachen geschrieben.

Relativ unbekannt sind die sogenannten Mescalero-Apachen, die einen halluzinatorischen Kaktus zu sich nehmen bei ihren Gottesdiensten. Diese Bräuche findet man sogar in den Bergen Mexikos bei den Tarahumara. Ausführlich schrieben darüber Antonin Artaud und Carlos Castañeda. ›La Araucana‹ ist ein episches Gedicht von Alonso de Ercilla über die Mapuche. Es gibt viel Literatur über das Thema der Begegnungen der Indios mit den europäischen Eroberern.«

In den Skiferien freut sich Roberto, dass die tschechoslowakische Grenze so nah ist. Mit Großmutter unternimmt er seine ersten Auslandsbesuche ins benachbarte Boží Dar. Der Ort heißt auf Deutsch Gottesgabe und liegt am Fuße des Keilberges, tschechisch Klínovec, der dem Fichtelberg südlich gegenübersteht. In den Geschäften gibt es für Kinder besondere Leckereien, die in der DDR nicht erhältlich sind: Fruchttaler am Stiel, süße Milch in Dosen und Oblaten: runde, dünne Waffeln mit Vanille- oder Schokogeschmack.

In Chile überkommt die Großmutter regelmäßig Sehnsucht nach Schnee und weißen Wäldern. Das schreibt sie später von Chile aus wiederholt an Bekannte, wenn diese fragen, ob sie denn in Santiago nicht Deutschland vermisse: »Deutschland nicht, aber den deutschen Winter.«

Weihnachten in Hubertusstock

In den Kindheitserinnerungen ist Winterzeit Weihnachtszeit. Heiligabend bis Silvester versammeln sich alle Zweige der Honecker-Familie im Jagdschloss Hubertusstock. Es liegt eine Fahrstunde nördlich von Berlin inmitten der bewaldeten Schorfheide am Werbellinsee. Vom preußischen König um 1850 im Schweizer Landhausstil errichtet, dient es den Staatsoberhäuptern als Ausgangspunkt für Jagdgesellschaften – vom Kaiserreich über die Weimarer Republik bis zum Arbeiter-und-Bauern-Staat DDR. Erich Honecker empfängt im Jagdschloss in seiner Funktion als Staatsratsvorsitzender unter anderem Bundeskanzler Helmut Schmidt und den bayerischen Ministerpräsidenten Franz Josef Strauß. Der Industrielle und Vorsitzende der Krupp-Stiftung Berthold Beitz geht hier ebenso zur Jagd wie der Generalsekretär der französischen KP George Marchais. Selbst der chilenische Kommunistenführer Luis Corvalán kommt nicht umhin, als Gast an der Jagdwaffe ausgebildet zu werden. Bei dem Kubaner Raúl Castro bedurfte es dieser Unterweisung im Jagdrevier nicht.

Robertos Großvater gilt als leidenschaftlicher Waidmann und liebt es, die hochrangigen Gäste zur Jagd zu begleiten oder ihnen ein Revier zum Abschuss eines Hirschs zur Verfügung zu stellen. Den neu gestalteten Gebäudekom-

10 Erich Honecker (1. v. re.) nach der Hasenjagd.

plex Hubertusstock verwaltet die
Nationale Volksarmee der DDR.
Sämtliches Personal vom Wachschutz bis zum Koch stellen Ar-
meeangehörige. Der marode kai-
serliche Bau muss ab 1971 einem
Neubau weichen. In jenem Jahr
wird Walter Ulbricht als SED-
Chef abgesetzt, und Erich Honecker nimmt seinen Platz an der
Führungsspitze ein. Zuvor jedoch
wird der Machtwechsel hier in der
Schorfheide geplant. Mit seinem
sowjetischen Gastjäger, dem Ge-

11 Luis Corvalán (2. v. re.) als Gastjäger
in Hubertusstock.

neralsekretär der KPdSU Leonid Breschnew, bespricht Erich Honecker den Sturz des »Alten«. In seiner neuen Funktion lässt er
sich laufend über den Stand der Bauarbeiten am Jagdschloss un-
terrichten. Ende 1972 ist das Hauptgebäude, versehen mit der Ori-
ginalfassade mit umlaufendem Holzbalkon, bezugsfertig.

Bei Robertos erstem Aufenthalt 2013 in Deutschland gehört
Hubertusstock zum Pflichtprogramm auf der Suche nach der
Kindheit. Er durcheilt den Eingangsbereich, wo Fotografien des
Großvaters mit Schmidt und Strauß hängen, hinauf zum Kamin-
zimmer. Breite Teppiche liegen vor der die gesamte Stirnseite des
Raumes einnehmenden übermächtigen kaiserlichen Feuerstelle.
Auf diesem plüschigen Untergrund findet am Heiligabend die
Kinderbeschrung statt.

»Meine Großeltern haben mich großzügig beschenkt, man
könnte fast sagen: überhäuft. Meine Cousine, die mit uns feierte,
war mit Blick auf ihre ›mageren‹ Geschenke nicht gerade glücklich. Einmal bekam ich eine Eisenbahn mit einer großen Spurwei-
te. Großvater half beim Aufbau mit, steckte Schienen und Weichen zusammen. Danach konnte man kaum mehr treten. Überall
im Kaminzimmer unter Stühlen und Tischen lagen Gleise herum.
Nebenbei bemerkte Großvater, dass er verhindert habe, dass die

 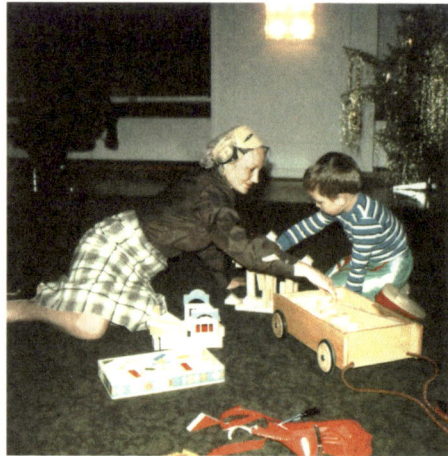

12 In Hubertusstock, Weihnachten 1980. 13 Weihnachten mit Großmutter.

Sowjetarmee auf großen Teilen der Schorfheide einen Truppen-
übungsplatz errichten konnte. Hubertusstock wäre dann als mi-
litärisches Hauptquartier öffentlich nicht mehr zugänglich gewesen.«

Roberto dürfte sich nicht lange mit der Spielzeug-Bahn abge-
geben haben. Buntstifte, Zeichenpapier, Bücher oder Hörkasset-
ten interessieren ihn mehr.

»Schon als kleiner Junge bekritzelte ich Unmengen von Papier.
An meine ersten Schreibversuche kann ich mich gar nicht so richtig erinnern. Bin mir aber sicher, dass es ein surrealistischer Satz
gewesen sein muss.«

Der Schlafbereich der Großeltern ist bis heute erhalten geblieben. Das Doppelbett wirkt wie ein flaches IKEA-Möbel mit Hel-
lerau-Furnier. Daran schließt sich das in seinen Ausmaßen riesige Bad an. Bei einem späteren Besuch schaut sich Roberto um im
Raum:

»Wenn ich das jetzt so sehe, wirkt das eher wie eine Fliesen-
handlung mit nur einer Sorte Kacheln. Da hinten die winzige Badewanne übersieht man förmlich. Zumindest die Waschkonsole
ist groß genug, so dass ich mir neben Großmutter meine Zähne

14 Mit Weihnachtsgeschenk »Zauberwürfel«.

putzen konnte. Auf das Mufflon setz' ich mich lieber nicht. Hatte Opa geschossen und wurde ausgestopft … Das ist mein Kinderpferdchen, es müsste an die dreißig Jahre alt sein. Ohne Sattel, aber dafür mit Hörnern.«

Der Privatbereich der Großeltern ist im Innern des Gebäudes verbaut und besitzt keinen Zugang zum prächtigen Holzbalkon, im Gegensatz zum Kaminzimmer. Mit seiner stattlichen Größe von 1,90 Meter muss Roberto beim Abschreiten der hölzernen Brüstung aufpassen, dass er sich nicht an den Geweihen stößt, die in großer Zahl an der Hausfront angebracht sind: »Die Luft ist wunderbar, mochte ich schon als Kind sehr – diesen Waldgeruch und das Rauschen der Baumkronen.«

Bei der Neugestaltung des Gebietes Hubertusstock waren neben dem historischen Jagdhaus unscheinbare Bungalows in Quadratform errichtet worden. Diese Gästeunterkünfte liegen verstreut im Gelände, als seien sie wie Würfel vom Himmel gefallen. Roberto lässt den Blick über das Areal schweifen, welches sich in den letzten dreißig Jahren kaum verändert hat. Ein Ort, der sich mit der Erinnerung deckt, als wäre ein Stück Kindheit in einem Freiluftmuseum konserviert.

15 In Hubertusstock vor Robertos »Schaukelwidder«, 2013.

»An Weihnachten waren sämtliche Häuschen mit unserer Verwandtschaft belegt. Zu Besuch kam Tante Erika, Großvaters Tochter aus seiner vorherigen Ehe, mit Familie. Mit seiner jüngeren Frau reiste Großmutters Vater aus Berlin an. Aus Wiebelskirchen kamen mitunter die Hoppstädters, Großvaters Schwester Gertrud mit Familie, aus dem Saarland.«

Mit seinen Eltern und Schwester Mariana wohnt Roberto im denkmalgeschützten Teil des Hauptgebäudes, bei den Großeltern. Die anderen Familienmitglieder beziehen die Komfortwürfel. Meist reist um den zweiten Feiertag herum ein größerer Teil der Weihnachtsgäste wieder ab. Nun kommen die chilenischen Verwandten von Robertos Vater nach Hubertusstock. Nach dem Pinochet-Putsch 1973 ging die Mehrzahl kommunistisch orientierter Funktionäre ins Exil in die Sowjetunion. Onkel Alejandro Yáñez wohnt mit seiner Familie in Moskau. Er arbeitet als Ingenieur und beherrscht fließend die russische Sprache. Mit dem Führer der KPC Luis Corvalán verbindet ihn eine längere Freundschaft.

»Mein Onkel kam mit seinem Sohn, meinem Cousin. Onkel Alejandro besaß, genau wie mein Vater, eine große Fähigkeit sich anzupassen. So gab es eigentlich nie Reibereien. Es mischten sich

16 In Hubertusstock, 2013.

die Kulturen. Ich bin ja auch ein ›Mischling‹. Auf die Ankunft dieser Familiengruppe habe ich mich stets gefreut. Mit denen kam Leben in die Bude. In den Unterhaltungen ging es laut und turbulent zu. Vater spielte Gitarre, dazu sangen die Chilenen spanische Lieder. Onkel Alejandro sprach viel mit Opa. Manchmal saßen sie mehrere Stunden beim Kaffee zusammen oder spielten Schach. Dann fiel immer der Spruch: ›Springer am Rand bringt Schand.‹

Großvater hatte die chilenische Familie sehr lieb, meine Großmutter aber war nie sehr begeistert. Wir Cousins rauchten versteckt. Sobald die Erwachsenen die Sektflaschen geöffnet hatten, schlichen wir zu den fast leeren Gläsern und tranken sie aus. Am Ende hatten wir auch einen Schwips.

Die Personenschützer waren bereits zwei Tage vor Silvester mit dem Aufbau des Feuerwerks beschäftigt. Das war spannend mit anzusehen, wie sie die Rohre für die Silvesterraketen in einer bestimmten Reihenfolge in die Erde rammten. Etwas erschrocken war ich, als sie die Kartons mit den Feuerwerkskörpern öffneten und dabei unaufhörlich Zigaretten rauchten. Ich sagte: ›Vorsicht, das kann doch hier alles explodieren.‹ Da gaben sie mir eine Zigarette, und ich schaute ihnen ohne Angst weiter zu. Einige der

17 Weihnachten in Hubertusstock
(li. Margot und 4. v. re. Sonja Honecker).

Leibwächter vom Großvater waren ein wenig verrückt.«

Zum Komplex von Hubertusstock gehört eine Schwimmhalle, die die Cousins bei schlechtem Wetter in ein Spaßbad verwandeln. Liegt genügend Schnee, dann zieht sie ein Pferdeschlitten durch den Winterwald.

Am Silvestertag selbst muss ein vom Großvater vorgegebenes Ritual eingehalten werden, der doppelte Silvestergruß: Einmal wird Punkt 22 Uhr das Sektglas hochgehalten, weil es zu diesem Zeitpunkt in Moskau Mitternacht schlägt. Die Glocken des Kremls läuten im Mutterland der Revolution das neue Jahr ein. Zwei Stunden später werden die Gläser auf das Neujahr deutscher Zeit geleert. Kurz nach dieser Zeremonie gehen die Großeltern schlafen, während die jungen Familien bis in die Morgenstunden singen und tanzen.

Roberto legt seine Hände auf die Brüstung des holzverzierten Balkons und schaut hinüber zu den dichten Wäldern der Schorfheide: »Der verschneite Wald war für mich und die Chilenen ein Mysterium. In Hubertusstock habe ich 1987 zum letzten Mal unbeschwert, fröhlich und glücklich Weihnachten und Silvester erlebt.«

Mit 14 Jahren erhält jeder DDR-Bürger seinen ersten Personalausweis. Bei der Übergabe des Dokumentes werden die Jugendlichen darauf hingewiesen, dass sie nunmehr zum Kreis der Erwachsenen gehören. Ein erster Wink, sich an Gesetz und Ordnung zu halten. Schon im Januar 1988, zehn Monate im Voraus, blickt Roberto voller Erwartung auf das Datum seines Geburtstags. Noch ist es nicht so weit, aber die Kindertage sind gezählt.

Gleich zu Beginn eines jeden neuen Jahres absolviert die gesamte Familie ein für den Großvater überaus bedeutendes politisches Ritual. Sie nimmt teil an der Gedenkmanifestation in Erinnerung an den 15. Januar 1919, an die Ermordung von Rosa Luxemburg und Karl Liebknecht. Von Staat und Partei organisiert, soll die »Kampfdemonstration« an den heroischen Kampf der Arbeiterklasse und ihre Opfer erinnern. Anders als die Feiertage »1. Mai« und »Republik-Geburtstag« am 7. Oktober mag Roberto diesen Tag nicht besonders. Er ist kein Feiertag, sondern stets der Sonntag, der auf den 15. Januar folgt. Samstags wird bis Mittag unterrichtet, und jedes Kind freut sich auf den freien Sonntag zum Ausschlafen. Für Roberto ist dieser 17. Januar 1988 also ein normaler Sonntag. Trotzdem muss er früh aufstehen an diesem Wintertag. Schwester Mariana wird im Kinderwagen dick eingepackt und Roberto werden Unterhosen verpasst.

»Diesen Tag kenne ich nur in klirrender Kälte. Vom Wohnhaus bis zur U-Bahn-Station Spittelmarkt ist es ein Katzensprung. Richtung Pankow fuhren wir drei Haltestellen bis zum Alexanderplatz. Dort wechselten wir in die Tierpark-Linie. Auf den Bahnsteigen drängten sich die Leute wie im Berufsverkehr. Noch schlimmer ging es zu beim Aussteigen am Frankfurter Tor. Aus den U-Bahn-Zügen strömten Menschenmassen hinauf ans Tageslicht. Diese vielen Erwachsenen um mich herum erzeugten das Gefühl, inmitten wogender Unterwasserpflanzen eingezwängt zu sein.«

Die mehrspurige Kreuzung Karl-Marx-Allee, Warschauer Straße und Frankfurter Allee ist Sammel- und Startpunkt der Demonstration. Mit roten Fahnen stehen Tausende Teilnehmer in der Kälte und warten darauf, dass es endlich losgeht. Beim Laufen friert man bekanntlich weniger. Manche tragen Schilder mit dem Konterfei des Großvaters. Am liebsten würde Roberto die Leute fragen: »Warum trägst du ein Bild meines Großvaters, wer gibt dir das Recht dazu?«

Der Marsch führt über die Frankfurter Allee bis zur »Gedenkstätte der Sozialisten« nach Friedrichsfelde. An der Spitze des Demonstrationszuges läuft Erich Honecker, umrahmt von der gesamten Staats- und Parteiführung. Es ist eine der seltenen Gelegenheiten, bei denen das Ehepaar Honecker gemeinsam in der Öffentlichkeit auftritt. Vor dem Gedenkgranit für Rosa Luxemburg und Karl Liebknecht hat man eine provisorische Tribüne errichtet. Sie ist mit Schlitzen versehen, damit, erzeugt durch ein Gebläse, warme Luft um die Füße der Staatsführung weht. Drei Stunden müssen die führenden Funktionäre auf ihrem Podiumsplatz ausharren, währenddessen hunderttausend Freiwillige oder aus Berliner Betrieben abgeordnete Menschen an ihnen vorbeiziehen. Aus Lautsprechern ertönen Marschmusik und Arbeiterlieder: »… dem Karl Liebknecht, dem haben wir's geschworen, der Rosa Luxemburg reichen wir die Hand«.

Dieses Lied kennt Roberto wie jedes DDR-Schulkind aus dem Musikunterricht. Was man ihnen geschworen hatte und warum man ihnen die Hand reicht, bleibt den meisten Kindern verschlossen. Roberto weiß, dass Karl Liebknecht zu den Gründern der Kommunistischen Partei gehört und dass sein Tod im Zusammenhang mit der Niederschlagung des Spartakusaufstandes steht: »Immer hatte ich eine Nelke für Ernst Thälmann mit dabei. Diese Nelke gab mir Großvater persönlich.«

Erich Honecker lässt den Enkel eine Blume für den von den

Nazis ermordeten Kommunistenführer ablegen. So schafft er eine Verbindung zwischen der Ermordung Liebknechts durch Freikorps 1919 und der Hinrichtung Thälmanns im NS-Konzentrationslager Buchenwald 1944. Der Großvater, einst Mitstreiter Ernst Thälmanns im antifaschistischen Widerstandskampf, setzt die Tradition des Klassenkampfes gegen die deutsche Reaktion fort. Frühzeitig soll der Enkel in die Linie einer kommunistischen Musterbiografie eingebunden werden.

Der Totenkult des Großvaters bleibt für den 13-Jährigen mehr ein Katalog der Gesten. Aber die Tatsache, dass die beiden Sozialisten von den Rechten grausam ermordet worden waren, wird früh zu einem Baustein seines Gerechtigkeitsgefühls. Zwanzig Jahre später erstehen die Erschlagenen in seinen Gedichten und Gemälden wieder auf. In seinen Träumen verfolgen ihn die Toten aus den europäischen und südamerikanischen Diktaturen.

Was Roberto 1988 während des langen Marsches entlang der Frankfurter Allee nicht wissen kann, ist, dass es im Vorfeld der »Kampfdemonstration« zu sogenannten präventiven Verhaftungen gekommen war. Die »Aktuelle Kamera« überträgt die Großveranstaltung zeitgleich im DDR-Fernsehen. In der mehrere Stunden andauernden Live-Schaltung fällt kein Wort zum Aufbegehren junger DDR-Bürger, die sich mit eigenen Losungen an der Demonstration beteiligen wollen. Auf Transparenten zitieren sie Rosa Luxemburg: »Freiheit ist immer auch die Freiheit des Andersdenkenden.«

Dass ausgerechnet Texte von Rosa Luxemburg der Staatsführung den Spiegel vorhalten, um demokratische Strukturen einzufordern, hatte kurioserweise die SED selbst befördert. Im Parteiverlag »Dietz« war ab 1983 die Gesamtausgabe der Schriften von Rosa Luxemburg erschienen. Unter denen avanciert Band 4 schnell zum Kultbuch. In Luxemburgs Text »Die russische Revolution. Eine kritische Würdigung« heißt es:

»Freiheit nur für die Anhänger der Regierung, nur für Mitglieder einer Partei – mögen sie noch so zahlreich sein – ist keine Freiheit. Freiheit ist immer Freiheit der Andersdenkenden. Nicht wegen des Fanatismus der ›Gerechtigkeit‹, sondern weil all das Belebende, Heilsame und Reinigende der politischen Freiheit an diesem Wesen hängt und seine Wirkung versagt, wenn die ›Freiheit‹ zum Privilegium wird [...] Ohne allgemeine Wahlen, ungehemmte Presse- und Versammlungsfreiheit, freien Meinungskampf erstirbt das Leben in jeder öffentlichen Institution, wird zum Scheinleben, in der die Bürokratie allein das tätige Element bleibt.«

Es ist eine jener Passagen, in der sich die deutsche Sozialistin mit Lenin über die Rolle des Parlamentarismus in einer sozialistischen Gesellschaft streitet.

Das öffentliche Vorführen selbstgewählter Luxemburg-Zitate empfinden Erich Honecker und die Parteiführung als Angriff auf das staatliche Deutungsmonopol über die große Revolutionärin. Verhaftungen durch die Staatssicherheit sollen die kritischen Auftritte verhindern. Es gelingt jedoch nicht, diese Vorkommnisse zu verschweigen. Westdeutsche Filmteams berichten darüber und fordern die Freilassung für die Inhaftierten Stephan Krawczyk, Vera Wollenberger, Bärbel Bohley, Wolfgang Templin und andere. In der DDR stellen sich viele Menschen die Frage: Wieso kann man Leute verhaften, die mit Zitaten von Rosa Luxemburg an einer sozialistischen Demonstration teilnehmen wollen? Mit der Lektüre der Luxemburg-Werke verstärkt sich im ganzen Land die Forderung an die Herrschenden nach Dialogbereitschaft. Band 4 der Gesamtausgabe Rosa Luxemburgs befindet sich zu diesem Zeitpunkt schon nicht mehr im Angebot des Buchhandels.

Während Roberto wieder in den normalen Schulalltag eintaucht, bescheren die Vorkommnisse um den Gedenkmarsch dem Großvater gleich zu Beginn des Jahres 1988 politische Turbulenzen. Für Erich Honecker sind die Demonstranten mit den Luxemburg-Zitaten Störenfriede, Provokateure der sozialistischen Ordnung. Geradezu persönlich fühlt er sich betroffen in seiner Rolle als Schirmherr der kommunistischen Ahnengalerie. Täglich muss ihm der Presseverantwortliche des Politbüros Joachim Herrmann die Ausgaben der Parteizeitung »Neues Deutschland«

für den Folgetag vorlegen. Die Wellen dieser Ereignisse schlagen nicht nur in den westdeutschen Medien hoch, auch innerhalb der eigenen Partei macht sich Unmut über den Umgang mit den Bürgerrechtlern breit. Die Nachbeben auf Biermanns Ausbürgerung im Jahr 1976 sind den Mitgliedern noch in unguter Erinnerung. Hinter den Kulissen lässt Erich Honecker mit erheblichem Aufwand an Lösungen der politischen Affäre arbeiten. Ein erster Riss tut sich auf in der Selbstsicherheit des allmächtigen Staatsführers.

Tod der Schwester Mariana

In diese angespannte Zeit fällt ein Ereignis, das nicht nur Groß-vater und Enkel erschüttert, sondern die gesamte Familie Hone-cker verändern wird.

Keine zwei Wochen nach der Großkundgebung erhält das Per-sonenschutzkommando einen Funkspruch mit dem Befehl, so schnell wie möglich »den Chef« in Wandlitz abzuholen. Als der Wagen mit Blaulicht und Sirene in die Straße zu Honeckers Haus einbiegt, erwartet dieser den Wagen bereits vor dem Toreingang. Ein stummer und in sich gekehrter Staatsmann lässt sich auf dem Rücksitz nieder und gibt Weisung, direkt zur Wohnung seiner Tochter in die Leipziger Straße zu fahren. Im Wohnhaus beglei-ten ihn diesmal Sicherheitsleute bis an die Wohnungstür der Fa-milie Yáñez.

Die Personenschützer wissen zu diesem Zeitpunkt noch nicht, was passiert ist. Bernd Brückner, der Leiter des Kommandos, be-schreibt in seinen Erinnerungen die Situation. »Das Gesicht Ho-neckers war blass und verschlossen. Ich dachte, dass es mal wie-der, wie schon wiederholt in der Vergangenheit, Streit gegeben hatte: Um die Ehe war es nicht zum Besten bestellt, und ab und an fiel auch schon das hässliche Wort ›Scheidung‹. Honecker klin-gelte, eine mir unbekannte Frau öffnete, ihr flossen Tränen aus den Augen. In der Wohnung erkannte ich die ebenfalls weinende Sonja, dann schloss sich die Tür.«

Dahinter müssen sich Szenen der Verzweiflung abspielen. Son-ja berichtet ihrem Vater, von Weinkrämpfen unterbrochen, dass ihre Tochter, seine Enkelin Mariana, vor wenigen Stunden im Re-gierungskrankenhaus verstorben ist.

Im Regierungskrankenhaus, welches dem DDR-Ministerrat untersteht, werden neben der Staats- und Parteiführung auch de-

18 Familienfoto Yáñez: Sonja, Mariana, Roberto, Leonardo.

ren Kinder bis zum 18. Lebensjahr betreut. Am 29. Januar 1988 endet Marianas Leben im Alter von zwei Jahren und drei Monaten.

Robertos Schwester kam 1985 zur Welt und hatte alsbald die Herzen der Familie erobert. Das niedliche, fröhliche Kind konnte man knuddeln, wogegen Roberto erste Anzeichen des Flegelalters zeigte. Ein Foto der jungen Yáñez-Familie, es kann erst wenige Monate zuvor entstanden sein, zeigt eine lachende Mariana mit ihrem selbstbewussten Bruder, flankiert von Mutter Sonja und Vater Leonardo.

Auf die Frage, wie er sich damals, nach dem plötzlichen Tod seiner Schwester, gefühlt habe, hält Roberto einen Moment den Atem an, bevor er zu sprechen beginnt: »Darüber kann ich selbst heute nur mit Mühe sprechen. Noch am Abend vorher habe ich sie auf's Töpfchen gesetzt. Sie war rot im Gesicht und ganz heiß, sie hatte hohes Fieber.«

Obwohl beide Geschwister im Oktober geboren sind, haben sie unterschiedliche Sternzeichen. »Kreativ und aufgeschlossen« prognostiziert das Horoskop über den Bruder im Zeichen der Waage. Unter der Sternenkonstellation des Skorpions würde die Schwester sich »niemals mit dem Status quo zufriedengeben«.

Mariana aber ist in die andere Welt verschwunden. Sie kommt nie mehr zurück.

Der 13-jährige Bruder verfügt im Umgang mit diesem Schicksalsschlag weder über angemessene Lebenserfahrung noch über Begrifflichkeiten, um zu ermessen, was der Tod bedeutet. Durch diesen Schock gezwungen, muss er sich mit dem Sterben auseinandersetzen. Ein Wertegerüst religiöser Offenbarung steht ihm nicht zur Verfügung. Vor allem die Großeltern praktizieren einen strengen Atheismus. Halt suchen, aber wo? Nur ein Zipfel Transzendenz weht aus dem katholischen Land seines Vaters Leonardo hinein in seine Gedankenwelt.

Endet mit dem Tod der Schwester Robertos Kindheit? Ist es die Ursache seiner psychischen Entropie, der Beginn von kreativer Unordnung seines Geistes? Gestern marschiert er zu Ehren der Toten, legt Blumen an Gräbern längst Gemeuchelter nieder. Und heute Mariana. Warum? Die Flucht in den Surrealismus könnte hier unbewusst ihren Anfang genommen haben. Herausgewachsen aus bloßer Vorahnung seines Weges und später als bekennender Surrealist versucht er, in seinem Gedicht »Das Erwachen« Sein und Begriff zu versöhnen.

Ich hatte eine Tote schlecht behandelt
Sie war blind und wollte sehen
Sie war bitter und wollte süß sein
Wo hatte sie ihr Glück verloren?
Wo lachte sie, wo sprach sie ihr letztes Wort?
Doch sie ging aus der Zeit und aus der Welt
Sie wollte das Wort von innen betrachten

Die Folgen dieses tragischen Ereignisses beeinflussen Robertos gesamtes 14. Lebensjahr stark. Seine Mutter kommt mit dem Tod von Mariana nicht zurecht. Den ärztlichen Befund, dass das Kind an einer sehr seltenen, schwer heilbaren Viruserkrankung gestorben sei, akzeptiert sie nicht. Sie stellt sogar Vermutungen an, es könnte eine gezielte Agentenoperation des Westens sein, um den

Staatsratsvorsitzenden durch den Tod seiner Enkelin zu schwächen. Ihre Trauer transformiert sie in Wut und in Anschuldigungen gegen die behandelnden Ärzte. Starb Mariana durch einen Behandlungsfehler? Diese Frage treibt Robertos Mutter manisch um.

Mariana wird auf dem Pankower Friedhof im engsten Familienkreis bestattet. Erich Honeckers Freund Günter Mittag hält eine kurze Rede.

»Alle Anwesenden weinten, bis auf Großvater. Ihn habe ich niemals weinen sehen. In sich versunken, ja, still, aber seine wirklichen Emotionen zeigte er niemandem. In welcher Situation auch immer, er blieb äußerlich ungerührt und gefasst, obwohl ich seine innere Bewegtheit spüren konnte. In meiner Kindheit habe ich in der Nähe meines Opas viel Zeit verbracht, und doch haben wir wenig miteinander gesprochen. Die Erinnerung an ihn ist mehr sphärischer Natur.«

In der Folgezeit besucht der Großvater das Grab der Enkelin regelmäßig, allein, wie sein Personenschützer erinnert: »Erich Honecker betrat den Friedhof, eilte zum Grab, verharrte kurz, ging in die Knie und zupfte ein paar Unkräuter aus der Abdeckung. Sofern er Blumen dabeihatte, stellte er sie in die Vase, nachdem er diese selbst mit Wasser aufgefüllt hatte. Manchmal pflanzte er auch Blumen und harkte die Grabstelle. Er stand noch einen Moment stumm vor dem Stein, dann kehrte er schweigend, wie er gekommen war, zum Auto zurück.« Das ist seine Art der Trauerbewältigung.

Anders bei Margot Honecker. Sie befindet sich für alle sichtbar in gedrückter Stimmung. »Großmutter kam dann öfter zu uns nach Hause, um sich um meine Mutter zu kümmern.«

Sonja Yáñez will einfach nicht glauben, dass ihr Kind an einer Viruserkrankung starb. Mit Hilfe ihrer Eltern setzt sie durch, dass eine Untersuchung der Todesursache im Regierungskrankenhaus in Buch angeordnet wird. Verstarb Mariana eines natürlichen Todes oder hatten die Ärzte versagt? »Alles und jeder stehen unter Verdacht«, erinnert sich einer der damals leitenden Mediziner.

19 Erich Honecker mit Enkelin Mariana, 1986.

Marianas behandelnde Ärzte müssen an Verhör grenzende Befragungen über sich ergehen lassen. Laborberichte, Analysen und Befunde werden akribisch studiert. Wochenlang befindet sich die Regierungsklinik im Ausnahmezustand. Am Ende kommen die Nachforschungen zu einem eindeutigen Ergebnis. Robertos Schwester ist einem heimtückischen Virus erlegen. Die Ärzte haben weder falsch behandelt noch fahrlässig ihren Beruf ausgeübt. Trotzdem kommt es zu einer spektakulären Personalentscheidung. Die Ärztliche Direktorin des Regierungskrankenhauses wird abberufen.

Professorin Helga Mucke-Wittbrodt ist nicht nur seit 1950 Chefärztin des Hauses, sie ist auch seit Jahrzehnten Erich Honeckers Leibärztin. Ihre fachliche Kompetenz steht außer Frage, aber als Mariana stirbt, ist sie schon 78 Jahre alt. Ein Generationswechsel an der Spitze der Klinik lässt sich aber durch die persönliche Beziehung der betagten Ärztin zum 76-jährigen Staatschef, der zusätzlich ihre Arbeit im antifaschistischen Widerstand schätzt, nicht so ohne weiteres bewerkstelligen. Die Staatssicherheit nutzt nun scheinbar dieses Vorkommnis, um die verdienstvolle Ärztin in den Ruhestand schicken zu können.

Robertos Großvater verliert damit über Nacht seine vertraute ärztliche Bezugsperson genau in jenem Moment, in dem sich politische und private Situationen für ihn auf ungeahnte Weise zuspitzen. Solange Roberto zurückdenken kann, betreut Frau Dr. Wittbrodt die Familie, kümmert sich rührend auch um die Wehwehchen der Honecker-Enkel. Sogar ihre eigene Familie reist mit, wenn sie als Leibärztin den Staatschef auf der Insel Vilm privat im Sommerurlaub begleitet. Man kann sagen, dass mit der Absetzung von Großvaters Leibärztin ein weiteres Familienmitglied plötzlich weg ist.

Tage nach dem bestürzenden Todesfall in der Familie trifft eine Wohnungsnachbarin Leonardo, den Vater von Roberto, im Fahrstuhl. Er berichtet ihr, dass sich der Zustand von Sonja trotz verordneter Einnahme von Valium nur unbedeutend verbessert. Ein Psychiater habe gestern mit Sonja und ihm gesprochen und nahegelegt, ein weiteres Kind zu zeugen. Mit dessen Geburt würden die Chancen steigen, dass Sonja ihre Depressionen überwindet. Ihm, Leonardo, sei alles recht, nur nicht dieser Zustand von wiederkehrenden Selbstvorwürfen und Schuldzuweisungen. Seine Schwiegermutter hätte in dieser Sache Sonja ebenfalls gemahnt, dass es an der Zeit ist, sich mit den Tatsachen abzufinden. Und Roberto tue ihm leid in dieser häuslichen Atmosphäre. Allein, dass er da sei, und Mariana nicht, könne seine Mutter provozieren, dem Sohn Vorwürfe zu machen. Er sei froh, dass Oma Margot den Jungen an den Wochenenden mit in ihr Haus nach Wandlitz nimmt.

Beide Großeltern bieten dem verunsicherten Kind Normalität, weil sie sich ihm gegenüber verhalten wie immer.

Wie tief der Tod der Enkelin Erich Honecker in Wahrheit getroffen hat, bestätigen die Erinnerungen seines Leibwächters aus dem inneren Zirkel der Macht. Honeckers Mitarbeiter sehen mit Erschrecken die Brüchigkeit des 76-Jährigen. Die Trauer um sein Enkelkind macht ihn fast arbeitsunfähig. Man will ihm helfen in seiner Schwermut. Soll man eine ADN-Meldung über den Tod herausbringen? Honecker entscheidet sich dagegen. »Warum er so entschied, vermag ich nicht zu sagen. Entweder weil er der Auffassung war, dass bei allem Schmerz – es hatte ihn wirklich tief getroffen – und trotz seiner Zuneigung, Mariana ein Kind wie jedes andere war. Das war kein Thema für Zeitungen. Oder aber er wollte nicht publik werden lassen, dass er bis ins Mark erschüttert war, was als Ausdruck der Schwäche interpretiert werden konnte […] Er wollte in jeder Situation Stärke zeigen, er war selbst in diesem Augenblick unendlicher Trauer hart gegen sich selbst.«

Wie viel von dieser Selbstdisziplin und trotzigen Stärke hat Roberto von seinem Opa für sich selbst akzeptiert?

Der Januar des Jahres 1988 ist ein Schicksalsmonat für Robertos Familie, aber auch für das Land, das sein Großvater regiert. Im März erlebt Roberto sein erstes »Westkonzert«. Aus Anlass der Gründung der Freien Deutschen Jugend, der SED-Jugendorganisation, spielt »Depeche Mode« in Ost-Berlin. Die Eintrittskarten kosten knapp 15 Mark und sind so etwas wie Goldstaub für die Westmusik-süchtigen Jugendlichen in der DDR. Obwohl er noch kein FDJ-Mitglied ist, besorgt ihm sein Vater eine Karte. Mit 6000 Musikfans bejubelt er in der Werner-Seelenbinder-Halle den Live-Auftritt der britischen Rockband. Der Song »Black Celebration« mit seinem mystischen Grundton begleitet ihn in die beginnende Zeit der Jünglingsschwärmerei. Von seinem Vater lernt er die ersten Gitarrengriffe.

Let's have a black celebration
…
I look to you
How you carry on
When all hope is gone
Can't you see
Your optimistic eyes
Seem like paradise
…

Am 30. November 1988 wird Robertos Schwester Vivian geboren. Da besitzt er bereits seit einem Monat seinen ersten Personalausweis. Vor ihrer Geburt zieht die Familie von der Leipziger Straße in einen der neu errichteten Wohnblöcke der Otto-Grotewohl-Straße, die heutige Wilhelmstraße, um. Es sind die modernsten Plattenbauten in der DDR, mit hohem Komfort und teilweise ausgebaut als Maisonetten.

20 Leonardo und Sonja mit der neugeborenen Vivian, Dezember 1988.

Für Robertos Alltag bedeutet der Umzug keine gravierende Veränderung. Die neue Adresse befindet sich zwar etwas weiter von seiner Schule entfernt, aber dafür richten die Eltern ihm ein eigenes Zimmer her. Dabei helfen Handwerker, die ihnen die Großeltern aus Wandlitz nach Berlin-Mitte schicken. Sie trennen mit Gipskartonplatten den oberen Teil der Maisonette vom unteren ab. Eine Wendeltreppe verbindet beide Ebenen. So entsteht ein zusätzlicher Wohnraum für den rebellischen Jungen. In seiner Freizeit trifft er sich nach wie vor mit den alten Freunden und zieht wie gewohnt um dieselben Ecken.

Das Haus 11 in der Waldsiedlung Wandlitz

Seine Mutter wollte unbedingt die alte Wohnung verlassen, um nicht fortlaufend an die verstorbene Mariana erinnert zu werden. Ihr hilft das Privileg, schneller und besser mit Wohnraum versorgt zu werden. Als Tochter des Staatsratsvorsitzenden ist Sonja mit ihrer Familie auch an das Versorgungssystem der Politbürosiedlung »Waldsiedlung Wandlitz« am Rande der Ortschaft Wandlitz nördlich von Berlin angeschlossen. Im allgemeinen Volksmund spricht man vor und nach dem Mauerfall verkürzt nur von »Wandlitz« als Synonym für die abgeschottete Funktionärssiedlung.

Ein ganzes Bataillon von Mitarbeitern versieht rund um den Wohnkomplex seinen Dienst. Hier verwöhnen Köche die unterschiedlichsten Gaumen, Kellner servieren zu Hause und auf Reisen, Haushälterinnen wienern die Wohnungen blitzsauber, waschen die Wäsche der Herrschaften. Gärtner pflegen Rasen und Rabatten. Handwerker tapezieren auf Wunsch die Wände neu oder reparieren tropfende Wasserhähne. Es gibt fast keinen Fachbereich, der im Versorgungssystem fehlt.

Für die Nutzung des möblierten Eigenheimes zahlen die Honeckers wie alle anderen Familien durchschnittlich 650 DDR-Mark. Das Dienstpersonal wird ihnen kostenlos zur Verfügung gestellt. Die Kinder der Parteiführer haben ebenfalls Anspruch auf Dienstleistungen, die 600 Angestellte für die Rundum-Betreuung der 23 Funktionärsfamilien tagtäglich leisten. Das Wohnobjekt umgibt eine acht Kilometer lange, grün gestrichene Mauer, so dass das Prominentenanwesen von der Landstraße her unauffällig wirkt und sich den Blicken der Vorbeifahrenden entzieht. Es mag eine Ironie der Geschichte sein, dass sich die führenden Partei- und Staatsfunktionäre nach der Fertigstellung der Siedlung

1960 zuerst selbst einmauern, bevor sie ihrem Volk die Mauer verordnen.

»Also ich sehe das nicht so, dass die Leute in Wandlitz vor dem Volk geschützt werden sollten. Es gab ja in allen sozialistischen Ländern solche künstlichen Orte. Ich sehe das mehr als Personenschutz. Das ist doch überall auf der Welt so, dass die Staatsführer abgeschottet werden. Damals hatte man Angst vor Sabotage aus dem Westen oder dem Osten, also vor Nato oder Warschauer Pakt oder den Geheimdiensten. Heute hat man Angst vor Terroristen. Leider gehört dazu, wenn man so lebt, dass man die Wirklichkeit um sich herum nicht so mitkriegt. Der Einblick in den Alltag der Gesellschaft geht mit der Zeit verloren. Man nimmt vieles für ganz selbstverständlich hin, was in Wirklichkeit Privilegien sind. Wenn ich meine Erinnerungen an Wandlitz mit den Luxushäusern hier in Chile vergleiche, dann war das doch nur einfacher Mittelstand, weit entfernt von einem Luxusort mit 5 Sternen.«

Für einen heranwachsenden Jungen spielen all diese Dinge keine Rolle. Wenn Roberto zu den Großeltern gebracht wird, dann gibt der Fahrer kurz vor Ankunft am geheimen Objekt über Funk das Codewort durch, dass er gleich mit Honeckers Enkel eintreffen werde. Daraufhin entriegeln die Posten das Eingangstor. Nur kurze Zeit später rollt das Fahrzeug, ohne Kontrolle der Insassen, vorbei an den beiden schmiedeeisernen Torflügeln, hinein in den von außen unsichtbaren Bereich. Hunderte Male in seiner Kindheit betritt Roberto auf diese Weise den beschützten Raum. Ein Routinevorgang beim Besuch der Großeltern. Hinter dem Kontrollsystem eröffnet sich ihm ein Areal, das mit asphaltierten Straßen, grünen Parks, Sportanlagen und Wohnhäusern einem kleinen Ausflugsstädtchen ähnelt.

Das Haus der Großeltern ist nach einer Rechts- und einer Linkskurve schnell erreicht. Pünktlich hält der Personenschützer den Wagen vor dem Eingang der Nummer 11. Dort wird Roberto von der Großmutter bereits erwartet. Margot Honecker legt großen Wert darauf, dass der Enkel so oft es geht zu den Großeltern in die Waldsiedlung kommt. Roberto sagt, er sei das Kind

21 Mit Großvater in der Waldsiedlung Wandlitz.

der Großmutter. Sie ist die große ›Bestimmerin‹ über sein Leben von Kindesbeinen an.

»Zwischen den Häusern gab es ja keine Zäune und die Gartentore standen mit einer Graniteinfassung frei auf der Wiese. Du konntest da einfach dran vorbeigehen, um zur Haustür zu kommen. Warum dann überhaupt ein Gartentor? Wahrscheinlich damit die Staatskarossen einen genauen Haltepunkt hatten. Das Haus hatte zwei Stockwerke. Im unteren war ein zweites Wohnzimmer mit Zugang zum Wintergarten und der Terrasse, von der man direkt über den Rasen und in den Wald gehen konnte. Und es gab noch ein Zimmer mit Bad, wo meine Eltern schliefen. Gegenüber der Eingangstür führte die Treppe in den ersten Stock. Dort schliefen Oma und Opa und ich, jeder für sich allein. Großvater bewohnte den letzten Raum hinter dem Arbeits- und Wohnzimmer, Oma das Zimmer links neben dem Treppenaufgang direkt neben meinem. Sie hatte einen Schreibtisch im Raum, und der von Großvater stand vor seinem Schlafzimmer. Daneben hatte er noch ein extra Bad. Sein Reich war ein kleines Departement. Ein deutlich definiertes Gebiet, was durch die Diele und das obere Wohnzimmer abgeschirmt wurde. Opa war äußerst fleißig, kein Tag, ohne dass er Stapel von Papier durchsah und schrieb bis zum Abend. Dann guckte er im Fernsehen »Aktuelle Kamera« und »Tagesschau«. Mich wollte er da nicht unbedingt dabeihaben. Bei schönem Wetter bin ich raus zu Andreas Neumann, der wartete schon mit dem Fahrrad. Mich hat Politik noch nie sonderlich interessiert. Ungewöhnlich ist das nicht für einen Abkömmling der Macht. Gefrühstückt habe ich mit Großmutter im unteren Wohnzimmer oder im Wintergarten. Der Tisch war von den Haushälterinnen teilweise schon eingedeckt. Frau Blödorn und Frau Brock mochte ich besonders gern. Wenn ich allein im Hause war, haben sie mich betreut und das Essen gemacht, das ich mir wünschte. Opa nahm mich morgens in seinem Dienstwagen mit nach Berlin, Oma fuhr mit ihrem Wartburg zur Arbeit.«

Im Nachbarhaus mit der Nummer 12 wohnt die Familie des für Agitation und Propaganda zuständigen Politbüromitglieds

22 In einer Kindereinrichtung.

23 Zu Besuch bei den Großeltern.

24 Zu Besuch bei den Großeltern.

25 Vor dem Haus Nummer 11 der Groß-eltern in Wandlitz.

Joachim Herrmann. Er ist jener eifrige Paladin, der Erich Honecker die Parteizeitung »Neues Deutschland« am Vorabend der neuen Ausgabe vorlegt. Enthält das Blatt Dutzende Fotos mit dem Parteichef und ausländischen Besuchern, wie vom jährlichen Rundgang an den Ständen auf der Leipziger Messe, dann klingelt der Nachbar auch mal zur Abendbrotzeit an der Tür der Honeckers mit dem Andruck unterm Arm.

Das Grundstück Nummer 10 auf der anderen Seite bewohnen die Neumanns. »Zu den Kindern von ›Ali‹ Neumann, Andreas und Sandra, hatte ich einen guten Draht. Sie waren etwas älter, aber wir konnten gut miteinander die Waldsiedlung unsicher machen. ›Ali‹, wie man ihren Vater überall nannte, beeindruckte allein durch seine Körpergröße, und er erzählte im Gegensatz zu Großvater gern von den Abenteuern seines Lebens. Er hatte eine spannende Biografie als Spanienkämpfer. Mit Großvater war er unter den Nazis für kurze Zeit gemeinsam im Zuchthaus Brandenburg-Görden eingesperrt, bevor er in ein Strafbataillon gesteckt wurde. Beim Einsatz an der Ostfront floh er dann in die Sowjetunion. Sandra und Andreas habe ich nach der Wende nie wieder gesehen. Ich weiß nicht, was sie heute machen.«

Bald zählt auch Robertos Wohnungsnachbar Jan Schabowski aus der Leipziger Straße zum Freundeskreis in Wandlitz. Als sein Vater 1984 ins Politbüro gewählt wird, muss auch dessen Familie in die Prominentensiedlung Wandlitz umziehen. Eine noch vom alten Parteichef Walter Ulbricht verordnete Regel verlangt diesen Wohnortwechsel von jedem Funktionär, der in das höchste Parteiorgan gewählt wird. Familie Schabowski zieht mit ihren beiden Kindern und Schwiegermutter ins Haus Nummer 19 der Waldsiedlung. Das Anwesen der Honeckers, nur durch ein kleines Kiefernwäldchen getrennt, befindet sich keine fünf Minuten von der Haustür der Schabowskis entfernt. So können die beiden Freunde weiterhin an Wochenenden und in den Schulferien gemeinsam Freizeit verbringen.

Margot Honecker verhält sich gegenüber Roberto und seinen Spielkameraden freundlich, aber immer verbunden mit einem

Hauch pädagogischer Wachsamkeit. Dass Erich Honecker seinen Enkel aus tiefstem Herzen liebt, bezeugen nicht nur die Erinnerungen der Personenschützer. Jan Schabowski kennt das Verhältnis zwischen Enkel und Großvater aus nächster Nähe. Er empfindet das Verhältnis zwischen den beiden als warmherzig, das mit der Großmutter eher kühl. Auf dem weitläufigen Gelände unternimmt Erich Honecker mit den beiden Jungs eine Nachtwanderung. Er zeigt ihnen, wie man ein Feuer macht und mit Holzspießen Wiener Würstchen grillt. Er habe das alles gelernt als Jung-Spartakist zu Beginn der 1920er-Jahre. Aus Armut werden Kartoffeln ins Feuer gehalten, belehrt der alte Kommunist die Kinder. Eine vertraute Gepflogenheit zwischen Enkel und Großvater ist Jan Schabowski bis heute eindrucksvoll in Erinnerung geblieben. »Wenn Erich Honecker in heiterer Stimmung war, setzte sich Roberto auf dessen Schoß und begann DDR-Witze zu erzählen. Der alte Mann konnte darüber herzlich lachen. Und es war kein Lachen dem Enkel zuliebe. Es war aus meiner Sicht spontan und echt. Einen Witz von damals habe ich behalten. Frage an den Sender Jerewan: Warum dürfen Kälber nicht in den Westen reisen? Weil der Vater ein Bulle ist!«

Besondere Nachmittage stehen für Robertos Freunde an, wenn der Großvater seine Schmalfilmapparatur aufbaut. Die Kinder profitieren von seiner Leidenschaft, Filme vorzuführen. Heimfilme für die private Unterhaltung werden vom DEFA-Kopierwerk in Berlin für den Handel produziert. Das Filmsortiment besteht aus 450 Titeln mit unterschiedlichen Längen in Schwarz-Weiß und Farbe. Allerdings ohne Tonspur, es sind Stummfilme. Auswählen kann der Filmvorführer aus den Gattungen Dokumentarfilm, Lehrfilm über Märchenfilm bis hin zu Puppen- und Zeichentrickfilmen.

Beliebt bei den Kindern sind Trickfilme aus der sowjetischen Reihe »Hase und Wolf«, der tschechischen Serie mit dem Maulwurf oder »Clown Ferdinand«, den sie alle aus dem Fernsehen kennen. Zwischendurch werden Streifen nach dem Geschmack des Vorführers eingelegt, Farbfilme über Tiere des Waldes. Woher beim Großvater diese Schmalfilmleidenschaft kommt, ist nicht überliefert.

Nach dem Sturz des Politbüros 1989 darf erstmals ein Kamerateam des DDR-Jugendmagazins »Elf99« die »verbotene Stadt« betreten. Dort treffen die Filmleute auf einen langjährigen Bewohner aus Haus 18, Kurt Hager. Seine Aufgabe im Politbüro bestand in der Kontrolle des Literatur- und Kulturbetriebes in der DDR. Auf die Frage des Reporters, wie es sich denn hier in Wandlitz lebt, spricht der alte abgesetzte Funktionär den denkwürdigen Satz: »Wir haben hier wie in einem Ghetto gelebt.« Noch am selben Abend wird der Filmbericht im DDR-Fernsehen ausgestrahlt und entfaltet einen Sturm der Entrüstung in der Bevölkerung.

Der Beitrag zeigt, dass es sich in der Waldsiedlung bei weitem nicht um ein »Ghetto« handelt. Im Gegenteil, für die umfängliche Versorgung der zwei Dutzend Einfamilienhäuser steht ein flacher, verzweigter Gebäudekomplex zur Verfügung. Darin befindet sich der »Funktionärsclub«, der mit mehreren Restaurants, einem Kinosaal und Schwimmbad ausgestattet ist. Angeschlossen sind ein medizinischer Stützpunkt, Frisiersalon, Schneiderei, Wäscherei und eine Gärtnerei. Allein in der Gärtnerei mit ihren überdimensionierten Gewächshäusern arbeiten bis zu dreißig Personen, um den Bedarf der exklusiven Bewohner an frischen Kräutern, Obst, Gemüse und Blumen zu befriedigen.

Eine Schlosser- und Kfz-Werkstatt mit eigener Tankstelle steht auch den privaten Fahrzeugen der Familienangehörigen zur Verfügung. Hier lässt sich Robertos Vater das Familienauto instand halten und nutzt das kostenlose Betanken des »Wartburgs«. Benzin ist in der DDR verhältnismäßig teuer. Eine 50-Liter-Tankfüllung kostet 75 Mark, mehr als viele Bürger für ihre Wohnmiete bezahlen müssen.

Zum besonderen Anziehungspunkt für die Politbürofamilien entwickelt sich die Verkaufsstelle im sogenannten Ladenkombinat. Dank der Außenhandelsabteilung »Kommerzielle Koordinierung« von Alexander Schalck-Golodkowski werden hier zum Wechselkurs von einer Mark West zu 1,7 Mark Ost diverse

Waren aus dem Westen angeboten. Ein spezieller Intershop, in dem man im Gegensatz zu den frei zugänglichen Intershops in den Großstädten des Landes mit DDR-Mark bezahlen kann. Von Bekleidung über Parfüm, Spielzeug, Schokolade, Südfrüchte bis hin zu Hightech-Stereoanlagen und Videorekordern reicht das Angebot. Wem diese Auswahl an Westprodukten nicht genügt, kann über einen Versandhauskatalog weitere Wünsche befriedigen.

Die Politbüromitglieder werden von den Angestellten mit »Genosse« und »Sie« angesprochen. Im Selbstverständnis der SED sind die führenden Genossen die Avantgarde der Arbeiterklasse. Ihr Leben und Wohlbefinden muss in besonderer Weise geschützt und behütet werden. Dienstherr über die Angestellten in der »Waldsiedlung« ist der Staatssicherheitsminister Erich Mielke, der selbst eines der Häuser bewohnt. In einer Dienstanweisung, die die Angestellten »Hab-mich-lieb-Befehl« nennen, werden sie angewiesen, »durch qualifiziertes, einfühlsames Verhalten und gefühlvolles Handeln das subjektive Wohlbefinden der führenden Repräsentanten ständig (zu) gewährleisten«.

Wie selbstverständlich genießen Kinder und Enkel die gleiche Vorzugsbehandlung und Aufmerksamkeit, wenn sie in Wandlitz zu Besuch sind. Und Roberto als der allseits bekannte Liebling des »Chefs« wird wie ein kleiner Prinz behandelt. Im Kindesalter kann er weder spüren noch erkennen, welch personeller und technischer Apparat im Hintergrund den Bewohnern zur Verfügung steht. Unbeschwert nutzt er die Möglichkeiten, die ihm die Waldsiedlung bietet. Ob er in einer fast leeren Schwimmhalle herumtobt oder im Kino mit zwei Nachbarskindern Winnetou oder Bud Spencer anschaut – es gibt für ihn keinen Anlass, diese Vorzüge zu hinterfragen. Warum sollte es ihn interessieren, wie das »System Wandlitz« funktioniert, wenn ihm dieser exklusive Freizeitraum wie selbstverständlich geboten wird. Von seinen ersten Kindheitserinnerungen bis zum letzten Aufenthalt als 15-Jähriger im Dezember 1989 ist dieser Ort ein Teil von ihm, ein mit Kinderglück verbundener Bestandteil seines bisherigen Lebens.

Bei seinem Aufenthalt in Deutschland 2013 unternimmt Roberto gemeinsam mit der ehemaligen Referatsleiterin der einstmals 64 Haushälterinnen einen Rundgang durch die Waldsiedlung, die heute eine Rehabilitationsklinik beheimatet. Ulrike Hainke berichtet ihm, dass am Ende die West-Versorgung auf die Spitze getrieben wurde. »Selbst deine Oma konnte es nicht verstehen, dass man sogar das Toilettenpapier importierte. Es hat ihr nicht gefallen, aber ändern konnte auch sie nichts. Das Versorgungssystem hatte nach den Jahren ein kaum mehr beeinflussbares Eigenleben geführt. Zwischen den unterschiedlichen Angestelltengruppen wurde wie in den volkseigenen Betrieben der ›Sozialistische Wettbewerb‹ durchgeführt. Man musste also von Jahr zu Jahr beweisen, dass man auf seinem Arbeitsgebiet das Wohlbefinden der Funktionärsfamilien verbesserte. Da hat man vielleicht gemerkt, dass das mit Westprodukten am einfachsten geht.«

Da steht er nun nach 23 Jahren einer Frau gegenüber, die seine Familie bis zum Auszug aus Wandlitz betreute. Die 75-Jährige schildert ihm Einzelheiten aus einer untergegangenen Epoche, als wäre es gestern gewesen. Eine Frau, die bis heute stolz ist, dass ihre Arbeit von den Staatsfunktionären anerkannt wurde. Sie habe es als überzeugte Kommunistin getan, sagt sie zu Roberto, der heute den Spagat zwischen Kindheitsreflexion und Analyse des Systems versucht.

»Das war eben der Gegensatz der Ideologie, dass man als Einziger im ganzen Land Westsachen kaufen kann für DDR-Mark. Ich kann mir vorstellen, dass man die Wirklichkeit nicht so mitkriegt, wenn man immer an so einem Ort lebt, der abgeschottet ist. Wenn man so lebt, verliert man doch den Blick für die Gesellschaft, bekommt keinen Zugang mehr zum Alltag der Leute draußen. Den Laden durfte ich eigentlich nicht ohne Erwachsene aufsuchen, und Oma wollte das sowieso nicht. Trotzdem habe ich mir dort mit Spielfreunden heimlich ein Ferrero-Überraschungsei geholt. Man musste ja nicht an einer Kasse bezahlen, das wurde auf eine Liste geschrieben und später den Großeltern als Sammelrechnung geschickt. Die Verkäuferin fragte nur: ›Auf welches Haus geht das?‹«

Von der ehemaligen Hausangestellten erfährt Roberto, dass seine Mutter unter den Angestellten nur »Sonni« genannt wurde. Sie erzählt Roberto davon: »Sie ist eine schwierige Person gewesen, schnell aufbrausend und oft zu Überreaktionen neigend. Nicht immer gerecht zu uns Bediensteten. Sie wollte allen beweisen, dass sie ein Kind von Kommunisten ist. Vom Westen wollte sie nichts wissen und widerstand wie ihre Mutter meistens den Verlockungen, im ›Ladenkombinat‹ Produkte aus den kapitalistischen Ländern zu kaufen. Dabei schoss sie manchmal übers Ziel hinaus. So zum Beispiel als die Handwerker aus Wandlitz eure neue Wohnung in der Otto-Grotewohl-Straße einrichteten, installierten sie Waschbecken und Toilette aus westlicher Fabrikation. ›Sonni‹ verlangte, dass all das wieder ausgebaut und gegen heimische Produkte ausgetauscht wird. Das Ausbauen und Erneuern war natürlich viel teurer, als wenn sie die Sachen drinnen gelassen hätte. Aufwand und Nutzen standen hier in keinem Verhältnis.«

Doch so ganz kann auch Familie Yáñez nicht auf den westlichen Lieferservice verzichten. Zu oft sind in den DDR-Läden die gewünschten Waren gar nicht oder nur in schlechter Qualität und veralteter Mode erhältlich. Die Mangelwirtschaft im Lande reicht bis weit in die Privatsphäre der Bürger hinein. Als sich bei Sonja der neue Nachwuchs deutlicher abzeichnet, bestellt sie über den Dienstweg Wandlitz im April 1988 Umstandskleidung. Auf dem Lieferschein vom 19.4. des Ministeriums für Außenhandel wird die Erledigung des Auftrages von »Haus 11/Sonja« bestätigt. Die »diverse Umstandsgarderobe« aus dem West-Berliner »babykorb« in der Bundesallee kostet gemäß Anlage 953,70 DM. Dafür muss die Schwangere 1430 DDR-Mark bezahlen. Ein sehr guter, durchschnittlicher Monatslohn.

Andersherum spielt Robertos Mutter eine nicht unbedeutende Rolle, wenn sie ihren Vater über Versorgungsmängel im Alltag der Bevölkerung informiert. Da sie ihren eigenen Jungen möglichst nur in Kindersachen aus DDR-Produktion kleiden will, kennt sie das beschränkte Warenangebot in den Regalen der HO-Kaufhäuser am Alexanderplatz und Ostbahnhof aus persönlicher Erfahrung. Je eindringlicher sie ihrem Vater von Mängeln berichtet, die dazu das Wohlbefinden seines Enkels tangieren, umso nachhaltiger fällt Erich Honeckers Reaktion aus.

Dann stellt der Erste Sekretär der SED auf den Beratungen des Politbüros schon mal seinen Genossen unangenehme Fragen zur Versorgungssituation. Im Januar 1988 beklagt er sich am Beispiel seines Enkels, dass es in der kalten Jahreszeit keine warmen Kinderhosen zu kaufen gäbe. Laut Protokoll der Sitzung schimpft Robertos Großvater über das Missverhältnis von Ausfuhren in den Westen und Angebotsengpässen im eigenen Land:

»Wenn wir einen solchen hohen Export von Kinderhosen haben und gleichzeitig die Leute bei uns ohne Hosen laufen, dann ist das eine Situation, die es noch nicht gegeben hat in der DDR. Ich kann das aus eigener Erfahrung sagen, denn mein Enkel ist eine ganze Zeit auch bei kalter Witterung mit einer Trainingshose herumgelaufen. In ganz Berlin gibt es eine Hosendiskussion unter der Bevölkerung. Wie kann so etwas eintreten? Das ist unmöglich! Man kann doch nicht die ganze Bevölkerung wegen der Kinderhosen durcheinanderbringen.«

Das Beispiel vom frierenden Enkel trägt Früchte und führt in der Tagung zu dem Beschluss, dass eine Million Kinderhosen aus der Bundesrepublik reimportiert werden müssen.

Robertos Vater, Chile, Allende und Pinochet

So schicksalhaft das Jahr 1988 der Familie Yáñez begann, so hellt sich die Stimmung im Laufe des Jahres doch deutlich auf. Vor allem für Robertos Vater beginnt im Sommer eine Zeit voller Aufregung, verbunden mit großer Hoffnung, dass sich in seinem Heimatland die politischen Verhältnisse ändern könnten. Auf dem Höhepunkt seiner Macht hatte Diktator Pinochet 1980 in der chilenischen Verfassung festschreiben lassen, dass nach acht Jahren seiner Präsidentschaft das Volk in geheimer Abstimmung über eine weitere Amtszeit entscheiden solle. Diese Zeit war nun abgelaufen, und der Diktator hat das notwendige Referendum auf den 5. Oktober 1988 festgesetzt. Unter den politisch verfolgten Exilanten, das sind weltweit zeitweise hunderttausend Personen, entwickelt sich auch in Ost-Berlin eine euphorische Zukunftsvision.

»Unsere Wohnung wurde mehr und mehr zu einem Treffpunkt von Freunden und Bekannten meines Vaters, die darüber hitzig diskutierten, wie sie die ¡No!-Kampagne der Opposition in Chile, also die Absetzung Pinochets, unterstützen könnten. Diese Atmosphäre von Aufbruchstimmung hat mich 14-Jährigen begeistert. Außerdem konnte ich unbemerkt die Reste in den Biergläsern austrinken. Mein erster Alkohol ist mit Pinochet verbunden. Die Wege des Herrn sind unergründlich.«

Roberto fühlt sich in diesen Männerrunden ein bisschen wie ein Revolutionär. Es gibt eine Fotoserie mit ihm als vier- oder fünfjährigem Jungen, in Wandlitz mit seinen Großeltern auf einer Parkbank sitzend, in dicke Mäntel gekleidet, links Oma Margot, rechts Opa Erich, dazwischen der Enkel mit einer Mütze, wie sie die revolutionären Rotarmisten während des Bürgerkrieges trugen. Wenn er sie jetzt noch hätte, würde er nun am liebsten seine Budjonny-Mütze mit dem roten Stern aufsetzen.

Pinochets Junta ist eine unverhüllte Militärdiktatur, seit sie gegen den demokratisch gewählten Sozialisten Salvador Allende im September 1973 geputscht hatte. Präsident Allende verübte vor seiner Festnahme im Präsidentenpalast, der Moneda, Suizid. Nach dem 11. September werden Gegner der Diktatur und Andersdenkende standrechtlich erschossen, zu Tode gefoltert oder aus Hubschraubern über dem Meer in die Tiefe gestoßen. Wie der Untersuchungsausschuss des amerikanischen Senats unter Senator Frank Church 1975 auf Hunderten Seiten dokumentierte, war die Errichtung einer der grausamsten Militärdiktaturen in Lateinamerika von den USA politisch und finanziell in großem Stil orchestriert und unterstützt worden.

Bereits im Vorfeld der Wahl von Salvador Allende 1970 bis hin zu seinem Sturz drei Jahre später führte der US-Geheimdienst CIA zahlreiche sogenannte verdeckte Aktionen durch, um die demokratischen Strukturen, die unter der Führung des linksorientierten Präsidenten entstanden waren, zu zerstören. Grundschema solch verdeckter Aktionen war, dass die Hintermänner im Dunkeln blieben oder eine Beteiligung an den unternommenen Aktivitäten plausibel abstreiten oder leugnen konnten. In den USA gibt es dafür den Begriff der »plausible deniability«. Zum Katalog solcher Maßnahmen gehörten Mord und Entführungen genauso wie die Organisation von Streiks, das Verbreiten von Falschmeldungen in den Medien, die Herbeiführung von Versorgungsengpässen und der Aufbau geheimer Strukturen in den Streitkräften, der Polizei und des jeweiligen nationalen Sicherheitsdienstes.

Alle diese Maßnahmen sind in Chile von 1970 bis 1973 durch die CIA zum Einsatz gekommen. Sie sollten das Ansehen der Allende-Regierung in der chilenischen Öffentlichkeit zerstören und letztlich ihren Sturz herbeiführen. Ein Teil dieser Aktivitäten ist bereits kurz nach Errichtung der blutigen Militärdiktatur von Pinochet umfangreich dokumentiert worden, aber bald in Vergessenheit geraten.

Ende der 1980er-Jahre zählt die Bilanz der Militärdiktatur

über viertausend ermordete Chilenen, Tausende spurlos »Verschwundene« und zeitweise bis zu 150 000 politische Gefangene. Der durch die verdeckten Aktionen bei vielen Chilenen geschürte Hass auf eine linke, angeblich wirtschaftlich unfähige Regierung, spaltet das Land und erschwert die Aufarbeitung dieses dunklen Kapitels chilenischer Geschichte bis heute.

Robertos Vater unterbricht Ende 1972 sein Studium in Dresden und fliegt nach Chile, um sich bei den Vorbereitungen zu den Anfang 1973 anstehenden Parlamentswahlen zu engagieren. Die Regierungspartei Unidad Popular von Salvador Allende erreicht bei diesen Wahlen 44 Prozent der Stimmen. Allende bildet eine Koalition aus Sozialisten und Kommunisten und bleibt amtierender Präsident. Doch die Auseinandersetzungen zwischen der Links-Regierung und den rechten Kräften nehmen an Heftigkeit zu. Nicht wenige Mitglieder der Unidad Popular befürchten eine Machtübernahme durch das Militär. Leonardo Yáñez gehört zu jener kommunistischen Gruppierung, die daraufhin zu einem militärischen Schutz der demokratischen Revolution aufruft. Als dann am 11. September General Pinochet den Putsch des Militärs anführt, gerät Robertos Vater selbst in unmittelbare Lebensgefahr.

»Zwei Verwandte unserer Yáñez-Familie hatten wichtige Positionen innerhalb der Unidad Popular inne. Mitte des Jahres 1973 versuchte ein Panzer-Regiment zu putschen. Schon ein Jahr davor bezahlten die USA einen massiven Streik der Lastkraftwagenfahrer, die die Lebensmittel im Land verteilten. Nach diesem Putschversuch kündigten die linken Kräfte ein Plebiszit für Ende des Jahres an. Sie hofften darauf, eine absolute Mehrheit für Allende zu bekommen. Mein Vater war dabei, als am 11. September die Kampfflugzeuge auf die Moneda, den Präsidentenpalast, Bomben abwarfen. Die Lage war sehr unsicher, und er ging lieber nicht nach Hause. Viele seiner Freunde versammelten sich auf dem Gelände der Technischen Universität. Er war dort noch als Student eingeschrieben. Sein Genosse Victor Jara hatte eine Stelle als Dozent inne. Vater und mein Onkel kannten den berühmten Folksänger gut aus seiner Arbeit als Leiter der Künstlerabteilung der Kommunistischen Partei Chiles (KPC). Einen Tag nach Ausbruch des Putsches stationierten die Militärs Panzer vor dem Campus. Sie drohten, die Gebäude gewaltsam zu ›säubern‹. Mein Vater sagte: ›Wie sollten unbewaffnete Studenten Widerstand leisten.‹ Er wurde mit anderen Studenten, mit seinem Bruder Eduardo und mit Victor Jara in das ›Estadio Chile‹ gebracht, wo die Gefangenen in den unteren Räumen und Duschen eingepfercht waren. Manchmal kam ein Leutnant und ließ alle sich in einer Reihe aufstellen und dann ging's los: ›1, 2, 3, du, 1, 2, 3, du auch.‹ Sie wurden abgeführt, dann hörte man Schüsse, und sie kamen nicht wieder. Zu Hause in der DDR war meine Mutter nervös, nicht nur wegen meines Vaters, sondern auch wegen der anderen Chilenen, die sie in Dresden kannte. Und dann kam die Nachricht: Victor Jara, der Volkssänger, wurde gefoltert und ist tot. Auch das Haus meiner chilenischen Großmutter in Las Condes wurde von den Militärs durchsucht und in einen Putschisten-Stützpunkt umgewandelt. Man erzählt, dass die Militärs ein Buch über den Kubismus gefunden hätten und es beschlagnahmten, da sie dachten, es wäre ein Buch über Kuba. Als ich im Jahr 1990 nach Chile kam, wohnte ich in jenem Haus ein Jahr.«

Leonardo Yáñez und Sonja Honecker haben sich Ende 1972 ineinander verliebt, Absichten für eine Heirat aber gibt es nicht. Leonardo schreibt Briefe an seine Freundin, worin er um Verständnis wirbt, nicht wie vorgesehen den Sommer mit ihr an der Ostsee zu verbringen. Die Lage in seinem Heimatland habe sich dramatisch zugespitzt. Seine Anwesenheit vor Ort sei unabdingbar nötig, da seine Partei ihm wichtige Aufgaben übertragen habe.

Am 11. September 1973 hat Sonja ihren Freund schon Monate nicht gesehen und wird von den Ereignissen des Putsches überrascht. Die Sorge um Leonardo und andere chilenische Kommilitonen teilt sie ihrem Vater mit.

Erich Honecker befördert die solidarischen Beziehungen zur Allende-Regierung von Beginn an. Von allen sozialistischen Ländern entwickelt die DDR, von Kuba abgesehen, wahrscheinlich die intensivsten Kontakte zur linken Einheitsfront Unidad Popular. Neben materieller Hilfe unterstützt Ost-Berlin die Chilenen mit einer großen Anzahl von Fachkräften für Bildung, Gesundheitswesen und Wirtschaft. Noch im August 1973 bringen drei DDR-Frachter Hilfsgüter nach Chile. Auf einem der Schiffe begrüßt Salvador Allende die Besatzung höchstpersönlich. Für Robertos Großvater war es somit eine Selbstverständlichkeit, den verfolgten Kommunisten und Sozialisten in Chile beizustehen. Er beauftragt Erich Mielke, den Minister für Staatssicherheit, alles zu tun, um das Leben chilenischer Genossen zu retten. In den ersten Tagen nach dem Putsch wird die DDR-Botschaft Zufluchtsort für Verfolgte. Dort wird auch die spektakuläre Flucht des damaligen Generalsekretärs der Sozialistischen Partei, Carlos Altamirano, geplant. Buchstäblich in letzter Minute gelingt es, den Sozialistenführer aus Chile herauszuschleusen und nach Kuba zu bringen.

Der ehemalige Leiter der DDR-Auslandsspionage Markus Wolf spricht von einem verhängnisvollen Fehler, dass sein Dienst nur mit sehr wenigen Mitarbeitern vor Ort war. Man hatte sich auf die Möglichkeit eines Putsches und damit einhergehende Gefahren für das Leben der chilenischen Linken ungenügend vorbereitet. Zwei Wochen nach der Machtübernahme durch das Militär brechen die sozialistischen Länder aus Protest gegen den Pinochet-Putsch ihre diplomatischen Beziehungen ab. Nur die Rumänen halten ihre Vertretung offen. Für viele kommunistische und sozialliberale Akteure führt das zu einem Problem. Sie müssen sich nach anderen Fluchtmöglichkeiten umschauen. Die DDR betreibt weiterhin ein Konsulat in Santiago, worüber sie Kontakte vermittelt, um Schleuserrouten zu organisieren. Da man nur mit einem Diplomatenstatus unkontrolliert die Grenzen überqueren kann, werden die finnische und rumänische Botschaft zu Drehscheiben für die Hilfsbedürftigen.

»Mein Vater hatte Glück, dass er mit einer Gruppe Inhaftierter aus dem Nationalstadion herauskam. Großvater soll sich persönlich um seine Befreiung gekümmert haben. Als Vater hilft man doch, wenn sich der Freund der Tochter in einer gefährlichen Lebenssituation befindet. Auf welchen Wegen er das rettende Schiff erreichte, hat mir bis heute keiner erzählt.«

Tatsächlich beauftragt Sonjas Vater seinen Geheimdienstminister selbst mit der Rettung des Schwiegersohns in spe. Markus Wolf, so erzählt er später,, hat das Bild vom schwitzenden Erich Mielke an dessen Schreibtisch in Erinnerung behalten. Dieser wartet ungeduldig auf den Anruf aus Argentinien, dass Leonardo Yáñez in Sicherheit sei. Als endlich die Meldung aus einer Telefonzelle in Buenos Aires kommt, dass der Chilene sich auf einem Schiff nach Europa befindet, atmet er tief durch. Erich Honecker kann er diesen Coup nun als persönliche Heldentat vermelden.

Nach der Rückkehr in die DDR verfestigt sich die Liebe zwischen Leonardo und Sonja und bald leben Robertos Eltern zusammen. Der chilenische Schwiegersohn wird nicht ohne Stolz als kommunistischer Flüchtling von Erich Honecker in die Familie aufgenommen. Margot Honecker dagegen behält vorerst eine gewisse Skepsis.

»Ich wurde fast genau ein Jahr nach dem Militärputsch geboren. Nun könnte man sagen, meine Entstehung ist ein Resultat der Pinochet-Diktatur, transformiert in eine kommunistische Diktatur. Das sehe ich ganz anders. Mein Vater ist mit Glück aus einem mörderischen System freigekommen. Ich bin ein Kind der Freiheit und nicht der Diktatur. Meine Seele kennt keinen Zustand der Unterdrückung. Ich war immer sehr agil und übermütig. Man sprach mit mir darüber, da man in meiner überbordenden Energie eine Gefahr sah. Einmal wurde ich einem Psychiater vorgestellt, aber der fand mich ganz normal.«

Robertos Vater arbeitet als Dozent an der Humboldt-Universität, seine Mutter als wissenschaftliche Assistentin an der Akademie für Gesellschaftswissenschaften in Berlin. In der DDR-Hauptstadt herrscht Ende der 1970er-Jahre akuter Wohnraummangel. Viele Familien leben in alten Mietskasernen aus der Gründerzeit, teilweise mit Außenklo und ohne Bad. Diese Missstände möchte Erich Honecker mit seinem Parteiprogramm der »Einheit von Wirtschafts- und Sozialpolitik« beseitigen, indem er riesige Plattenbau-Siedlungen errichten lässt. Die gesamte Bauwirtschaft ist auf ein Ziel fokussiert: Neubau geht vor Altbausanierung. Die Folgen sind zerfallende Stadtzentren und moderne Satellitenstädte. Eine Ausnahme bildet Ost-Berlin.

Für die DDR-Hauptstadt mit ihrer Nähe zum »kapitalistischen

Schaufenster« West-Berlin wird eine Berlin-Initiative der FDJ ins Leben gerufen. Tausende junge Bauarbeiter aus der ganzen Republik werden zur Neugestaltung der östlichen Kapitale abgesandt. Während viele Einwohner der Stadt lange auf eine Wohnung warten müssen, ist Robertos Familie privilegiert und erhält eine 77 m² große Dreizimmerwohnung im elften Stock des nördlichen Gebäuderiegels in der Leipziger Straße. Auf der gegenüberliegenden Südseite entstehen 25-geschossige Hochhäuser mit Geschäften und Restaurants in den Untergeschossen.

Zu zweifelhaftem Ruhm bringt es die dortige HO-Kaufhalle, die stets mit einem besseren Warenangebot aufwarten kann als alle anderen im Rest der Stadt. Diese Tatsache ist der Bewohnerstruktur geschuldet. Vor allem die größeren Wohnungen sind an Mitarbeiter ausländischer Vertretungen oder Personen mit Beziehungen zur Macht vermietet. Diesen soll es nicht an Produkten des »täglichen Bedarfs« im Supermarkt fehlen.

»Mein Vater war fasziniert von der DDR, nachdem er all die Armut in Chile kennengelernt hatte. Er lebte sich hier schnell und gut ein. Trotzdem schwärmte er immer von seiner Heimat, von den gewaltigen Anden und der Hauptstadt Santiago, die aber sehr staubig sei. Am liebsten erzählte er vom Muschelessen in Chile. Einmal waren wir in Bulgarien, wo es auch Muscheln gab. Da hat er sich eine Magenvergiftung zugezogen. Zu Hause machte Mutter immer das Frühstück, ganz klassisch: Orangensaft, Ei, Schinken, Brot.

Vater war für das Abendbrot zuständig. Nach den Hausaufgaben nahm er mich öfter mit in die Kaufhalle auf der anderen Straßenseite. Da die Fahrbahnen jeweils für drei Spuren ausgelegt waren, musste man die Unterführung benutzen, um auf die gegenüberliegende Seite zu gelangen. Zu Butter, frischen Brötchen und Käse legte ich immer ein ›Leckermäulchen‹ in Vaters Einkaufskorb. Das war eine aufgeschäumte Quarkspeise, die es mit Vanille- und Zitronengeschmack gab. Ich konnte mich daran nicht satt essen. Das Dessert wird heute noch in Millionenstückzahl verkauft.

26 Mit Mutter Sonja vor dem Wohnhaus in der Leipziger Straße.

Nachdem wir vom Einkaufen zurückgekommen sind, wurde der Käse gut verpackt und sorgfältig für die Abendbrote eingeteilt. Wenn ich mal heimlich an den Kühlschrank ging und ein Stück davon abbrach, gab es Krach. Mein Vater handelte sparsamer als meine Mutter. Er war immer sehr ruhig und ausgeglichen, Mutter dagegen unruhig und nervös.

Ehekrisen gab es meist durch meine Mutter, weil sie die kulturellen Unterschiede zwischen Deutschland und Chile nie wirklich verstand. Dank meinem Vater kam es damals aber nicht zur Scheidung.

Ab meinem neunten Geburtstag fuhr ich zwei Mal in der Woche mit der Straßenbahn zum Spanischunterricht nach Lichtenberg in die 37. Polytechnische Oberschule. Für chilenische Exilanten gab es kostenlose Sprachlehrgänge. Unterricht erteilten muttersprachliche Lehrer, die in der DDR lebten. In der Umgebung der Schule wohnten viele exilierte Familien, es war ein richtiges Viertel mit weiß-rot-blauen Fahnen an den Fenstern und südamerikanischer Musik. Im Sommer spielten wir anschließend noch Tischtennis auf den Betonplatten, die in den Parks zwischen den Hochhäusern dafür aufgestellt waren. Wir machten natürlich auch Blödsinn wie zum Beispiel »Klingelputzen« am Hochhaus Leninallee 177, wo in den 18 Etagen manch einer meiner Mitschüler wohnte.«

Über den Spanischunterricht kommt Roberto in Kontakt mit einer Vielzahl von Kindern in Berlin lebender Exilchilenen, und er darf seinen Vater begleiten zu den Veranstaltungen und Feierlichkeiten des CHAF. Das »Büro Chile Antifascista« wird schon im Juni 1974 gegründet und verkörpert eine Vereinigung zur Selbstverwaltung der chilenischen Exilgemeinde bis ins Jahr 1989. Sozusagen eine nicht gewählte, doch praktisch auf dem Territorium der DDR eine Regierungsform mit gewissen Freiheiten. In allen Bezirken des Landes gibt es Regionalbüros, die eine Mittlerstellung einnehmen zwischen den DDR-Behörden und der sprunghaft steigenden Zahl von Exilanten in der zweiten Hälfte der 1970er-Jahre.

27 Mit Exilkindern bei einer CHAF-Veranstaltung (3. v. re.).

Da die Unidad Popular de facto auch im Ausland aufgehört hat zu existieren, bilden die linksgerichtete Sozialistische Partei (SP) und die Kommunistische Partei (KP) Chiles den personellen Kern der politischen Hilfsorganisation. Auch die SP verlegt 1974 ihren Hauptsitz nach Ost-Berlin, als ihr Vorsitzender Altamirano aus Kuba in die DDR übersiedelt. Anfangs wird das CHAF-Büro vom früheren legendären Studentenführer Carlos Labarca, den Robertos Vater aus seiner gemeinsamen Zeit an der Universität in Santiago gut kennt, später von Jorge Insunza und dem früheren Privatsekretär von Präsident Allende, Osvaldo Puccio, geleitet.

Vielfältige Aufgaben sind vom Büro für die heterogene Exilgemeinde zu lösen. Es muss sich um die soziale Absicherung und berufliche Eingliederung der Neuankömmlinge kümmern, über die Gesetze des Gastlandes informieren, aber auch in Studienangelegenheiten helfen. Selbst die Auswahl der Lehrer und des Unterrichtsstoffes werden über die Organisation geregelt.

Für die DDR-Führung ist das CHAF der Versuch einer Neubelebung der chilenischen Volksfront im Ausland. Sie unterstützt

73

28 Roberto mit Mutter Sonja, um 1985.

die Regionalvertretungen mit Büroräumen, Geld aus dem Soli-
daritätsfonds und Personal. Letzteres wird zusätzlich angehalten,
über seine alltägliche Arbeit hinaus ein wachsames Auge auf die
Exilanten zu werfen. So sehr die südamerikanischen Revolutionäre und ihr Kampf gegen die Militärdiktatur geschätzt werden,
ja, sie mit dem Widerstand gegen Hitler in der eigenen Jugendzeit
verglichen werden, so vorsichtig ist man: Besitzen die Exilfunk-
tionäre doch ihre eigenen Ansichten von einer zukünftigen politischen Gestaltung ihres Heimatlandes, die sich nicht unbedingt
mit der Auffassung einer Ein-Parteien-Herrschaft, wie sie in der
DDR herrscht, deckt. In Chile hatten die Linken mit der Unidad
Popular die Erfahrung gemacht, dass geeinte fortschrittliche Kräfte durch legale Wahlen in einem parlamentarischen System die
Macht erringen können. Das war ihnen 1970 gelungen und existiert als soziales Grundgefühl bei den Exilanten fort.

Unter den Chilenen wird offener und freier diskutiert, was Roberto mit zunehmendem Alter durchaus registriert. Seine Großmutter dagegen zieht ganz andere Schlussfolgerungen aus der

kurzen Regierungsperiode von Allendes Volksfrontregierung. Für sie ist der Putsch gegen den demokratisch gewählten Präsidenten der Beweis, dass man, wenn man die Herrschaft einmal errungen hat, diese unter keinen Umständen wieder abgeben darf. Die Niederlage der Linken in Chile hat für sie traumatische Bedeutung: Ein Teilen der Macht ist Verrat an der Revolution.

Nicht ohne Blick auf die chilenische Tragödie führt Margot Honecker als Ministerin für Volksbildung 1976 den obligatorischen Wehrkundeunterricht für die oberen Schulklassen ein. Die Jugendlichen sollen zur Verteidigung der Parteiherrschaft frühzeitig an der Waffe trainiert werden. Roberto wächst so im Widerspruch zweier weltanschaulicher Konzeptionen auf, zwischen einer von den Chilenen vertretenen freiheitlichen Ordnung und einer dogmatischen Weltanschauung. Für die Großmutter besitzt der siegreiche Klassenkampf mit allen Mitteln oberste Priorität. Das vermittelt sie dem Enkel bei jeder Gelegenheit. Sie hat Großes mit ihm vor. Er soll zum kämpferischen Kommunisten reifen und in die Fußstapfen des Großvaters hineinwachsen.

»Oma war eine große Bevormunderin. Sie erklärte meiner Mutter, was man mit mir machen und nicht machen sollte. Meine Eltern mussten zusehen, wie der Machtapparat der Großeltern nachhalf, dass ich praktisch deren Kind wurde. Sie hatten die Vorstellung, dass ich ein wichtiger Politiker in der SED-Hierarchie werden sollte. Meine Mutter litt sehr darunter und begehrte dagegen auf, war aber zu schwach, um sich gegen Großmutter durchzusetzen. Das Verhältnis der beiden schwankte zwischen Zerwürfnis und Duldung. Es hat sich erst in Chile nach dem Tod des Großvaters etwas gebessert. Mutter liebte ihren Vater sehr.«

Robertos Vater engagiert sich intensiv im CHAF. Er leitet die Studentenorganisation der chilenischen Kommunisten in der DDR und reist mehrfach im Jahr zu Veranstaltungen in größere Universitätsstädte. Mit seinem bescheidenen, aber fröhlichen Charakter ist er ein beliebter Gast zwischen Rostock, Leipzig und Dresden. Diese Zusammenkünfte mit seinen Landsleuten sind

29 Mit seinem Vater Leonardo. Demonstration auf der Karl-Marx-Allee.

für ihn bedeutsam, bieten sie ihm in der Fremde doch kurze Momente kultureller Geborgenheit.

Ab Mitte der 1980er-Jahre, nachdem Pinochet das Einreiseverbot gegenüber Oppositionellen gelockert hat, beginnt eine vorsichtige Rückkehr einzelner Exilanten. Darf man aus dem Exil in eine Diktatur zurückkehren, fragen die Studenten. Leonardo Yáñez hat darauf keine abschließende Antwort, spielt er doch selbst mit dem Gedanken, in Chile eventuell mehr für die Beseitigung des Militärregimes bewirken zu können. Die Exilerfahrung hat ihn gelehrt, dass die Wirkung politischer Arbeit aus dem fernen Europa begrenzt ist.

»Wenn Vater zurückkam, berichtete er begeistert von den Diskussionen mit den Studenten. Was in Chile vor sich ging, lag ihm einfach am Herzen. Man konnte spüren, dass er mit der Zeit ungeduldiger wurde, sich nach dem Ende des Exils sehnte. Meine Mutter war von diesen wiederholten Ausflügen weniger begeistert. Als Kind bekommt man ja den Inhalt elterlicher Auseinandersetzungen nicht so genau mit, aber Eifersucht auf die jungen Studentinnen war bestimmt mit im Spiel. Manchmal musste Opa kommen, um den Streit zu schlichten.

Treffen mit Genossen des Vaters oder chilenischen Familien waren für mich keine Seltenheit. Mir gefielen die Ungezwungenheit, das laute Durcheinanderreden und die herzliche Hilfsbereitschaft der Leute. Manchmal schickte Großvater von der Jagd Fleisch, meist war es Wildschwein. Dann wurde gegrillt und chilenischer Salat zubereitet. Bei diesen Feiern übernahm ich die Angewohnheit, Reis zu essen. Zum Beispiel als »Cazuela« oder als »Pastel de choclo«, ein typisches Nationalgericht. Der Maisauflauf wird mit Hackfleisch, Hähnchen, Eiern, Knoblauch, schwarzen

30 Auf einer Solidaritätsveranstaltung für Chile mit Dean Reed (Bildmitte, Roberto unten 2. v. li.), Berlin, um 1982.

Oliven und mit »Ají-Paprika« angerichtet. Ich mag es besonders mit richtig scharfen Paprikaschoten.

Vater nahm mich auch auf Solidaritätsveranstaltungen mit und bei Großdemonstrationen lief ich im chilenischen Block.«

Auf nicht wenigen offiziellen Film- und Fotodokumenten sind die Begegnungen des kleinen Roberto mit führenden Exil-Politikern festgehalten. Am bekanntesten dürften die Bilder mit Luis Corvalán von 1977 sein. Ein Jahr nach seiner Freilassung aus der Militärgefangenschaft im Austausch gegen den sowjetischen Dissidenten Wladimir Bukowski besucht der KP-Führer die DDR. In Ost-Berlin empfängt ihn Erich Honecker, und auf einem Solidaritätsmeeting wird er von der Exilgemeinde überschwänglich gefeiert. Der dreijährige Roberto sitzt auf den Schultern seines Vaters, als Corvalán auf dem Podium zu den Anwesenden spricht. Später wird der berühmte Genosse den Enkel Erich Honeckers zu sich heraufziehen und in die Arme nehmen. Als Freundschaftsgeste hat man Corvalán ein Pionierhalstuch umgebunden, was ihm einen Hauch von Gaucho verleiht, der seinen Gefährten hier den Nachwuchs zeigt.

31 Beim Besuch von Luis Corvalán in der DDR, 1977 (v. li. Gladys Marín, Roberto, Corválan).

Frühzeitig schon wird dem Kind Roberto überproportionale Aufmerksamkeit geschenkt. Im Mittelpunkt zu stehen, ob in der eigenen Familie oder in Erwachsenenkreisen, empfindet er als eine ganz natürliche Sache. Von den Angestellten des Staatsoberhauptes, den Personenschützern, Mundschenken und Haushälterinnen gibt es über dessen Enkel diverse Schilderungen. Jedoch in einem Punkt sind sich alle einig: Roberto war ein agiles, ein verwöhntes und sich seiner Sonderstellung durchaus bewusstes Kind. Der Personenschützer Bernd Brückner schreibt: »Der temperamentvolle Enkel besaß die ganze Zuneigung des Großvaters, jeder Wunsch, kaum geäußert, wurde ihm erfüllt. Egal, ob es sich um Spielzeug, später um funkgesteuerte Flugzeugmodelle, Schiffe oder Glitzerdinge handelte.«

Großvaters Jagdhaus Wildfang

Das alte Forsthaus »Wildfang« in der Schorfheide ist der liebste Freizeitort des Großvaters. Ein Areal der Natur und Ruhe, weit abgelegen vom quirligen Großstadtleben und den Bauten der Macht, jedoch schnell zu erreichen vom Haus 11 der Waldsiedlung. Für den Enkel wird die Freizeitresidenz der Abenteuerspielplatz seiner Kindheit. Schon als kleiner Junge sieht er sich – mit einem Overall bekleidet – an der Hand der Mutter die vom Großvater erlegten Wildschweine an. Dessen waidmännische Leidenschaft kann und will er weder verstehen noch macht er sie sich später selbst zu eigen. Dennoch: Wildfang bietet ihm den Kosmos, in dem Natur, Tier und Mensch zusammenfinden. Hier kann er sich von allen ihn quälenden Dämonen befreien. Später bilden die prägenden Eindrücke von Wildfang eine nicht versiegende Quelle für die Motive seiner Gedichte, Lieder und Gemälde.

»Freiheit grenzenlos könnte ich rückblickend sagen. Um das Haus gab es zwar einen Zaun, aber wenn Wanderer oder Pilzsammler vorbeikamen und ich mit Oma und Opa auf der Terrasse bei Kaffee und Kuchen saß, dann wurde auch mal über den Zaun gegrüßt. Das war ganz normal. Wieso heute behauptet wird, das ganze Gebiet sei abgesperrt gewesen? Es gab keine Verbotszäune, man konnte in jede Richtung frei laufen. Großvater kam einmal von der Jagd zurück und erzählte von einer Begegnung mit jungen Leuten, die sich auf einem seiner Hochsitze ein Nachtquartier eingerichtet hatten. Sie hatten sich in der Entfernung zum Tagesziel verschätzt. Am liebsten wäre ich da hingegangen, um mit denen die Nacht zu verbringen.«

Es gibt Momente in der gesellschaftlichen Entwicklungsgeschichte, in denen sich ähnliche Dinge in unmittelbarer Nachbarschaft vollziehen, die Nachbarn davon aber unberührt bleiben. Die Sehnsucht der Mächtigen nach abgelegenen Refugien in den Wäldern Brandenburgs findet ihre Parallele in der Bevölkerung. In der DDR breitet sich seit den 1970er-Jahren vermehrt ein sogenanntes »Datschenwesen« aus. Aufgrund der Ummauerung des kleinen Landes suchen die Bürger nach Äquivalenten, um die mangelnden Reisemöglichkeiten zu kompensieren. Gleichzeitig schwappt die neue »Grünen-Bewegung« auch in die DDR über.

Die Idee vom naturnahen Leben, der Stadt zu entfliehen, sich ein Refugium zu schaffen, das sich den herrschenden ideologischen Fesseln entzieht, all dies mündet in die Bewegung der Suche nach Sehnsuchtsorten auf dem Lande. Vorreiter sind Intellektuelle und Künstler aus dem Prenzlauer Berg, die anfangs in der Berliner Umgebung leerstehende Bauernhäuser aufkaufen und an Wochenenden liebevoll restaurieren. Die privaten Grundstücke fungieren in ihrer Abgeschiedenheit nicht selten als kulturelle und informelle Begegnungsorte.

Später wird die Uckermark nordöstlich von Berlin mit ihren ausgedehnten Feldern, Seen und der sanft welligen Landschaft als Rückzugsort entdeckt. Ein weiter Himmel empfängt den Großstädter, an dem das Nordlicht mediterran strahlt. Am westlichen Teil des uckermärkischen Hügellandes, der »Toskana des Nordens«, wie sie die Neubewohner nennen, schließt sich die Schorfheide mit ihrem jahrhundertealten Waldbestand aus Kiefern und Buchen an.

Das größte Waldgebiet Brandenburgs mit seinen 24 000 km² erklärt die DDR-Staatsführung 1962 zum Staatsjagdgebiet. Dabei führt der sozialistische Staat eine Tradition fort, die schon der letzte deutsche Kaiser Wilhelm II. und im Dritten Reich Hermann Göring pflegten. Davon zeugen noch heute der »Kaiserbahnhof« in Joachimsthal und ein von Göring gestiftetes Denkmal für Zuchterfolge mit Wisenten, Elchen und Wildpferden. Das ehemalige Anwesen des Kriegsverbrechers Feldmarschall Göring »Carinhall« befand sich bis zu seiner Zerstörung 1945 am nördlichen Rand der Schorfheide.

Bereits seit den 1950er-Jahren geht Erich Honecker mit den Genossen hier zur Jagd. Nach Errichtung der Waldsiedlung Wandlitz wurden für ihre Bewohner in der Schorfheide Erholungsgrundstücke bereitgestellt. Die unmittelbare Nähe zum Staatsjagdgebiet soll ein ausschlaggebender Grund gewesen sein, dass letztendlich nicht im Süden, sondern im Norden Berlins die Prominentensiedlung platziert wurde.

Für die manischen Freizeitjäger Erich Honecker, Günter Mittag, Horst Sindermann und Erich Mielke entstehen an den schönsten Plätzen Rückzugsorte, die gleichzeitig Ausgangspunkt für ihre Jagdleidenschaft sind. Die Ortschaft Groß Schönebeck fungiert als Drehkreuz zu den einzelnen Freizeithäusern. In der zweitausend Seelen umfassenden Gemeinde befinden sich eine moderne Wildhalle mit Kühlräumen und eine Fleischerei. Der größte Teil der von den Politjägern erlegten Tiere wird hier verarbeitet und das Wildfleisch in die Republik an Hotels, Gaststätten oder die HO verkauft.

Von der Waldsiedlung Wandlitz über Groß Schönebeck und den Joachimsthaler Damm erreicht Roberto im Auto des Großvaters in gut zwanzig Minuten das idyllisch gelegene Freizeithaus am Großen und Kleinen Pinnowsee. Das »Forsthaus Wildfang« ist eingebunden in das System Wandlitz, so dass Familie Honecker auch in der Freizeit nicht auf ihre Privilegien verzichten muss. Der gesamte Dienstleistungsapparat der Waldsiedlung wird zusätzlich zur Betreuung der »Freizeitobjekte«, der Landhäuser, Jagdhütten und Urlaubsdomizile eingesetzt. Ein weit verzweigtes Netz dieser Einrichtungen erstreckt sich von der Ostsee, über die Müritz bis zur Schorfheide. Das umfangreiche Waldgebiet der Schorfheide wird für Freizeitresidenzen besonders bevorzugt.

In Kindheitserinnerungen spielt meist der Ort, an dem die individuellen Freiheiten am größten waren, eine bleibende Rolle. Das Jagdhaus des Großvaters ist für Roberto solch ein Ort voller Erlebnismöglichkeiten: Spielplatz, Abenteuerraum und Naturerlebnis zugleich. Wohnanlage und Umland bieten ihm in jeder Altersstufe mannigfache Reize und Rätsel. Der abgelegene Ort, umgeben von Wald und Seen, lädt zu Welteroberung und zur Befriedigung der kindlichen Neugier ein.

»In Wildfang bin ich morgens oft ganz früh aufgestanden, hab mich aus dem Haus geschlichen und bin allein zum See gelaufen. Das will mir heute niemand glauben, aber es war so! Allein die Luft über dem dampfenden Waldboden, während die aufgehende Sonne durch die Bäume zuckt, mochte ich gern einatmen. Um diese frühe Zeit waren die Gerüche des Waldes stärker als am Nachmittag, auch der See roch noch nach frischem Fisch. Alles um mich herum lebte, redete mit mir, winkte mir zu.

Wenn du zeitig aufstehst, belohnt dich die Natur. Sie ruft: ›Komm herein, sei mein Gast.‹ Ich setzte mich auf den Bootssteg und hoffte auf Wunder. Die Wasserfläche füllte sich mit Bildern, in denen Märchenfiguren herumspazierten. Einmal lag der Nebel so dick über dem See, dass ich dachte, er würde sich jeden Moment in einen gewaltigen Glasberg verwandeln. Es gibt ein gruseliges Märchen ›Die Jungfrau auf dem Glasberg‹. Vor meinen Augen sah ich die verzweifelten Gestalten, die diesen glatten Berg erklimmen wollen, um die Prinzessin zu freien. Welches Mittel sie auch benutzen, ob auf dem Rücken eines Wolfes, der sein Gebiss in den Berg gräbt, oder auf einem Pferd, dessen Hufe in das Glas schlagen, es gelingt ihnen nicht. Am Glasberg enden die Menschen mit ihren guten Absichten […] Dann sprang ein Fisch aus dem See an die Oberfläche und hinterließ beim Abtauchen Kreise auf dem Wasser – Ende der Imagination.

Ich war wieder in der realen Welt. Dann musste ich mich meist beeilen, damit ich zum Frühstück nicht zu spät kam. Zuspätkommen zum Essen, das konnte Oma gar nicht ausstehen. Da halfen auch alle guten Worte von Opa nichts, da er selbst dem strengen Tagesregiment, das Großmutter führte, unterworfen war.«

Das Objekt Wildfang wird von Personenschützern bewacht, was für Roberto einen zusätzlichen Gewinn darstellt. Mit dem Größerwerden sucht er zunehmend die Nähe der »Jungs«, wie sein Großvater die Bodyguards nennt. Dieser Umstand stellt das Sicherungspersonal vor nicht wenige Probleme, wenn der quirlige

32 Forsthaus in Wildfang mit erlegtem Hirsch, Opas Jagdgewehr und Hund Klecks, 1987.

33 Familie Honecker in Wildfang.

34 In Wildfang auf dem alten Kahn.

35 Mit Großvater und Sonja bei der Besichtigung einer Wildschweinstrecke in der Schorfheide, um 1979.

36 Erich Honecker bei der Vorbereitung zum Eisangeln.

37 Erich Honecker beim Fischen, Bootshaus Wildfang.

Enkel plötzlich in der Wachunterkunft auftaucht, wo Ausrüstung und Waffen griffbereit herumliegen. Bernd Brückner erinnert sich: »Fortan mussten wir MPIs und Pistolen vor dem Kind in Sicherheit bringen. Allerdings zeigten wir ihm auch seine Grenzen auf, etwa wenn er in den startbereiten Fahrzeugen herumturnte und zu schalten begann [...]. Dann kam die Phase, als er anfing zu rauchen und bei uns Zigaretten schnorrte.«

Roberto ist noch heute ein starker Raucher. Kaum ist eine Zigarette verglüht, zündet er sich die nächste an. Für ihn gehören Zigaretten zu den Lebensmitteln. Seit seinem zwölften Lebensjahr raucht er regelmäßig. Später wird diese Sucht andere Drogen ersetzen und kompensieren. Wohl deshalb spielt das Rauchen in seiner Erinnerung immer wieder eine Rolle.

»In Wildfang bin ich oft zu den Jungs gegangen. Die Wachstube war so voller Qualm – das kann sich keiner vorstellen. Richtig blau die Luft. Nicht jeder hat mir einen Stängel gegeben, aber die meisten hatten ein gutes Herz für mich, was den Nichtrauchern natürlich nicht gefiel. Gepetzt bei Opa haben die allerdings nicht, aber untereinander gestritten, ob das nicht zu weit geht: einem Kind die Zigarettenschachtel hinzuhalten. Jeder hat sich gegenüber dem Enkel vom Chef eben etwas anders verhalten, würde ich heute sagen.«

Für die Personenschützer bringt der Besuch des Enkels jedes Mal zusätzlichen Stress mit sich. Sie müssen abwägen: Was kann man dem Kind durchgehen lassen und wo muss man kategorisch einschreiten, dabei aber immer im Hinterkopf behalten, dass eine getroffene Maßnahme eventuell den Dienstherrn verärgern und man dann mit ihm Probleme bekommen könnte. Da keiner seinen Job im Kommando des Staatschefs verlieren will, ist das für die Sicherheitsleute eine heikle Situation. Dieser Gewissenszwiespalt der Erwachsenen um ihn herum bleibt dem Jungen naturgemäß verborgen. Er will ganz selbstverständlich die Welt erobern und seine Kräfte mit anderen messen. Unterschwellig füttert ihn ein Gefühl, dass er per Akklamation mehr darf als andere Kinder und Opa seine schützenden Hände über ihn hält.

Eine Schicht der Objektsicherung von Wildfang besteht aus sechs Personen und einem Kommandanten. Wenn Erich Honecker auf dem Gelände weilt, dann verstärken zusätzlich zwei Funktechniker die Mannschaft. Der Kommandoleiter hat nicht die Absicht, Roberto »Extrawürste« zu braten, und zieht ihn zu alltäglichen Arbeiten heran. Er drückt ihm einen Staubsauger in die Hand und lässt ihn die »Raucherbude« reinigen. Das macht dem Jungen überraschend sogar Spaß. Zwischen den Wachdiensten halten sich die Männer mit Volleyballspielen fit. Auf sein Bitten darf Roberto mitspielen. Manchmal schauen die Großeltern zu und applaudieren dem Enkel.

»Nur wenn wir ihn beim Rangeln, Judo oder Boxen etwas härter anfassten, um ihm klarzumachen, dass wir beim Zweikampf nicht als Fallobst zur Verfügung stünden, drohte er ein paar Mal, das werde er Oma und Opa sagen. Okay, sagte ich und nahm ihn bei der Hand, dann gehen wir gleich nach vorn und petzen gemeinsam, wie es wirklich war. Fortan unterblieb dies«, so Bernd Brückner.

Das alte Forsthaus Wildfang nutzt Erich Honecker seit 1964 als Jagd- und Freizeitobjekt. Immer wieder entstehen Um- und Ergänzungsbauten, um sowohl den wachsenden Ansprüchen des Nutzers als auch dem gesteigerten Sicherheitsbedürfnis Rechnung zu tragen. Das einfache Wohnhaus im Fachwerkstil verfügt im unteren rechten Bereich über einen Abstellraum und ein Gästezimmer. Links davon eine Küche, gleich daneben öffnet sich der kombinierte Aufenthalts- und Speiseraum. Schon bei acht Personen hat man in diesem Zimmer das Gefühl, es sei überfüllt. Wenn sich Robertos Familie und die Großeltern um den Tisch versammeln, reicht der Platz gerade so.

Vorbei am schmalen rot geklinkerten Kamin führt eine kleine Treppe hinauf zu zwei Schlafkammern. Ganz bewusst hat man hier auf repräsentative Architektur verzichtet. Es soll ein ausgesprochen einfaches und privates Domizil sein, welches nur der Familie oder besonders geladenen Gästen zur Verfügung steht.

Für den Personenschutz wird ein separates Wachgebäude mit

technischer Infrastruktur errichtet. Dazu kommen Garagen für Dienstfahrzeuge und Automobilgeschenke ausländischer Regierungschefs an den Staatsratsvorsitzenden. Im Waffenschrank des Opas stehen Gewehre unterschiedlichster Typen, die er als Repräsentationsgeschenke erhalten hatte. Eines Tages kommt Roberto mit einer Winchester aus Großvaters Waffenarsenal zu den Personenschützern und fordert sie auf, ihm die passenden Patronen dazu herauszugeben. Die Bodyguards vermuten, dass der Junge zu viel Karl May gelesen hat. Sie entwaffnen ihn auf der Stelle. Großvater lässt daraufhin ein absolut sicheres Schloss am Waffenschrank anbringen. Komplettiert wird die Anlage in Wildfang mit einer kleinen Wildhalle. Ein Wunschbau des Hausherrn als bekennender Waidmann.

Erich Honecker geht bereits seit Beginn der 1950er-Jahre in der Schorfheide auf die Pirsch. In einem seiner letzten Interviews begründet der überzeugte Kommunist, warum er diese höfisch-großbürgerliche Tradition im Arbeiter-und-Bauern-Staat fortsetzte. Bei einem Besuch mit einer Jugenddelegation 1950 in Prag schenkte ihm der Präsident der ČSSR, Klement Gottwald, eine Jagdwaffe. Das einfache Repetiergewehr aus tschechischer Produktion wird für Honecker zur Initialzündung einer lebenslangen Waidmannsleidenschaft.

1964 werden große Teile der Schorfheide zum Staatsjagdgebiet erklärt und der Militärforstverwaltung unterstellt. Hunderte von Waldarbeitern und Förstern hegen und pflegen Wild und Wald, damit die Politprominenz jederzeit ertragreiche Jagdausflüge erleben kann. Innerhalb eines Jahres erlegt allein Robertos Großvater Dutzende kapitale Hirsche.

Als Teenager möchte der Enkel endlich selbst an einer Jagd teilnehmen. Aber der Großvater zögert, will diesem Wunsch nur ungern nachkommen. Der Grund liegt in Robertos Ungeduld, in seinem Bewegungsdrang. Zum Jagdhandwerk, so wird er belehrt, gehöre auch, dass man den Wildbestand im Revier kennenlernt. Und so muss Roberto vor Beginn der Jagdsaison auf einem Hochsitz das Wild beobachten, Rehe, Hirsche, und die Enden an deren Geweihen zählen. Diese Aufgabe wird ihm nach kurzer Zeit langweilig, und er beginnt, in seinen Taschen zu kramen und mit Holzstöckchen zu spielen. Er verbreitet hörbar Unruhe auf der Lichtung, was die Tiere mit eiligen Sprüngen in den Wald quittieren. Großvater und Forstmeister schimpfen, dass man sich so nicht auf der Pirsch verhalten kann.

»Bei meinem ersten und einzigen Jagdausflug durfte ich von Opas Range Rover aus schießen. Man hatte mir das Gewehr am Seitenrand des Fahrzeuges aufgelegt. Ich brauchte nur durch das Zielfernrohr zu schauen und abzudrücken. Knall, der Hirsch sackte zusammen, und ich hatte mit zwölf Jahren meine erste Trophäe. Danach kehrten wir mit den Abschüssen zum Haus nach Wildfang zurück. In einer extra dafür präparierten Garage wurden die toten Tiere abgehangen.

Als ich Großmutter voller Jungjägerstolz den an einem Haken baumelnden, leicht blutenden Hirsch zeigte, war sie außer sich. Sie schimpfte mit Großvater, wie er auf die Idee käme, mich mit einer Jagdwaffe schießen zu lassen. Das komme überhaupt nicht mehr infrage. Wenn Oma etwas verbot, dann war es endgültig. Großvater nahm mich niemals mehr mit. Ein Schuss, ein toter Hirsch, das war's mit meiner Jägerkarriere. Bis heute habe ich keinerlei Verlangen nach solcher Art Freizeitgestaltung.«

In ihren Charaktereigenschaften unterscheiden sich Enkel und Großvater grundsätzlich. Während Selbstdisziplin nicht zu Robertos vordergründigen Eigenschaften gehört, ist diese dem Großvater in besonderem Maße eigen. Abgeschirmt von der Außenwelt unternimmt er gern längere Waldspaziergänge. Ein, zwei Stunden sind keine Seltenheit, die der Staatsmann auf den Wegen zwischen seinem Jagdhaus sowie rund um den Pinnowsee unterwegs ist. Dabei genießt er das Alleinsein. In sich gekehrt und in Gedanken, sind ihm diese Waldausflüge die liebste Erholung.

Man sagt dem Großvater nach, dass er ein verschlossener Einzelgänger sei, ein scheuer Mensch, der in Gesprächen nie laut wird und in jeder Situation die Ruhe behält. Es sind jene Eigenschaften, die ihm in seiner Haftzeit unter dem Hitler-Regime das

Überleben gesichert haben. Monate der Einzelhaft in einer knapp sechs Quadratmeter großen Zelle haben ihn geprägt und gelehrt, wie man mit sich selbst zurechtkommt. An Tagen, an denen Roberto ihm entgegengeht und sie gemeinsam die letzten Meter zum Haus zurücklegen, entsteht keine sprudelnde Konversation. Nur die Hand des Großvaters auf seiner Schulter besiegelt ihre innere Verbundenheit.

Wie sehr Erich Honecker um das Wohl seines Enkels besorgt ist, zeigt sich im Jahr 1986, dem Jahr als der Atomunfall in Tschernobyl geschieht. Dass die sowjetischen Genossen unter Gorbatschow ihn nicht sofort per abhörsicherer Standleitung über den Austritt von Radioaktivität aus dem Atomreaktor informieren, sondern er es zuerst aus dem Westfernsehen erfährt, macht ihn gegenüber Moskau äußerst misstrauisch. Er will selbst prüfen, ob die Angaben über die Ausdehnung der radioaktiven Wolke der Wahrheit entsprechen. Rund um das Haus in Wildfang lässt er mehrere Geigerzähler aufstellen. Pilze zu sammeln und Waldbeeren zu pflücken, verbietet er dem Enkel.

»Er hat mir viele praktische Dinge auf seine ruhige Art beigebracht. Das Angeln habe ich von ihm gelernt, wie man einen Haken mit einem Knoten an der Schnur befestigt, den Schwimmer auf die entsprechende Tauchtiefe des Köders einstellt. Wir haben gemeinsam Würmer aus dem Erdreich gesammelt und über den Angelhaken gestülpt oder Brotteig zu Kugeln geknetet als Köder. Anfangs wurde vom Bootssteg aus geangelt, später hat er mir gezeigt, wie man das vom Boot aus macht. Auf dem Kahn hatte ich die meisten Plötzen und Rotfedern herausgefischt. Später nahm ich nur das Ruderboot zum Angeln.

Großvater war ein begeisterter und guter Schwimmer. Er hat mir die Atemzüge beigebracht, die man gleichzeitig zur Schwimmbewegung machen sollte. Ausdauer kommt durch gleichmäßiges und ruhiges Schwimmen. Beim Kraulen zum Beispiel den Oberkörper nicht bei jedem Luftholen mitdrehen. Nur der Kopf bewegt sich. Man atmet unter der Achsel ein, wenn der Arm über den Kopf nach vorn gestreckt wird. Die eingeatmete Luft prustet man mit dem Gesicht unter Wasser wieder aus. So konnte ich bald mit ihm über den See und zurück schwimmen.

Durch ihn bin ich fast zu einem Leistungssportler in dieser Disziplin geworden. Bei Schülerwettkämpfen in Berlin hatte ich erste und zweite Plätze erreicht. Die handgroßen Medaillen waren federleicht. Plastikscheiben von Gold- oder Silberfarbe überzogen und mit der Aufschrift »Kreisspartakiade«. Auf der Rückseite waren, soweit ich noch weiß, die Wappen der DDR und des Sportbundes DTSB. Da war Großvater natürlich stolz, als ich ihm die zeigte.«

Für die beiden Halbwüchsigen Roberto und Jan ist Wildfang ein Paradies. In einer offenen Garage auf dem Grundstück sind die Geschenke der ausländischen Gäste abgestellt. Darunter ein Toyota und eine kleine zweirädrige Honda aus Japan. Das Moped besitzt bereits eine elektronische Zündung. Beim Starten müssen sie das Gefährt nicht antreten. Einfach auf den Knopf der Zündung drücken und los geht's. Das Zweirad ist ausgelegt für eine Person, doch gelingt es den Jungs, fest umschlungen gemeinsam auf dem Sitz Platz zu finden. Auf der Strecke wechseln sie sich ab. Mal lenkt der eine, mal ist der andere Sozius.

Jan Schabowski erzählt: »Mit Roberto Motorrad auf Waldwegen zu fahren, machte Spaß, war aber nicht ungefährlich. Baumwurzeln kreuzten oft die Wege und man musste sich konzentrieren, um nicht von den schmalen Fahrspuren auf Grasnarben in der Mitte des Weges zu lenken. Roberto hatte Glück, als er einmal auf einer vom Regen glitschigen Holzbrücke mit dem Moped ins Schlingern geriet und stürzte. Ihm und dem japanischen Geschenk ist zum Glück nichts passiert.

Eines Tages war es allerdings mit dem Abenteuer vorbei. Er hatte es mit seinen Spritztouren übertrieben, verließ den schützenden Wald und donnerte auf der Landstraße ins nächste Dorf. Dort war man wohl erschrocken über den jungen Teenager auf dem Zweirad und benachrichtigte die Polizei, die wiederum den Personenschutz informierte. Die haben ihn sozusagen wieder eingefangen und von da an war die Honda unter Verschluss. Protest beim Opa half nicht und wir vergnügten uns dafür im Toyota.

Den Wagen rollten wir auf dem Grundstück hin und her. Derjenige der am Lenkrad saß, imitierte die Geräusche des Motors und gab die Fahrgeschwindigkeit an. War Roberto Beifahrer, dann kommentierte er das Straßengeschehen. Da musste die Volvo-Kolonne des Großvaters überholt oder ein Mercedes mit Spionen verfolgt werden. Vollbremsung war angesagt, wenn er rief: ›Achtung ein Elefant auf der Fahrbahn!‹

Roberto phantasierte gerne, damals sagten wir natürlich, der spinnt. Es machte ihm Freude und er belustigte sich selbst. Ein fröhlicher Till Eulenspiegel. Der Spaß mit dem Toyota ging immer nur so lange, bis uns die Bodyguards erwischten und wir schleunigst aus dem Wagen kletterten. Weniger lustig wurde es allerdings, als Roberto einen Hund vom Großvater geschenkt bekam.«

Robertos Hund Klecks

Robertos Wunsch nach einem Hund erklärt sich im Zusammenhang mit den in Wildfang aufbrechenden oder eintreffenden Jagdgesellschaften. Die Waidmänner begleiten stets mehrere Jagdhunde unterschiedlicher Rassen vom Dackel über Dalmatiner bis zum Deutsch Drahthaar. Er mag diese Tiere und bittet Opa inständig um einen eigenen Hund. Erich Honecker wählt für den Enkel einen rotbraunen Cockerspaniel aus. Ein Bodyguard, der selbst Hunde züchtete, riet ihm allerdings von dieser Rasse ab, da ein Rüde ab einem bestimmten Alter schwierig werden kann. Aber der Chef berücksichtigte den guten Rat nicht. Und so kam es, wie es kommen musste. Der auf den Namen »Klecks« getaufte Vierbeiner wird die gesamte Familie und deren Umgebung in Aufruhr versetzen. Davon berichten übereinstimmend auch die Angestellten, die entweder dem Tier Respekt abfordern oder schon in Panik geraten, wenn das rotbraune Fell knurrend in Sichtweite kommt. Ob in Wildfang oder Wandlitz – Klecks' Beißlust ist legendär.

»Der Hund hat nur meinen Opa, meine Mutter und mich nicht gebissen. Zu meinem Vater hatte er ein diplomatisches Verhältnis. Er wurde zwar nicht gebissen, aber er durfte ihn nicht streicheln. In Wandlitz spielten wir meistens im Garten. War ich irgendwo anders, saß er vor der Tür und wartete auf mich. Wenn ich kam, wusste er, ich würde ihn kämmen. Mindestens 15 Minuten verbrachten wir miteinander beim Striegeln. An den Ohren mochte er es besonders gern. Waren wir auf der Terrasse des Hauses und Frau Blödorn kam vorbei, fing er an zu knurren. Aber wenn die Oma kam, knurrte er noch mehr. Sie konnte Hunde und Katzen nicht ausstehen, andere Tiere mochte sie aber durchaus. Hielt sich Großvater noch in Berlin bei der Arbeit auf, dann nahm ich

Klecks mit zum Spaziergang durch die Waldsiedlung. Wer mich von weitem mit dem Hund kommen sah, machte schnell einen Bogen, um Klecks aus dem Wege zu gehen. Wer das nicht schaffte, wurde angebellt und musste höllisch aufpassen, dass der Rüde nicht ins Hosenbein zwackte.

Kehrte Großvater ins Haus zurück, fragte er zuerst nach mir und dem Hund. Dann machte er ein Bier auf, und Klecks folgte ihm ins Arbeitszimmer im zweiten Stock, wo er sich zu seinen Füße hinlegte.«

Auf einem Foto umarmt Roberto Klecks sehr innig. Man erahnt, wie wichtig ihm das Tier in dieser Zeit ist. Mit seinen Seelenzuständen und Problemen ist er oft allein, weil er sie weder mit den Großeltern noch mit den eigenen Eltern teilen kann. Sosehr er in Wandlitz und Wildfang auch umsorgt wird, trotzdem bleibt für ihn ein unerfüllter Rest Sehnsucht nach familiärer Geborgenheit. In die Berliner Wohnung darf der Cockerspaniel nicht, so dass sich der Großvater die Woche über um ihn kümmert. Als Klecks wieder einmal Großmutter beißt, verbannt sie ihn in den Keller.

»Der ausgebürgerte Hund heulte und jaulte. Man konnte ihn bis unters Dach hören. Opa ergriff Mitleid und wir gingen beide nach unten und befreiten ihn aus der Gefangenschaft. Fest an der Leine, sind wir mit ihm dann spazieren gegangen. Oma guckte uns ziemlich böse hinterher. Die ganze Familie und der Personenschutz waren gegen den Hund. Außer meiner Mutter, sie war immer eine Hundeliebhaberin. Damals hätte man die Beauftragung eines Hunde-Psychologen für verrückt erklärt. Heute weiß man mehr.«

Für einen Angestellten, der den Staatschef als Stewart überallhin begleitet, soll der Hund sogar der Grund für dessen Abberufung aus dem Honecker-Team gewesen sein. Klecks mochte ihn nicht und knurrte energisch, wenn er auftauchte. Aus Angst vor dem unberechenbaren Cockerspaniel unter dem gedeckten Tisch konnte der Stewart Hausgästen nur zitternd überschwappende Getränke reichen.

Erich Honecker beugte sich später dem Druck von Familie und

38 Roberto mit seinem Hund Klecks in Wildfang.

Betreuern, den ungeliebten Vierbeiner abzuschaffen, und übergab den Hund dem Züchter, der bereits bei der Anschaffung vor dem Tier gewarnt hatte. Roberto konnte sich nicht von Klecks verabschieden. Denn der war von einem auf den anderen Tag einfach weg.

»Damals habe ich getobt und geweint. ›Wo ist der Klecks hin?‹ Heute verstehe ich, dass diese abrupte Trennung für mich das Beste war. Man hätte mich mit keiner noch so plausiblen Begründung überreden können, auf den Hund zu verzichten.

Klecks habe ich viel zu verdanken. Er weckte früh mein Interesse für das Wesen der Tiere. Sie sind für mich Ausdruck der Schöpfung. In meinen Bildern nehme ich sie auf: Vögel, Hunde, Wölfe, Fische, Schlangen. In Wildfang sah ich Kreuzottern, Blindschleichen mit gelbem Fleck am Kopf. Schlangen und Insekten interessieren mich sehr. Zum Beispiel die große Wespe: die Hornisse. Zwei Mal hatten wir in Wildfang im Sommer Wespennester nahe am Haus. Dann wurde der Personenschutz von Oma instruiert, die summende Gefahr zu entfernen.

Im Winter folgte ich ihr in den verschneiten Garten, um ein Vogelhaus an einen Baum zu nageln. Wir legten Speck hinein. Morgens beim Frühstück sahen wir dann die Vogelschar um das Häuschen herumflattern. Mit Tieren hatte ich viel Kontakt: auf der Insel Vilm zu Pferden, am Pinnowsee zu Karpfen, Aalen, Tauchern, Mücken, Libellen, Schwänen und Bibern.

Die weise und böse Oma machte mich mit den Elementen der Welt vertraut, sie schenkte mir Bücher mit großen farbigen Abbildungen. Tiere sind die Brücke vom Menschen zur Natur, und ich als Maler liebe die Natur. Und so arbeitet die Natur mit an meinen Gedichten, Liedern und Bildern. Die Seelen der Tiere sind ein Geheimnis für uns Menschen. Das Universum hat ihnen eine Intelligenz gleich einer großen Meermuschel gegeben. Sie wissen, wenn das Herrchen traurig ist oder wenn ein dunkler Vogel über dem Haus seine Runden dreht.

Mein heutiger Hund errät alles, was sich in meiner Seele bewegt. In den Indianerstämmen gelten Tiere als heilig. Man meint, dass die Natur nur zusammen mit den Tieren ihren Zyklus gehen kann. Der Dichter Arthur Rimbaud sagte: ›Der Dichter trägt das Gewicht der Menschheit und auch das der Tiere.‹«

Seit Herbst 2016 hat Roberto wieder einen vierbeinigen Begleiter. Die Hündin hört auf den Namen Leonora. Sie ist eine Promenadenmischung, zu Hause in den Straßen von Valdivia.

Die »großen« Sommerferien 1989

Am Sonnabend, dem 1. Juli 1989 beginnen für Roberto und alle Schulkinder im Lande die großen Sommerferien. Erst Anfang September werden sich die Schultore wieder öffnen. Vor ihm liegen lange acht Wochen Freizeit. Das Thema der Feriengestaltung führt am Schuljahresende regelmäßig zum Streit zwischen seiner Mutter Sonja und der Großmutter. Am Ende, wie immer, bevormundet die Volksbildungsministerin die eigene Tochter und setzt ihre Vorstellungen durch, wann und wo sich der Enkel in dieser Zeit aufhalten wird.

Die »großen Ferien«, wie sie in der DDR allgemein genannt werden, versetzen seit jeher das Land in eine spezielle Stimmung. In den Städten beruhigt sich der hektische Alltag, man spürt überall eine angenehme Gelassenheit und Vorfreude auf die freien Sommertage. In Betrieben und Verwaltungen sind den Arbeitern und Angestellten die Urlaubspläne meist seit Ende März bekannt. Mit Ferienbeginn leeren sich Fabrikhallen und Büros sichtbar. Heutzutage ist das am besten nachzuempfinden, wenn man Frankreich im August besucht, wo dann die Grande Nation auf Urlaub umgeschaltet hat.

Da in der DDR im ganzen Land die Schulferien gleichzeitig einsetzen, müssen über diese acht Wochen die begrenzten Plätze in den Ferienunterkünften nach einem bestimmten Schlüssel auf alle berufstätigen Familien aufgeteilt werden. Wer wieder einmal das Glück hatte, einen der beliebten Urlaubsplätze am Meer ergattert zu haben, der freute sich schon lange vor Urlaubsantritt auf erholsame Tage in einem Betriebsferienheim oder einer Gewerkschaftsunterkunft. Ganze Karawanen von Trabbis und Wartburgs machen sich von Sachsen und Thüringen über die Autobahn auf den Weg nach Norden, an die Strände der Ostsee.

Aber nicht jeder möchte staatlich organisierte Ferienplätze nutzen. Viele Bürger fahren individuell zu romantischen Zeltplätzen auf den Darß, die Insel Rügen oder auf Usedom. Andere steuern eine der privaten Unterkünfte in Meeresnähe an. Die Küstenbewohner haben sich längst auf diesen Ansturm eingerichtet und nutzen jedes freie Zimmer, um sich etwas hinzuzuverdienen. Umgekehrt steuern Menschen aus dem nördlichen Flachland in die südlichen Mittelgebirge, klettern im Elbsandsteingebirge, genießen die frische Luft in den Wäldern des Erzgebirges oder wandern auf dem Rennsteig in Thüringen.

Äußerst beliebt sind individuelle Auslandsreisen in die sozialistischen Nachbarländer. Es locken Ziele im Riesengebirge oder in der Hohen Tatra in der Tschechoslowakei. An die Schwarzmeerküste Bulgariens und Rumäniens zieht es die Sonnenhungrigen. Das lukrativste Reiseziel der Ostdeutschen ist der Balaton in Ungarn, der Plattensee, der größte Binnensee Europas. Reisen ins westliche Ausland sind so gut wie nicht möglich. Wenige Auserwählte haben die Möglichkeit, in Jugoslawien ihren Urlaub zu verbringen oder mit dem Passagierliner »Völkerfreundschaft« eine Schiffsreise nach Kuba zu unternehmen. Paradoxerweise sind Individualreisen in die Sowjetunion durch eine strenge Visapflicht offiziell so gut wie nicht möglich. Doch auch hier wissen sich vor allem die jungen Abenteuerlustigen zu helfen. Sie beantragen eine Reiseerlaubnis für Rumänien und buchen eine Fahrkarte mit Transit über Polen und die UdSSR ins Zielland. Auf einem Bahnstopp im Durchreiseland verlassen sie den Zug auf dem Territorium der Sowjetunion. Touren, manchmal sogar über fünf Wochen, ins Altai-Gebirge oder zum 5000 km entfernten Baikalsee sind keine Seltenheit. Werden die Mutigen von der Miliz entdeckt, schickt man sie per Flugzeug oder Bahn auf den Rückweg, auf dem sie die nächste Station nutzen, um ihre Tour wieder fortzusetzen.

Mit diesen Möglichkeiten der begrenzten, aber durchaus kreativen Feriengestaltung der Ostdeutschen kommt Roberto nicht in Berührung. Er genießt seine Schulferien in den Residenzen der

39 Objekt »Drewitz«.

Macht, an ausgesuchten Plätzen am Meer oder an Binnenseen gelegen. Neben der Ostsee-Insel Vilm wird ab 1982/83 ein Teil des Urlaubs im »Objekt Drewitz« in der Nossentiner Heide im nordwestlichen Teil der Mecklenburgischen Seenplatte verbracht.

Der Chef der Staatssicherheit Erich Mielke ließ das Jagdhaus des 1981 verstorbenen Politbüromitglieds Gerhard Grüneberg innerhalb eines Jahres zu einem luxuriösen Freizeit- und Jagddomizil mit höchstem Sicherheitsstandard allein für Erich Honecker ausbauen. Es war Mielkes persönliches Geschenk zum 70. Geburtstag seines obersten Dienstherrn. Nach Aussagen der Personenschützer war es das am besten gesicherte Objekt auf dem damaligen Staatsgebiet der DDR. Das Anwesen war von einer doppelten Zaunanlage umgeben, in deren Zwischenraum Erdsonden stationiert wurden. Verdeckte Kameras überwachten das Außengelände. In den Bootssteg integrierte man ebenfalls Kameras, um das Objekt von der Wasserseite her abzusichern.

Im Vergleich zu Mielkes Präsent erscheint das Forsthaus Wildfang wie eine einfache Datsche mit öffentlichem Zugang. Der verantwortliche Leiter für die Betreuung der Freizeitobjekte Ralf Opitz wundert sich damals, dass Robertos Großvater keine Ahnung von dieser nur für ihn bereitgestellten Exklusivität hatte. Ein- bis zweimal im Jahr nutzt Opa das Anwesen, um mit Gästen auf Rotwildjagd zu gehen. Im Sommer verbringt die Familie dort zwei bis drei Wochen Urlaub. Den Rest des Jahres steht das neu gebaute Objekt leer. Angestellte des Ministeriums für Staatssicherheit kümmern sich in dieser Zeit um Pflege und Erhaltung.

Im Hauptgebäude mit seinem opulenten Reetdach stehen der Familie fünf hochwertige Apartments zur Verfügung. Erdgeschoss und Keller beinhalten eine große Diele, Speiseräume, Kino, Sauna und ein Hallenbad, welches besonders Roberto und seine jungen Eltern gern und ausgiebig nutzen. Über eine steile Böschung unterhalb des Wohnhauses führt der Weg direkt hinab an den See und zum üppig ausgestatteten Bootshaus. Wie ein Hufeisen wird der Wasserbau von einer breiten Sonnenterrasse umringt, an der bequeme Badeleitern verschraubt sind. Von hier aus hat der badelustige Teenager einen herrlichen Blick über das Drewitzer Binnengewässer. Für Fischfang und Wasserausflüge ankern zwei Motorboote am Steg.

Perestroika und Glasnost –
Großvater erkrankt

Doch die gemeinsamen Ferientage mit Opa und Oma in Drewitz werden 1989 nicht wie geplant stattfinden. Der diesjährige Sommerbeginn verbreitet so gar nicht die Große-Ferien-Stimmung wie in den Jahren davor. Wohin man sich zwischen Rostock, Berlin und Suhl auch begibt, überall wird der Zustand im Land beklagt und die von Michail Gorbatschow in der UdSSR propagierten Perestroika und Glasnost auch für die DDR reklamiert. Umgestaltung und Offenheit werden nicht mehr unter vorgehaltener Hand, sondern öffentlich und deutlich von der Staats- und Parteiführung gefordert. Bisher galt der Slogan »Von der Sowjetunion lernen heißt siegen lernen«. Jetzt, wo in Moskau die kommunistische Führung der Partei Reformen verordnet, die das stalinistisch verkrustete Riesenland modernisieren sollen, ist davon in der DDR nicht mehr die Rede. Diese brauche keinen Tapetenwechsel, lässt ein Vertrauter von Erich Honecker aus dem Machtzentrum des Politbüros in einem Interview für die westdeutsche Illustrierte »Stern« verlauten.

Robertos Großvater wird bald 77 Jahre alt und hält die Reformideen des zwanzig Jahre jüngeren Gorbatschow für die Sowjetunion gerechtfertigt, nicht aber für seinen SED-Staat. Für ihn ist der Sozialismus in den Farben der DDR auf gutem Wege, es bedarf keiner grundlegenden Korrekturen. Auf diesem Standpunkt stehend, gibt es für Honecker keinen Grund, sich öffentlich über Probleme und Fragen im eigenen Land zu äußern. Das Schweigen der Parteiführung unter seiner Leitung katalysiert die Oppositionsbereitschaft in breiten Schichten der Bevölkerung, und der Widerstand in seiner eigenen Partei über diesen Reformunwillen nimmt dramatisch zu. Immer mehr Parteimitglieder fühlen sich von ihrer Führung im Stich gelassen. Während sich der Großvater in dieser Situation zurückzieht, zeigt Robertos Großmutter anschwellenden kommunistischen Kampfgeist. Sie sieht in Gorbatschow eine Gefahr für den Sozialismus überhaupt.

»Sie hat aus ihrer Abneigung gegenüber Michail Gorbatschow kein Geheimnis gemacht. Er sei ein verdeckter Agent des Westens und spiele ein falsches Spiel. Man dürfe ihm nicht glauben, und seine Frau sei geltungssüchtig. Großmutter hat ja nie Großvater auf Staatsbesuchen im Ausland begleitet. Bei Visiten hoher ausländischer Regierungsvertreter in der DDR lehnte sie Auftritte neben ihm ebenso ab. Zu mir sagte sie, sie sei eine sozialistische Ministerin, und nicht eine Vorzeige-Ehefrau. Das hatte sie schon vor vielen Jahren in einem Brief an Walter Ulbricht klargemacht, als man sie zur Volksbildungsministerin ernannte. Sie habe einen eigenen Job, und ihr Mann habe einen anderen. Deshalb regte sie sich wahnsinnig auf, wenn Raissa Gorbatschowa mit dem sowjetischen Generalsekretär aus dem Flugzeug stieg, Präsident Reagan zum Beispiel die Hand schüttelte und sich anschließend mit dessen Frau unterhielt. Wer sich so mit dem Klassenfeind zeigt, war in ihren Augen für die Sache des Sozialismus verloren. Erst nimmt man die Manieren des Westens an und danach dessen Gedankengut. An Gorbatschow, der Perestroika und Glasnost ließ sie kein gutes Haar.

Ich glaube, es war Anfang Mai, da öffnete die ungarische Regierung für ihre Staatsbürger die Grenze zu Österreich. Oma erklärte mir beim Abendbrot in Wandlitz, dass das ein Resultat von Gorbatschows Politik sei. Er habe Lenins Warnungen vor dem Klassenfeind vergessen. Großvater sagte nichts, aber man sah ihm an, dass er über die Maßnahme seiner Genossen in Budapest grübelte. Ehrlich gesagt, das war mir alles relativ egal. Ich hatte zu dieser Zeit meine erste richtige Freundin.

Sie war Brasilianerin aus einem Wohnblock in der Leipziger Straße, wo Angehörige ausländischer Vertretungen in der DDR lebten. Unsere Häuser waren nur durch die mehrspurige Fahrbahn getrennt. Wir konnten uns praktisch aus den Fenstern zuwinken. Wenn die erste Liebe beginnt, hat man ja keine Augen für irgendetwas anderes. Schon gar nicht für Politik. Ich schrieb ihr wie jeder Jungverliebte Gedichte. Wir träumten von gemeinsamen Expeditionen zu den Wäldern des Amazonas. Dort wollten wir den Ureinwohnern helfen im Kampf gegen das Verlegen von Ölpipelines der multinationalen Konzerne quer durch den unberührten Dschungel. Roberto als moderner Robin Hood. Es sollte anders kommen, als ich ein halbes Jahr später in Rio landete. Es warteten keine Heldenabenteuer auf mich. Ich fühlte mich als Gejagter, ein Mensch auf der Flucht, der nicht mehr weiß, wer er eigentlich ist.«

Seit den Kommunalwahlen am 7. Mai, deren Resultate offensichtlich durch die Regierung gefälscht wurden, spürt auch Roberto die Unruhe, die sich im Alltag der Familie und bei den Nachbarn breitmacht. Selbst in der Schule wird die Wahlfälschung von seinen Klassenkameraden als Fakt diskutiert. Tausende Bürger hatten an den öffentlichen Wahlauszählungen teilgenommen und ein anderes Resultat errechnet als jene offiziellen 98 Prozent Ja-Stimmen, die Egon Krenz im DDR-Fernsehen verlesen hatte. Innerhalb der Familie nehmen die Meinungsverschiedenheiten über die Bewertung der Geschehnisse zu. Vor allem aber darüber, was von Seiten der Staatsführung unter Leitung des Großvaters getan werden müsse, um der großen Unzufriedenheit im Land zu begegnen. Die Menschen sind nicht nur erbost über die mangelnde Versorgung mit modernen Waren und über gleichgeschaltete Staatsmedien, die am laufenden Band von den Erfolgen beim Aufbau des Sozialismus berichten. Sie möchten ihr Leben selbst gestalten, Mitsprache an politischen Entscheidungen haben und wünschen sich unbegrenzte Reisefreiheit für jedermann.

Obwohl im letzten Jahr anderthalb Millionen Bürger auf Besuchsreise in den Westen fahren durften, hat sich das Thema Reisefreiheit zum Dreh- und Angelpunkt der politischen Forderungen der Opposition bis hin zur Parteibasis der SED verfestigt. Zusätzlich berichten die Rückkehrer ausführlich von ihren Westbesuchen und vergleichen die Lebensverhältnisse auf beiden

Seiten der Grenze, wodurch Begehrlichkeiten auf das westliche Warenangebot nicht ausbleiben. Mehr noch fasziniert die Ostdeutschen das auf individueller Freiheit basierende Gesellschaftsmodell des Westens. Das wiederum verstärkt Forderungen nach demokratischen Reformen im eigenen Land.

Bei diesen Themen wirkt die Großmutter zunehmend gereizt, wenn Robertos Eltern oder andere Verwandte kritische Bemerkungen äußern oder Empfehlungen aussprechen, was man tun sollte. Die Diskussionen verstummen, wenn der Großvater den Raum betritt. In der Familie gibt es ein unausgesprochenes Gesetz, dass in seiner Gegenwart keine politischen Gespräche geführt werden. Außer er selbst hat das Bedürfnis, sich mit einem Familienmitglied auszutauschen. Die an sich schon angespannte Situation zwischen den Generationen verschärft sich durch die Entscheidung von Robertos Eltern, eine Auswanderung nach Chile nunmehr ernsthaft voranzutreiben. Bereits eine Woche nach Beginn der Ferien gerät für Roberto der gewohnte, ruhige Sommerfahrplan durch die plötzliche Erkrankung des Großvaters auf einer Arbeitsreise nach Rumänien außer Kontrolle.

Einmal im Jahr treffen sich die Staatschefs der kommunistischen Welt unter Moskauer Führung zur Tagung des »Beratenden Ausschusses der Warschauer Vertragsstaaten«. Das Verteidigungsbündnis der Ostblockstaaten wurde als Antwort auf die Gründung der Nato 1956 geschaffen. Am 7. und 8. Juli tagt die Führung des »Warschauer Paktes« in der rumänischen Hauptstadt Bukarest. Wo bereits früher stets im Vorhinein ausgearbeitete Erklärungen zwischen den Parteichefs verlesen wurden, vermeiden die Anwesenden auch jetzt, über den kritischen Zustand des östlichen Bündnisses offen zu reden, wie es der mitgereiste DDR-Armeegeneral Heinz Keßler berichtet: »Niemand hatte in Bukarest die Frage der ungarischen Grenzöffnung angesprochen. Niemand hatte über den Ausgang der Wahlen in Polen diskutiert, bei denen die Solidarność fast alle Sitze im Sejm auf sich vereinigte. Niemand hatte Gorbatschow nach der Bedeutung seiner Worte gefragt, dass es nicht mehr vorrangig um den Sozialismus als Sys-

40 Gipfeltreffen des Warschauer Paktes, 6. Juli 1989 (2. v. li. Günter Mittag,
Armeegeneral Heinz Keßler, Willi Stoph, Erich Honecker, Hermann Axen,
Egon Krenz, Außenminister Oskar Fischer).

tem, sondern um die höheren Prinzipien des Liberalismus und
der Menschlichkeit ginge.«

Der sowjetische Staatschef verkündet im Konferenzsaal den
erstaunten verbündeten Genossen, dass die Zeit der Direktiven
aus Moskau vorbei sei. Jedes Land im Bündnis solle selbst über
sein Schicksal bestimmen können. Allerdings wird es ökonomi
sche Hilfe durch bevorzugte Rohstofflieferung von Öl und Gas
nicht mehr geben wie bisher. Für die kommunistischen Staaten
des Ostblocks ist diese Aussage je nach nationaler Sichtweise entweder die Befreiung aus sowjetischer Vormundschaft oder ein
ökonomischer Knockout.

Die DDR-Delegation nimmt es mit gemischten Gefühlen zur
Kenntnis. Wissen die Ost-Berliner Genossen doch zu gut, dass sie
nur über einen Teilstaat der deutschen Nation Verfügungsgewalt
haben. Ihre Abhängigkeit von Moskau hat existenziellen Charakter. Ohne die Schutzmacht Sowjetunion würden Verhältnisse wie
vor dem Mauerbau 1961 wiederkehren: eine offene Grenze zum
Westen mit Massenabwanderungen und instabilen Machtverhält-

nissen. Eine Horrorvorstellung für die parteigelenkte Staatsdiktatur. Lange würde der kleine ostdeutsche Staat diesen Zustand nicht überstehen.

Das ist Robertos Großvater mehr als allen anderen in der DDR-Delegation bewusst. War er doch einer der Organisatoren bei der Errichtung der Berliner Mauer und kannte die Beweggründe für die Abschottung seines sozialistischen Machtbereiches bestens. Resultierte der Mauerbau 1961 doch letztendlich auch aus einer Fehleinschätzung der sowjetischen Führung, dass man nach dem Sputnik-Schock im Westen, dass das amerikanische Territorium durch sowjetische Interkontinentalraketen verwundbar ist, den Status quo für West-Berlin einseitig ändern könne.

Gorbatschows Ausführungen und bereits vorher erhaltene Hinweise, dass man in Moskau Gedankenspiele zur deutschen Einheit anstellt, haben den Großvater in Alarmstimmung versetzt.

Egon Krenz, der Honecker in Bukarest begleitet und fließend Russisch spricht, muss ein spontanes Gespräch zwischen seinem Chef und Gorbatschow vermitteln. Erich Honecker will vom Mann des Kremls auf der Stelle wissen, ob er noch fest zur DDR stehe. Was dieser mit einer fast überschwänglichen Treuebeschwörung beantwortet. Es gebe keinen Anlass für die deutschen Kommunisten, sich Sorgen zu machen. Die Sowjetunion bleibe ein Garant der Souveränität der DDR. Der deutsche Staatsmann nimmt das Gesagte wohlwollend zur Kenntnis. Eine gewisse Skepsis bleibt, hat er doch den Vertrauensbruch durch die unterlassene Nachrichtenübermittlung bei der Reaktorkatastrophe von Tschernobyl 1986 noch in Erinnerung.

Die Zeit auf der Konferenz ist für die anstehenden Probleme zwischen den bisherigen Bruderstaaten knapp bemessen. Honeckers vertrauter ungarischer Genosse János Kádár, den er als guten Schachspieler schätzte, war kurz vor dem Gipfel gestorben. Mit dem neuen ungarischen Staatchef müsste er dringend über die Grenzsicherung zu Österreich sprechen. Diese Außengrenze ist ein beliebtes Ziel von DDR-Touristen, um in den Westen zu flüchten. Zu einem klärenden Gespräch mit Ministerpräsident

Miklós Németh und dem Außenminister Gyula Horn kommt es nicht mehr, obwohl sie ihn zu einem Arbeitsbesuch nach Budapest einladen.

Inwieweit Robertos Großvater sich in den kontroversen Diskussionen erregte, darüber kann nur spekuliert werden, denn sein äußeres Erscheinungsbild zeigt ihn beherrscht wie immer. Auf der Rückfahrt in die etwas außerhalb von Bukarest gelegene Hotelanlage gibt es keine Anzeichen, dass der Generalsekretär sich unwohl fühlt. Seit zwei Jahren wird auch nachts ein Bodyguard vor dessen Apartment beordert. Es beruht weniger auf der Angst vor Attentaten, es ist vielmehr dem hohen Alter der Schutzperson geschuldet.

In den frühen Morgenstunden des 8. Juli soll sich diese Vorsichtsmaßnahme als richtig erweisen. Hinter der Zimmertür sind Klagetöne und Stöhnen zu vernehmen. Der Posten alarmiert die mitgereisten Ärzte, die sich sofort um den sich im Bett krümmenden Mann kümmern. Statt eines geräumigen und zeitgemäßen Krankenwagens, erinnert sich der Kommandoleiter des Personenschutzes, kam ein Sanitätsfahrski-Fiat mit nur einem Fahrer bestückt. So müssen die Personenschützer Erich Honecker vom Bett ins Auto transportieren. Mühevoll bekommen sie den 76-Jährigen auf der Trage heil die Treppe hinunter. Die Marmorstufen sind mit dicken Läufern belegt, die wegrutschen, da man diese nirgendwo befestigt hatte.

Viel Geduld müssen die »Jungs« auch bei der Einlieferung ins Krankenhaus aufbringen. Erst werden sie zum falschen Tor gewiesen, dann dauert es eine ganze Ewigkeit, bis Ärzte erscheinen. Das rumänische Tagungsmanagement schien die DDR-Delegation nicht im vorderen Bereich der Prioritätenliste angesiedelt zu haben. Zumindest besuchte am nächsten Tag Staatspräsident Nicolae Ceaușescu den Kranken. Beide Kommunistenführer werden sich nach dieser Begegnung nur noch ein einziges Mal in ihrem Leben wiedersehen.

Die Untersuchung ergibt, dass Robertos Großvater reisefähig ist. Er wird unverzüglich mit einer Sondermaschine nach Berlin-

41 Titelseite von Robertos Schülerzeitschrift »Die Tür«, 1987.

Schönefeld zurückgeflogen. Mit einem modernen Volvo-Krankenwagen wird er direkt vom Flughafen ins Regierungskrankenhaus Buch gebracht.

»Damals interessierte ich mich doch nicht für Opas Staatsbesuche oder Regierungsgeschäfte. Nur einmal habe ich eine Reise aufmerksam verfolgt. Das war sein Staatsbesuch im September 1987 in Bonn bei Helmut Kohl, der unsere Familie schon im Vorfeld in Spannung und Aufregung versetzt haben muss, denn es ist noch eine von mir verfasste Kinderzeitung erhalten, die ich Wochen vor dem Ereignis in den Sommerferien bei Oma verfasst hatte. Allein der Name klingt heute fast programmatisch ›Die Tür – Die kleine Zeitung für große Zwecke‹. Offensichtlich hatte mich der Stolz der ganzen Familie angesteckt, dass der einstige saarländische Dachdeckersohn Honecker in seine Heimat als Staatsoberhaupt eines deutschen Landes zurückkehren wird.

Im DDR-Fernsehen hatte man darüber fast ununterbrochen berichtet. Beim Privatbesuch in seinem Heimatort Wiebelskirchen saß die ganze Familie vor dem Fernseher. Er traf seine Schwester, besichtigte sein Geburtshaus. Eigentlich wollte ich mit dorthin, aber das hatte er ja abgelehnt. Eine schizophrene Situation. Du sitzt vor der Glotze im Wohnzimmer, und DDR-Reporter berichten aus dem Westen über den Besuch deines Großvaters bei der eigenen Verwandtschaft. Das ist doch absurd, oder? Nicht absurd wäre gewesen, wenn er im Wohnzimmer seiner Schwester die westliche Presse empfangen und ein eigenes Konzept nach Egon Bahrs ›Annäherung durch Wandel‹ vorgetragen hätte. Erich Honecker fordert ›Deutsche an einen Tisch‹. Unter dem Titel gab's wohl schon mal eine Kampagne der DDR im Westen in den 50er-Jahren. Mit so einem Auftritt von Opa wäre das Schicksal der Familie anders verlaufen. Ich weiß nicht, ob das damals für ihn persönlich überhaupt eine politische Möglichkeit war. Keiner wusste wie das Theater des Kalten Krieges enden würde. Aber wenn man nicht über seine Ideologie springen kann, bleibt man darin gefangen und nimmt die Familie in Geiselhaft. Aber zu solchen Bemerkungen im Nachhinein hat mein Großvater immer

42 Erich
Honecker mit
seiner Schwester
im Saarland vor
dem Elternhaus.

gesagt: ›Wenn der Hund nicht geschissen hätte, hätte er den Hasen noch gekriegt.‹ Man sollte als Nachgeborener schon ehrlich sein, dass es für unsereinen leichter ist, Rezepte zu formulieren, als wenn man als Beteiligter in die Konflikte der Zeit direkt verwickelt war.

Dass Opa vom Gipfeltreffen mit Gorbatschow früher wegmusste, hatte mir Oma gesagt. Als ich mit den Eltern ins Krankenhaus kam, ging es ihm schon besser. Er hatte ein eigenes Apartment mit einem kleinen Aufenthaltsraum in einem mit Zahlencodes abgesicherten Bereich. Dort empfing er uns im Pyjama. Darüber hatte er einen gestreiften Bademantel angezogen. ›Hallo Opa‹, sagte ich und umarmte ihn. Nun war ich ja fast schon so groß wie er und konnte ihm direkt in die Augen schauen. Sein Blick strahlte nicht wie sonst, eher matt und müde. Da merkte ich, dass ich mich nicht getäuscht hatte, dass er in den letzten Monaten merklich gealtert war. In Krankenhauskluft wirkte sein Zustand natürlich noch gespenstischer.

Klopft hier der Tod an? Ich hatte mit ihm über dieses Thema ja nie gesprochen. Ein Kommunist kämpft, bis er stirbt. Diesen Satz kannte ich von Oma. Meine Eltern hofften dagegen, dass er diesen

Vorfall nutzt, um nun endlich von seinen Ämtern aus gesundheitlichen Gründen zurückzutreten. Aber im Innern war der Kämpfer bei ihm noch da. Ein Honecker bleibt standhaft und erfüllt seine historische Mission. Soweit ich mich erinnere, sprach er kein Wort über die schwierigen Begegnungen auf der Konferenz und die aufgebrochenen Konflikte unter den sozialistischen Ländern. Er erzählte über die dramatische Hilfe seiner ›Jungs‹, die ihren Job ausgezeichnet gemacht hätten. ›Robi‹, sagte er mir beim Verabschieden, ›die Ferienpläne müssen wir ändern.‹«

Bürgerprotest und Krankenbesuch
in Groß Dölln

Die Untersuchungen werden ergeben, dass der Großvater an der Galle operiert und ein Tumor am Darm entfernt werden muss. Für diesen medizinischen Eingriff sei er aber momentan noch zu schwach. Die Ärzte verordnen ihm Ruhe, damit er zu Kräften komme. Man bringt ihn ins Gästehaus der Regierung nach »Döllnkrug« bei Templin in der Uckermark. Wie für fast alle Freizeitobjekte der Funktionärselite in dieser wald- und seenreichen Region gibt es auch für diesen Ort der Repräsentation eine Linie zur nationaldeutschen Geschichte.

Das imposante Hauptgebäude mit seinem Bronzehirsch neben den Eingangsstufen ist ein Relikt aus dem Komplex von Görings Jagdschloss »Carinhall«. Der ließ es zu Beginn der 1930er-Jahre für Besucher seines Anwesens errichten. Nach 1945 wurde es von wechselnden staatlichen Organisationen genutzt und zu einer komfortablen Gästeresidenz mit dazugehörigen Funktionsgebäuden ausgebaut. Schon Wilhelm Pieck, der erste Präsident der DDR, schätzte diesen ruhigen Ort am Döllner See.

Anfang der 1970er-Jahre weilte der sowjetische Staatschef Leonid Breschnew zu Jagdausflügen mit Erich Honecker im Gästehaus. Bei diesen Gelegenheiten sollen sich beide Männer auf die Neubesetzung der SED-Parteispitze, den Sturz des greisen Walter Ulbricht verständigt haben. Der kränkelnde Ulbricht verbrachte hier seit 1971 aufeinanderfolgend Genesungszeiten. Bei einem dieser Aufenthalte überraschte ihn Erich Honecker, flankiert von einem bewaffneten Einsatzkommando, um dem »Genossen« dessen Absetzung von der Parteispitze mitzuteilen. Zwei Jahre später starb Walter Ulbricht im Gästehaus des Staatsrates in Groß Dölln.

An diesem geschichtsträchtigen Ort soll sich nun Robertos Großvater physische und mentale Stärken zurückholen. Dass es kein Kurzaufenthalt werden wird, erkennt der Enkel allein an der doppelten Bewachung des Objektes. Eine Wachkompanie der Staatssicherheit schirmt das Gelände von außen ab. Im inneren Bereich agiert das personell aufgestockte Personenschutzkommando.

Roberto kennt die Bodyguards unterdessen gut. Er ist mit ihnen aufgewachsen an den Lebensorten seiner Großeltern. Besonders den Stellvertreter des Honecker-Kommandos Frank Laue hat er ins Herz geschlossen. Er wird in der Männerrunde allgemein Addi genannt. Für den heranwachsenden Jungen ist er wie ein großer Bruder, teilweise ein Vaterersatz. Addi gibt Roberto Tipps bei der Hundeerziehung, zeigt ihm das Steuern von Motorbooten und lehrt ihn viele andere nützliche Dinge. In einer Sache aber ist sein Einfluss auf den Jungen negativ. Addi ist ein starker Raucher.

»Opas ›Jungs‹ hatten immer Interesse, mir bestimmte Sachen beizubringen und zu zeigen. Wenn ich zum Beispiel ans Steuer durfte auf der Yachtfahrt über den Bodden zur Insel Vilm, dann stand Addi hinter mir, um meinen Kinderfehlern vorzubeugen. Ich hatte ihn sehr lieb. Er hatte stets Zigaretten dabei, das war mein Glück, da ich ja im Sommer 89 mit knapp 15 Jahren schon ein richtiger Raucher war. ›Kabinett‹ war die Hausmarke, manchmal pafften wir auch ›Camel‹.

Während Opas Zeit in Dölln zeigte mir Addi in einer Baracke die technische Überwachungsanlage. Alle Zugänge zu ›Döllnkrug‹ wurden heimlich gefilmt. Ebenso sah man auf den Monitoren die Eingänge zu den Häusern und eine totale Einstellung auf das gesamte Grundstück vom See aus. Wenn man von so einer Zentrale keine Ahnung hatte, man könnte denken, ein Attentat auf den Regierungschef sei gar nicht schwer. Es machte mir daraufhin Spaß, auf dem Gelände die Standorte der verdeckten Kameras zu suchen. Von meinen Fundstellen berichtete ich dann in der Baracke, wozu die Männer anerkennend, aber säuerlich lächelten. Die waren doch stolz auf ihr Handwerk. Von wegen Attentat, das hätten sie alles im Griff.

43 Gästehaus in Groß Dölln.

Großvater hatte zu seinem Begleitteam absolutes Vertrauen. Das Kommando war eine Abteilung des Ministeriums für Staatssicherheit, aber eine eigenständige Truppe. Addi bemerkte mehrmals, dass er Erich Mielke nicht besonders mochte. Da Oma dieselbe Meinung genauso offen aussprach, gab es zwischen den Bodyguards und den Großeltern ein verschwörerisches Band. Sie sahen nicht so aus wie die Stasi-Leute im Film ›Das Leben der Anderen‹. Eher waren es Partisanen, die aus dem Busch herausgekommen sind und sich aufrichtig um den ›Comandante‹ kümmern. Der Film hatte mich beeindruckt und ich sprach mit Oma darüber. Sie mochte Mielke mit seinem verrückten Überwachungsstaat schon in ihrer Zeit als Volksbildungsministerin nicht. Sie meinte, eine richtige politische Erziehung braucht keine zusätzliche Überwachung, weil die Menschen dann ja ein sozialistisches Bewusstsein haben. Aber ich glaube, sie merkte auch, wie die Stasi sie selbst in den Blick genommen hatte. Heute weiß ich, dass es eine Stasiakte über Oma gibt, aber ich kenne den Inhalt nicht.«

Der vermehrte Sicherheitsaufwand um den kranken Staatsmann hat seine Gründe in der zunehmend instabilen politischen Lage. Bürgerproteste gegen Partei- und Staatsführung werden aus allen Teilen der Republik vermeldet. In den Stäben der Sicherheitskräfte werden Abwehrmaßnahmen für den Inlandseinsatz vorbereitet. Neue Trainingsmodule werden eingeführt und das Sichern der Schutzperson vor wütenden Demonstranten bis hin zu bewaffneten Angriffen auf die Fahrzeugkolonne Honeckers durchgespielt. Aber den Ostdeutschen steht der Sinn weniger nach einer gewalttätigen Revolte. Das Wort Ausreise bestimmt die Debatten. Weg aus dem von Mehltau überzogenen Land. Mitte August fliehen Dutzende Urlauber nach Prag in die bundesdeutsche Botschaft.

Zur gleichen Zeit findet im Regierungskrankenhaus in Buch die geplante Operation von Robertos Großvater statt. Diese verläuft nicht nach Plan. Ein Kreislaufkollaps des Patienten verschiebt den Eingriff um zwei Tage. Bei der Operation stellen die Ärzte eine weitere Geschwulst an der Niere fest. Doch der Gesundheitszustand des Generalsekretärs lässt zu diesem Zeitpunkt keinen erweiterten Eingriff zu. Die Behandlung der Niere wird auf später verschoben. Der frisch Operierte wird aus der Regierungsklinik Buch wieder zurück ins uckermärkische Randgebiet der Schorfheide an den Großdöllner See gebracht. Seine Rekonvaleszenz wird über den gesamten August hinweg bis in den September hinein dauern. Allein in dieser Zeit werden mehrere Tausend DDR-Bürger Zuflucht in der westdeutschen Botschaft finden.

Bei Kremmen, keine 70 km vom Krankenlager des Staatslenkers entfernt, gründet sich Ende August eine neue sozialdemokratische Partei. In einer Dresdner Wohnung bilden Christen eine Sammelbewegung unter dem Namen »Demokratischer Aufbruch«. Die Bürgerrechtsbewegung »Neues Forum« nimmt in Berlin ihre politische Arbeit auf. Es hat den Anschein, als würde mit dem Heilungsprozess des Großvaters parallel eine gesunde und kräftige Opposition in dem von ihm geführten Zentralstaat gedeihen. Nicht genug der innenpolitischen Dramatik, öffnen die Ungarn überraschend zum Ende seiner Genesungstage am 10. September 1989 um Mitternacht ihre Westgrenze.

Da der Personenschutz gleich zu Beginn auf dem Staatsobjekt Parabolantennen für einen störungsfreien Westempfang installiert hatte, kann Robertos Großvater im Fernsehen zuschauen, wie in der Folge Zehntausende seiner Staatsbürger die Grenze nach Österreich übertreten. Zu all diesen Prozessen schweigt der Patient und mit ihm das ganze Politbüro. Man wartet auf seine Rückkehr. Bei einer Visite des Kranken vor Ort bekommt der Chefarzt den Eindruck, das Staatsoberhaupt verdränge die Ereignisse, wolle sie bewusst nicht auf sich einwirken lassen. Seine ganze Konzentration, teilt Honecker dem Mediziner mit, müsse auf der Ausarbeitung seiner Rede zum 40. Jahrestag der DDR liegen, der ja schon in drei Wochen anstehe.

Am 1. September, einem Freitag, beginnt für Roberto das neue Schuljahr. Er geht in die 9. Klasse und gehört jetzt zu den Großen, die das blaue FDJ-Hemd tragen dürfen. Der erste Unterrichtstag beginnt wie jedes Jahr mit einem Fahnenappell und einer Kampfrede der Direktorin, die zum fleißigen Lernen für den Aufbau und die Verteidigung der sozialistischen Errungenschaften aufruft. Währenddessen wird unter den aufmarschierten Klassen getuschelt, welche Mitschüler aus dem Urlaub mit ihren Eltern nicht mehr zurückgekommen sind. Ein neuer Witz über den Opa macht die Runde: Was ist der Unterschied zwischen Honecker und einem Klempner? Der Klempner kommt nicht, und Honecker geht nicht. Roberto wird ihn erzählen, wenn er wieder zu Besuch nach Dölln fährt.

»In den Ferienwochen, aber auch danach war ich öfter bei ihm in Dölln. Wir saßen beide mit Oma vor dem Fernseher, und ihr Kommentar zu den Bildern aus Ungarn ist mir noch heute im Gedächtnis. ›Das ist eine Operation des Westens und der erste Schritt zur lange geplanten Abschaffung der DDR.‹ Sie war nie blauäugig und in politischer Hinsicht intelligenter als einige Männer im Politbüro. Großvater beschäftigte mehr das Thema einer militärischen Eskalation, die dadurch entstehen könnte.

Mich wollte er persönlich nicht mit Politik belasten. Dafür sei ich noch zu jung. Wir spielten einige Partien Schach. Als guter Spieler hätte der Opa sehen müssen, dass er im Schach stand und ihm nur noch die Aufgabe blieb. Vielleicht sah er das auch, aber er konnte diesen Schritt einfach nicht tun, weil damit sein Lebenswerk zerstört war. Gorbatschow hat ihn auf dem kommunistischen Feld schachmatt gesetzt.

Ebenfalls zu Besuch war in diesen Wochen Günter Mittag. Er war ja Großvaters engster Freund. Die Familie schätzte ihn auch wegen seiner ergreifenden Trauerrede für Mariana. Im Politbüro war er der Mann für die Wirtschaft. Großvater war kein Ökonom und vertraute ihm in dieser Beziehung vollkommen. Nach

Wildfang kam er auch regelmäßig, um mit Opa auf die Jagd zu gehen. Im Wald konnten sie ungestört und offen miteinander sprechen. Großmutter machte sich manchmal über die beiden lustig, wenn sie von der Jagd zurückkamen. Sie fragte: ›Ist die Walddiplomatie beendet?‹

44 Günter Mittag mit Ehefrau und Margot Honecker (v. li.).

In den vielen Zimmern des Döllner Haupthauses lagen immer irgendwo Zigarettenschachteln herum. Meist schlich ich mich hoch in ein Zimmer der Apartmentetage, machte einen Jägermeister auf und zündete eine Zigarette an. Dann öffnete ich das Fenster weit, um auf die Anlage und den See zu schauen. Da sah ich Günter Mittag und Opa beim Spaziergang durch die Parkanlage. Beide achteten sehr darauf, dass bei ihren Gesprächen niemand in der Nähe war. Über den Inhalt der Unterhaltungen weiß ich absolut nichts. Heute vermute ich, dass Günter Mittag ihn über die Stimmung im Politbüro unterrichtete, und er muss ihm die Lage im Land hoffnungsvoller geschildert haben, als sie tatsächlich war.«

Der Blick auf den Großdöllner See mit einer Zigarette und einem Kräuterschnaps wird für Roberto der letzte entspannte Moment auf lange Zeit sein. Sein Gedächtnis speichert fotografisch das Spiegeln der Sonne auf der gekräuselten Wasserfläche und das Ufer, gesäumt mit Laub- und Nadelhölzern der Schorfheide.

In der Schule und bei den Nachbarn hat sich längst herumgesprochen, dass der Großvater schwer erkrankt ist. In den Nachrichten des Senders Freies Berlin und der »Bild«-Zeitung wird von West-Berlin aus die Krebserkrankung Erich Honeckers in die Welt posaunt. Man spekuliert, wie lange er mit dieser Erkrankung noch leben wird, oder titelt »Honecker will sterben«. Im ganzen Land stellen sich die Menschen die Frage, was mit dem Staatschef los ist. Doch am 19. September kehrt der leicht gebräunte, aber für jeden sichtbar abgemagerte alte Mann in seine Ämter in Partei und Staat zurück.

Die Herausforderungen, die auf ihn warten, sind gewaltig. In Leipzig demonstrieren Zehntausende und die Fluchtwelle gen Westen nimmt an Zugkraft unablässig zu. Es ist nicht ausgemacht, ob ihm der Wille oder die Kraft fehlten für eine realistische politische Antwort.

Am 7. Oktober kulminiert die angespannte Situation in einer Groteske. Robertos Großeltern feiern im Palast der Republik den 40. Jahrestag der DDR. Der trockenen und steifen Rede des Opas hören Staatsgäste von Michail Gorbatschow bis Daniel Ortega mit finsteren Gesichtern zu.

Während die Festrede ein einziger Lobgesang auf die Erfolge der sozialistischen Partei ist, demonstrieren außerhalb des Glaspalastes Tausende Menschen gegen diese Politik. Roberto steht seit dem Ende des Aufmarsches des FDJ-Fackelzuges am Palast und wird umringt vom Zustrom der aufgebrachten Bürger. Er hört die Sprechchöre aus den Kehlen der Demonstranten direkt neben sich. »Freiheit« oder »Wir bleiben hier« skandieren die Leute. Das alles macht ihm keine Angst, aber dass sich da etwas zusammenbraut, das wird er dem Großvater in drei Tagen an seinem 15. Geburtstag erzählen.

Der Sturz des Großvaters

Es ist der Dienstag eine Woche nach seinem 15. Geburtstag in den Herbstferien. Auch an diesem Oktobertag versammelt sich die Parteiführung pünktlich zur obligatorischen Politbürositzung im Haus der Parteizentrale am Werderschen Markt in Berlin-Mitte. Dass diese Zusammenkunft kein Meeting wie immer werden wird, ahnen die Bodyguards von Robertos Großvater bereits einige Stunde vorher. Im Einsatzbefehl für den Tag teilt ihnen ihr vorgesetzter Offizier mit, dass sie sich, nachdem ihre Schutzperson das Beratungszimmer betreten hat, aus dem Vorzimmer zurückzuziehen haben. Eine andere Einheit wird dann die Sicherung übernehmen. Erich Honeckers ›Jungs‹ werden auf persönliche Anordnung des Ministers für Staatssicherheit kaltgestellt, ohne dass er es wahrnimmt oder bemerken will.

Was dann passiert, darüber gibt es von den auf der Sitzung anwesenden Personen vielstimmige Berichte. Roberto wird bis heute auf dieses Ereignis angesprochen und soll über die dramatischen Minuten im Leben seines Großvaters und damit seiner gesamten Familie Auskunft geben. Aber der Enkel wird später vom Opa bis auf wenige Sätze keine detaillierte Schilderung der Ereignisse erhalten. Deshalb zitiert er am liebsten aus den Erinnerungen von Gerhard Schürer, dem Leiter der staatlichen Plankommission. Er kennt die Familie Schürer mit ihren fünf Kindern aus Wandlitz, wo sie das ehemalige Haus von Walter Ulbricht bewohnte. In den Memoiren Schürers »Gewagt und verloren« wird der historische Augenblick der Absetzung des Großvaters in knappen Worten festgehalten:

»Erich Honecker betrat wie stets mit einigen fröhlichen Worten den Raum, eröffnete die Sitzung und ließ durch den Sekretär des Politbüros, Edwin Schwertner, das Protokoll der letzten Sitzung verlesen und fragen, ob es Bemerkungen zur Tagesordnung gebe. Willi Stoph meldete sich und sagte: ›Ich schlage vor, als Punkt Nr. 1 der Tagesordnung die Abberufung des Generalsekretärs zu behandeln.‹ Erich Honecker, der mit Ausnahme einer gewissen Blässe im Gesicht keine Reaktion zeigte, wollte zunächst, dass die Sitzung laut vorliegender Tagesordnung fortgesetzt wird und danach der Vorschlag der Abberufung behandelt werden sollte. Stoph bestand jedoch auf seinem Vorschlag, und es wurde so verfahren. Mit ruhiger Stimme leitete Honecker die Debatte bis zum Schluss, bei der jedes Mitglied und auch die Kandidaten zu Wort kamen.

Alle Redner sprachen sich für die Abberufung Honeckers aus, wobei viele auch seine Verdienste hervorhoben und ihm empfahlen, aus gesundheitlichen Gründen zurückzutreten. Dann ließ Honecker abstimmen. Der Beschluss wurde einstimmig gefasst, also auch mit seiner Stimme. Honecker packte daraufhin seine Sachen und verließ festen Schrittes den Sitzungssaal. Er ging in sein Büro, verabschiedete sich von den engsten Mitarbeitern und fuhr nach Hause. Ich muss gestehen, dass mich seine souveräne und disziplinierte Art an diesem und am nächsten Tag im ZK, von dem er mit Beifall verabschiedet wurde, sehr beeindruckte.«

Einen Tag später, am 18. Oktober 1989, wird die Meldung des Allgemeinen Deutschen Nachrichtendienstes der DDR zu einer Weltnachricht. Erich Honecker, der langjährige Staatsratsvorsitzende und Generalsekretär der Sozialistischen Einheitspartei Deutschlands ist aus Gesundheitsgründen zurückgetreten. Der neue Mann an der Macht heißt Egon Krenz, der viele Jahre die Jugendorganisation Freie Deutsche Jugend leitete und lange Zeit als »Kronprinz« für Honeckers Nachfolge gehandelt wurde.

Krenz hält am selben Abend eine denkwürdige Fernsehansprache, in der er alle Fernsehzuschauer als »liebe Genossen und Genossinnen« anspricht, was einen Sturm der Entrüstung zur Folge hat. Mit dem Sturz Erich Honeckers soll nun eine Wende in der Politik der SED eingeleitet werden.

Tatsächlich wird der Begriff »Wende« in (Ost-)Deutschland

45 Das Politbüro am Geburtstag Erich Honeckers, 25. August 1987. U. a. Hermann Axen, Willi Stoph, Erich Mielke, Erich Honecker, Günter Schabowski, Harry Tisch, Egon Krenz, Joachim Herrmann.

zum Synonym für eine neue Zeitrechnung werden, jedoch anders als gedacht. Die »Wende« wird zur Kurzformel für die historische Periode vom »Sturz Erich Honeckers« und des kommunistischen Herrschaftsapparates über die ersten freien Wahlen in der DDR bis zu ihrem Ende durch die folgende Einheit Deutschlands.

»Als Großvater abgesetzt wurde, war ich in Berlin und nicht in Wandlitz. Meine Mutter war noch auf Arbeit. Ich habe nur kurz am Telefon mit Opa gesprochen. Er sagte, dass sie mit seinem Rausschmiss nichts gewonnen hätten. Im Gegenteil, mit seiner Absetzung hätten sie sich selbst entmachtet. Das würden sie bald merken. Ich glaube, er wusste, dass er einen großen strategischen Fehler gemacht hatte und nicht früher abgetreten ist.

Großmutter schimpfte über Günter Mittag, der seinen Freund im Stich gelassen und sich nicht für ihn eingesetzt hatte. Am schlimmsten fand sie aber den Trick der Putschisten, Heinz Keßler nach Kuba zu schicken, um ohne den Armeegeneral über Großvater zu Gericht sitzen zu können. Heinz Keßler war mit den Großeltern seit den Fünfzigerjahren eng befreundet. Bis zum Schluss hatte Oma immer behauptet, wenn Heinz dabei gewesen wäre, hätten sie sich das mit Opa niemals getraut.

Die gesamte Woche war für mich sehr angespannt. Egon Krenz war jetzt auf allen Kanälen. Mit ihm und seinem Sohn Carsten hatte ich in Wandlitz Fußball gespielt. Wir verstanden uns gut. Über die Straße kam ein Schulkamerad und sagte mir beim Vorbeigehen: ›Dein Opa ist ein Arschloch.‹ Er war jetzt der Bösewicht und dann der zweitschlimmste Diktator der deutschen Geschichte.

Eine Schizophrenie entwickelte sich gegenüber den Familienmitgliedern, die man liebt, die aber von der Öffentlichkeit negativ gesehen und verteufelt werden. Zu viel Machtbesitz verführte zu dem Glauben, dass eigene Fehlentscheidungen tugendhaft sind, denn der Klassenkampf ist das Abc der Geschichte. Ich musste mit anschauen, wie die Menschen meinem Großvater schmeichelten und wie er überzeugt war, das Volk hinter sich zu haben. Ein Irrtum, der ihn zur Karikatur schrumpfen ließ. Ob in Druckerschwärze oder Fernsehröhre, überall kam mir der hinfällige Großvater entgegen. Ich steckte mich mit der Krankheit an. Diese kranke Beziehung zur Macht markierte ab 1988 mein Leben. Ab dem Tag seines Sturzes war keine Kommunikation mehr in der Familie möglich. Es wurde nichts mehr besprochen, die Familie war zerstört. Weder Vater, Mutter noch sonst wer hatte ein Ohr für mich. Niemand hat mich aufgefangen.«

Bereits zwei Tage nach der Absetzung des Großvaters tritt auch die Großmutter von ihrem Amt als Volksbildungsministerin zurück.

Das zweite Wochenende in den Herbstferien beginnt. Oma holt Roberto mit ihrem »Wartburg« direkt von zuhause ab. Auf der Fahrt nach Wandlitz erklärt sie dem Enkel, dass sie den »Verrätern« zuvorgekommen sei. »Deine Oma schmeißt man nicht raus, die entscheidet selbst, wann sie geht.«

Zwei Worte öffnen die Mauer

Normalerweise würde Roberto diese Zeit in Wildfang verbringen, weil sein Vater, der sich mehr und mehr das Hobby des Großvaters selbst zu eigen gemacht hatte, sonst immer zur Eröffnung der neuen Jagdsaison ins alte Forsthaus mitgekommen ist. Doch den interessieren keine Abschussquoten mehr. Seine gesamte Aufmerksamkeit liegt jetzt auf der Vorbereitung einer schnellen Rückkehr in die Heimat, einer Übersiedlung der Familie nach Chile. Der Sturz des Großvaters bringt über Nacht gravierende Veränderungen für das alltägliche Leben der Familie. Wer zum Honecker-Clan gehört, muss jeden Augenblick damit rechnen, dass ein Reporter oder Kamerateam vor der Tür steht.

Sofort nach Großvaters Entmachtung werden ihm wesentliche Privilegien entzogen. Sein Personenschutzkommando wird auf wechselnd zwei Personen reduziert. Statt der Staatslimousinen Citroën und Volvo steht ihm nunmehr nur noch ein russisches Lada-Fahrzeug zur Verfügung. Im Unterschied zu ihrem Mann, der nie eine Fahrerlaubnis hatte, besitzt Margot Honecker seit vielen Jahren einen Führerschein. Wann immer es ihr möglich war, nutzte sie in ihrer Freizeit den eigenen Wagen, oftmals zum Ärger des Personenschutzes. Dieser Eigensinn der Großmutter zahlt sich jetzt aus.

Mit dem Verlust der Ämter geht eine Herabstufung in der Versorgung und Betreuung einher. Der vollständige Verlust des Nomenklatura-Status ist nur noch eine Frage der Zeit. Das Wohnhaus in der Funktionärssiedlung Wandlitz bleibt den Großeltern vorerst erhalten. Großvater kommt nur abends zum Schlafen ins Haus. Tagsüber hält er sich allein in Wildfang auf. Bis heute muss das Gerücht bezweifelt werden, der kranke alte Mann habe in dieser Zeit den größten Hirsch seiner Jägerlaufbahn geschossen.

Roberto trifft seinen Freund Jan Schabowski, der ihm mitteilt, dass seine Familie plant, aus Wandlitz wegzuziehen. Wenn alles klappt, würde er bald in derselben Straße wie Roberto in Berlin-Mitte wohnen. Dass Jans Vater auch für die Absetzung seines Großvaters gestimmt hatte, ist zwischen den beiden kaum Gesprächsthema.

Über der Funktionärssiedlung liegt ein Schatten, das merken auch die Teenager, obwohl sich die Angestellten alle Mühe geben, nach wie vor freundlich und aufmerksam ihrer Arbeit nachzugehen. Der Druck der Bevölkerung, dieses abgeschottete Wohnquartier der Herrschenden zu öffnen, erhöht sich täglich. Ob Personenschützer, Hausangestellte oder Gärtner – bei allen drängt sich die Frage auf: Was wird mit uns passieren, wenn man nicht davor zurückschreckte, den Chef zu entlassen? In diesem Klima der Verunsicherung verbringt Roberto den Rest der Herbstferien.

Nur zwei Wochen nach Schulbeginn steht der 15-Jährige am 4. November 1989 unter 500 000 Demonstranten in der Nähe des Alexanderplatzes. Auf Plakaten der Aufmarschierten kann er lesen, was die Menschen von der Partei und ihren führenden Funktionären halten: »Wir sind keine Fans von Egon Krenz«, »Glasnost statt Süßmost«, »Reformen, aber unbeKrenzt«, »Stasi in die Produktion«, »Neue Männer braucht das Land«. Wiederholt steht auf Bannern »Keine Gewalt«. Ein klare Botschaft, dass es nicht mehr zu solchen brutalen Polizeiübergriffen wie am Abend des 7. Oktober nach den Feierlichkeiten im Palast der Republik kommen darf.

Und wieder halten Leute Schilder hoch mit dem Porträt seines Großvaters, so wie im Januar auf der Liebknecht-Luxemburg-Manifestation. Nur diesmal werden sie nicht geschwenkt unter Rufen wie »Erich Honecker, er lebe hoch, hoch«. Das Plakat zeigt den gestürzten Staatschef in Gefängniskleidung, als Verbrecher im gestreiften Outfit des geschlossenen Strafvollzugs. Bei genauerem Hinschauen scheint die Vorlage für das Plakatmotiv eher eine KZ-Kluft gewesen zu sein. Ein Signal, dass die Absetzung des Großvaters keineswegs das Ende der Verfolgung und

Abrechnung seiner Verantwortlichkeiten darstellt? Auf dem Anhänger eines Lastwagens, der als Tribüne dient, wechseln sich die Redner ab. Als Günter Schabowski, der Vater seines Freundes, zu sprechen beginnt, wird er ausgepfiffen. Er muss unter Buhrufen stets aufs Neue seinen Text ins Mikrophon schreien. Roberto hört Stefan Heym, den seine Oma zumindest als Antifaschisten schätzt:

»… Es ist, als habe einer die Fenster aufgestoßen nach all den Jahren der Stagnation, der geistigen, wirtschaftlichen, politischen, den Jahren von Dumpfheit und Mief, von Phrasendresch und bürokratischer Willkür, von amtlicher Blindheit und Taubheit. Welche Wandlung! Vor noch nicht vier Wochen schon gezimmerte Tribüne um die Ecke, mit dem Vorbeimarsch, dem bestellten, vor den Erhabenen! Und heute! Heute hier, die Ihr Euch aus eigenem freiem Willen versammelt habt, für Freiheit und Demokratie und einen Sozialismus, der des Namens wert ist.«

Der nächste Redner ist ein Pfarrer aus Wittenberg, von dem Roberto noch nie etwas gehört hatte. Danach spricht Christa Wolf, aber die folgenden Redner sind für ihn weithin Unbekannte. Er macht sich auf den Rückweg, entlang dem Spreeufer über den »Alten Hafen« auf der Fischerinsel, zu seinem alten Kiez an der Leipziger Straße. In der Hosentasche steckt eine halbvolle Zigarettenschachtel. Als er die Wohnung »An den Kolonnaden« erreicht, sind alle Zigaretten aufgeraucht.

Fünf Tage später stellt Günter Schabowski, Jans Vater, auf einer live übertragenen Pressekonferenz das neue Reisegesetz der DDR vor. Auf die Frage eines italienischen Journalisten, ab wann denn die neuen Reiseregelungen in Kraft treten, antwortet er mit »Sofort, unverzüglich«. Nach Ende der Pressekonferenz fährt Schabowski zur Familie nach Wandlitz. Am späten Abend erhält er einen Anruf, in dem man ihm mitteilt, dass Tausende Menschen durch Grenzübergangsstellen nach West-Berlin strömen.

Jans Vater hatte mit zwei Worten die Berliner Mauer geöffnet. Wenige Tage danach erfolgt der geplante Umzug der Familie Schabowski aus der Funktionärssiedlung. Ihr neues Zuhause wird eine baugleiche Neubauwohnung wie sie Robertos Familie im gegenüberliegenden Haus bewohnt. Auch Familie Schürer mit ihren fünf Kindern verlässt das ehemalige »Ulbricht-Haus« in Wandlitz und komplettiert so die »Wandlitzer Nachbarschaft« in Berlin-Mitte.

»Als Teenager war ich wie jeder andere Teenager rebellisch: rauchen, Bier trinken, mit Mädchen ausgehen. Ehrlich gesagt, hatte ich immer den Wunsch, mich frei bewegen zu können. Den Mauerfall habe ich damals als Abenteuer empfunden.

Es gab Leute, die Mauersteine verkauften. Sie schlugen mit Hämmern auf den Beton ein, um dann für einen Dollar die Brocken an Touristen zu verkaufen. Mit Jan ging ich nach ›drüben‹, einfach durch die ›Löcher‹. Dann waren wir im Tiergarten und am Ku'damm. Ein Mädchen aus der Stresemannstraße traf ich danach öfter. Ich hab ihr natürlich niemals gesagt, wer ich war.

Durch welche Löcher gingen wir? Historische Löcher. Der Fluch über Deutschland war vorbei: ein geteiltes Land durch Machtwahnsinn eines Verrückten – Adolf Hitler – und den Wahnsinn eines Volkes? Jene Löcher waren das Ende des deutschen 20. Jahrhunderts. Das Finale eines germanischen Mordfeldzuges gegen seine Nachbarn und die Welt. Die DDR war ein Zwitterland, die Endphase des Wahnsinns, den das deutsche Volk selbst hervorgerufen hatte. Heute muss ich lachen, wenn ich an meinen ersten ›Westbesuch‹ zurückdenke. Jan Schabowski, dessen Vater die Mauer öffnete, und Honeckers Enkel zwängten sich durch die Löcher, die aussahen, als wären sie über Jahrzehnte im Zement gewachsen.«

Mit dem Fall der Berliner Mauer und der Öffnung der Landesgrenzen beschleunigen sich die politischen Veränderungen in seinem Land wie das anschwellende Crescendo in Ravels »Bolero«. Beständig lauter tönen die immer selben Forderungen nach dem Rücktritt des SED-Politbüros und der Regierung. Robertos Familie befindet sich in der Kernzone einer Revolution, die auf ihren Höhepunkt zusteuert: die Zerschlagung des alten Machtapparates. Dabei geraten die Großeltern als augenscheinlich

Hauptverantwortliche des Ancien Régime zum Spielball zwischen den alten und neuen politischen Akteuren.

Für nicht wenige Parteimitglieder und Sympathisanten sind Erich und Margot Honecker an allem schuld, was sich im Namen ihrer Einheitspartei seit 1949 an Unrecht ereignete. Was wiederum den Reformkräften gegen den Strich geht. Sie wollen nicht, dass die Vertreter des »alten Systems« sich freisprechen nach dem Motto: »Die Honeckers waren es gewesen, nicht wir.« Aus der Opposition heraus warnt Bärbel Bohley, eine der Gründerinnen des »Neuen Forums« die Revolutionäre, sich nicht mit der Jagd auf die Honeckers zu verzetteln, sondern sich auf den Systemwechsel zu konzentrieren.

Kamerateam in Wandlitz –
Verhaftung des Großvaters

Mitte November 1989 setzt die Volkskammer der DDR, die noch mit den alten Kadern bestückt ist, die unter der Herrschaft von Robertos Großvater dessen Direktiven fast ausschließlich einstimmig abgenickt hatten, einen »Ausschuss zur Untersuchung von Korruption und Amtsmissbrauch« ein. Auch die DDR-Staatsanwaltschaft, die sich noch vor kurzem bei der Verurteilung von »Republikflüchtigen« hervortat, nimmt die Strafverfolgung gegen Honecker auf. Sosehr diese Maßnahmen auch in die Familie hineinwirken, verändern sie das Leben der Honeckers dennoch nicht so explosionsartig wie die mediale Empörungsspirale, die nach dem Besuch eines DDR-Fernsehteams in Wandlitz einsetzt.

Auf Druck der Öffentlichkeit, die endlich wissen will, was es mit der Lebensweise der Herrschenden hinter den Mauern von Wandlitz auf sich hat, wird der Jugendsendung »Elf99«, Journalisten und Fotoreportern am 23. November ein Rundgang durch das geheime Areal gestattet. Im Fernsehbericht des Redakteurs Jan Carpentier geht die Kamera auf Suche nach Privilegien.

Bei der Besichtigung des leerstehenden Hauses eines ehemaligen Politbüromitgliedes wirken die dunklen DDR-Möbel nicht gerade einladend. Der die Reporter begleitende Verwaltungschef der Funktionärssiedlung Gerd Schmidt hat den Befehl von seinen Vorgesetzten erhalten, stets auf die Verwendung heimischer Produkte bei der Ausstattung der Funktionärshäuser hinzuweisen. In der Küchenzeile wird ein Reporter fündig. Dort steht eine Spülmaschine, und beim Ausleuchten des Bades werden westliche Armaturen an der Badewanne von den Objektiven im Großformat abgelichtet.

Auf den Wegen von Wandlitz sieht man weit und breit keinen Menschen. Das Haus von Robertos Großeltern wird von außen gefilmt. Es wirkt gespenstig im herabfallenden Laub des grauen Tages. Kein Reporter drückt den Klingelknopf. Ob Opa heimlich hinter den Gardinen den Auflauf des Kameratrupps verfolgt, hat er seinem Enkel nicht mitgeteilt. Auf einer kleinen Straße im weitläufigen Gelände begegnet das Besucherteam tatsächlich noch alteingesessenen Bewohnern, dem bis vor kurzem mit Machtfülle ausgestatteten Kulturchef des Politbüros Kurt Hager und seiner Frau. Ob diese Begegnung Zufall war oder für die Reporter inszeniert, bleibt unbedeutend, weil die Aussage des Antifaschisten Hager in die Kamera, er lebe hier wie in einem Internierungslager, in das er sich freiwillig begeben habe, schockiert.

Am Ende des Beitrages besuchen die Journalisten den »Konsum« von Wandlitz, das »Ladenkombinat«, die zuständige Verkaufsstelle für die Versorgung der Wandlitz-Bewohner. Schon auf den ersten Blick sieht Reporter Jan Carpentier, dass hier vor Ankunft seines Teams eine ordnende Hand zugange war. Die Leiterin des Ladens bestätigt das als eine Errungenschaft der Wende, dass nunmehr die Produktpalette auch in Wandlitz an das übliche Sortiment im Lande angepasst werde. In den Regalen reihenweise »Florena«-Kosmetik, Weine aus sozialistischen Ländern, Hemden und Jacken aus heimischen Textilfabriken. Alles wirkt clean und frisch aufgestellt. Trotzdem werden zwei Einstellungen des Kameramanns eine ungeahnte Wirkung bei den Zuschauern auslösen. Eine wacklige Totale, die im Vordergrund ein »Puma«-Sweatshirt zeigt, und ein Schwenk mit Zoom, der Bananen, Ananas, Kiwis und Apfelsinen nah an das Auge des Betrachters führt.

Der Reporter von »Elf99« gibt seinem Sonderbeitrag den Titel: »Einzug ins Paradies«. Vor der eisernen Pforte von Wandlitz stehend, schließt Jan Carpentier die Sendung mit den Worten: »So, nach drei Stunden auf dem Gelände in der Waldsiedlung hier in Wandlitz, das sind unsere Bilder gewesen. Wir haben so viel gedreht, wie es ging [...] Macht euch euer Bild selbst von den Dingen hier auf dem Gelände hinter mir.«

Roberto schaut sich den Bericht in der Wohnung seiner Eltern an und findet ihn langweilig. Er kennt den Ort doch bestens, und so ausgestorben, wie er im Filmbericht daherkommt, hat er ihn nicht erlebt. Wäre er zu Besuch bei Oma und Opa gewesen, er hätte den Journalisten erzählt, wer alles von seinem Hund Klecks gebissen wurde. Dafür hätten sich die Leute bestimmt interessiert, aber doch nicht für dieses gähnend graue Filmchen.

Weder Roberto noch der Redakteur Jan Carpentier können ahnen, auf welche Weise sich am nächsten Tag die Bürger des Landes sehr wohl ihre Gedanken machen, was es heißt, Wasser zu predigen und selbst Wein zu trinken. Wenn es jemals in der DDR einen kritischen Sturm der Entrüstung über die eigene Partei- und Staatsführung im Blätterwald gegeben hat, dann in jenen Tagen nach der Berichterstattung aus Wandlitz. Den tief sitzenden Reflex von denen da unten, die wenig haben, und denen da oben, die in Saus und Braus leben, trifft der »Elf99«-Beitrag hundertprozentig. Das Wort »Privilegien« überschattet jeden Ansatz zur differenzierteren Einschätzung des Luxuslebens der Funktionärselite. Dabei liefern die Bilder aus Wandlitz durchaus diesen Ansatz mit.

Die entscheidenden Privilegien sind nicht goldene Wasserhähne oder ein Laden mit Westwaren, wie es die Medien in derben Überschriften nun tagelang verkünden. Es ist vielmehr die Wiedereinführung eines Hofstaates unter sozialistischem Vorzeichen. Absurderweise wird in Wandlitz das höfische Prinzip von Diener und Herrscher praktiziert. Dieses mittelalterliche Modell wird bis hinunter in die Bezirke und Kreise des Landes auf unterschiedlichem Niveau kopiert. Große Teile der Herrschaftseliten in allen Landesregionen profitieren davon. Aber in Zeiten revolutionären Umbruchs sind diese nicht sofort sichtbaren Herrschaftsstrukturen nebensächlich gegenüber der klaren Botschaft eines Luxuslebens mit »goldenen Löffeln«.

Am besten ist es noch, wenn man das Ganze an einer bekannten Person aus Fleisch und Blut verorten kann. Genau nach diesem Muster versuchen sich die Nachfolger von Robertos Großvater aus der Gefahrenzone herauszuschmuggeln. Sie schicken Schalck-Golodkowski, der den Bereich der »Kommerziellen Koordinierung« und damit die Devisengeschäfte der DDR mit dem Westen seit Jahren abwickelt, in die Redaktionsstuben. So gibt er in der »Berliner Zeitung« in einem Interview mit dem Journalisten Alexander Osang zu Protokoll, er sei von Erich Honecker angewiesen worden »jährlich etwa 6 Millionen Valutamark für die Versorgung der Objekte im Bereich der Waldsiedlung bereitzustellen«.

Damit entlässt der umtriebige Schalck-Golodkowski die Katze aus dem Sack, der Sündenbock ist benannt. Erich Honecker war der Sonnenkönig. Roberto ist Mitglied einer Königsfamilie, die im Westgeld nur so schwimmen soll.

Was nach der Wandlitz-Berichterstattung über die Großeltern gedruckt und gezeigt wird, übertrifft die Vorstellungskraft des Enkels. Sein Erlebtes passt einfach nicht mit der öffentlichen Darstellung überein. Er will von diesen Dingen nichts mehr hören und kann sich dem trotzdem nicht entziehen. Gegenüber dem Unmut in der Bevölkerung möchte die Regierung nicht untätig erscheinen und kündigt am 1. Dezember, eine Woche nach dem Fernsehbericht, den Honeckers das Wohnhaus Nr. 11 in Wandlitz. Der gestürzte Staatschef steht bereits in seinem Anwesen unter Arrest. Die Hausdurchsuchung der Kriminalpolizei erfolgt bald darauf. Der verbliebene Personenschutz sichert die Aktion von außen ab.

»Als ich Großvater das letzte Mal in Wandlitz besuchte, war es kurz nach der Hausdurchsuchung. Vor dem Eingang stand einer seiner ›Jungs‹. Nun war er dafür da, ihn nicht ungesehen aus dem Haus gehen zu lassen. Also weniger Schutz, mehr Bewachung. Das fand ich nun völlig daneben. ›Das ist doch unmöglich! Lass dir das nicht gefallen. Opa, schick den weg!‹ Das Bild dieser Situation habe ich noch präzis vor Augen.

Er ging mit Pantoffeln durch das Wohnzimmer. Wenn sich Pantoffeln über den Teppich schieben, macht das ein eigentümliches schlurfendes Geräusch. Er setzte sich in einen Sessel und sagte zu mir: ›Das verstehst du nicht. Der da draußen tut nur seine Arbeit, führt seinen Befehl aus. Das werde ich respektieren.

Außerdem habe ich keinerlei schlechtes Gewissen.‹ – ›Ja, aber warum haben sie dann die Räume hier durchsucht? Was wollten sie finden?‹ Als Antwort hat er mir erzählt, wie er seine persönliche Waffe, eine 9-mm-Makarow-Pistole vor dem Erscheinen der Genossen von der Kriminalpolizei ordentlich gesäubert zur Übergabe bereitgelegt hat. Aber ich fühlte, dass da noch etwas war, was ihn niederdrückte, und ich fragte ihn, ob es stimmt, dass er aus seiner Partei ausgeschlossen wurde. Sofort merkte ich, dass ich mit der Frage ins Schwarze getroffen hatte.

Ich wollte noch mal in den Keller, wo die Staatsgeschenke standen und wo Klecks im Winter geschlafen hatte, und so ging ich die Außentreppe hinunter. Mit einem Marker schrieb ich auf die Steinwände des Kellerzugangs das Datum und meinen Namen. Von den Geschenken nahm ich ein Paar mittelalterliche Pistolen mit Pulverspanner, die mir besonders gefielen, und vergrub sie im Garten. Es war Mitte Dezember. Das Haus stand im Hauch des Todes. Vierundzwanzig Jahre hat es gedauert, bis ich den Ort wieder besuchen konnte. Meinen Schriftzug von damals haben die deutschen Winter verweht.

Opas Krankheit verschlimmerte sich fortlaufend. An Weihnachten 1989 kann ich mich nicht erinnern. Ich glaube, es hat bei uns gar nicht stattgefunden. Gleich mit Beginn des neuen Jahres kommt Opa in die Charité. Man hatte ihn vorher mit anderen Genossen des alten Politbüros im Polizeikrankenhaus auf Haftfähigkeit untersuchen lassen und dabei den Nierenkrebs festgestellt. Professor Althaus hat ihn dann operiert und den Tumor entfernt. Während der Operation übernachtete Oma bei uns in der Wohnung, von wo aus sie in zwanzig Minuten im Krankenzimmer bei Opa war. Ich kann mich deshalb gut daran erinnern, weil sie mir die Tage mein Lieblingsessen zubereitete, paniertes Kotelett mit Kartoffelpüree und Rosenkohl.

Meine Eltern lösten die Wohnung auf und stritten sich unentwegt, was man für die Ausreise nach Chile nicht vergessen darf einzupacken. Ich fragte meinem Vater Löcher in den Bauch, wie denn Santiago so aussieht. Zu dieser Zeit bin ich schon nicht

46 Verhaftung Erich Honeckers in der Charité am 29. Januar 1990.

mehr in die Schule gegangen. Nicht, dass ich mich verkrochen hätte, aber es machte keinen Sinn in diesem Klima des Hasses auf die Honeckers und vor der anstehenden Ausreise, mich noch diesem zusätzlichen Stress auszusetzen.

Was sind die letzten Bilder von meiner Berliner Heimat gewesen? Schwarz-Weiß-Aufnahmen im DDR-Fernsehen von der Verhaftung meines Großvaters in der Charité. Sie flimmerten durch meine Seele, ließen mich nicht zur Ruhe kommen. Böse Menschen wollen dem Opa etwas antun. Oma begleitet ihn durch die langen Flure des Klinikums. Einer der ehemals führenden Kommunisten des Warschauer Paktes wurde verhaftet, und die Sowjetunion unter Gorbatschow schweigt. Oma sagt, die DDR hat keine Freunde mehr, deshalb muss ich sie verteidigen bis zu meinem Tod.«

Roberto befindet sich um den Jahreswechsel 1989 in einer außergewöhnlich angespannten Lebenssituation. Da sind die Probleme und Sorgen innerhalb seiner Familie vor der Übersiedlung in ein fremdes Land. Hinzu kommen die Ängste um den kranken

Großvater, den er und seine Mutter abgöttisch lieben. Für einen bis vor wenigen Wochen noch verwöhnten Teenager und Liebling eines Staatschefs haben sich die Koordinaten, die Haltepunkte seines Alltages mit einem Wimpernschlag gravierend geändert.

Im gleichen Atemzug reformiert sich sein Land in atemberaubendem Tempo. Als stünde er inmitten einer Dampfsauna und um ihn herum steigen dichte Wassernebel auf, durch die er die Personen, die mit ihm im Raum sind, nur als graue Schatten wahrnehmen kann. Die Staatspartei, die sein Großvater 18 Jahre anführte, gibt es in dieser Form nicht mehr. Das Politbüro, dessen Generalsekretär er war, hat sich Anfang Dezember selbst aufgelöst. Die in der DDR-Verfassung verankerte Allmacht der Einheitspartei ist abgeschafft.

Der Staat wird jetzt von Ministerpräsident Modrow regiert, der jedem Ministerressort einen Vertreter der Bürgerbewegung beiordnet. Die Gestalter der Revolution sitzen mit am Regierungstisch. Diesem politischen Roulette kann Roberto nicht folgen. Er wird das erst viel später in seiner neuen Heimat nachlesen und verstehen lernen.

Am 28. Januar 1990 zeigt das DDR-Fernsehen den Bericht von der Verhaftung Robertos Großvaters in der Charité. Bereits über Nacht sitzen Kriminalbeamte, die jetzt nicht mehr mit »Genosse« angesprochen werden wollen, am Krankenbett des frisch Operierten. »Fluchtgefahr vereiteln«, lautet ihr Auftrag. Oma steigt mit ihm in den Polizeiwagen. Sie hat das durchgesetzt als seine betreuende Krankenpflegerin, die ihm regelmäßig den Puls und die Temperatur misst und diverse Tabletten verabreichen muss. Die Schwarz-Weiß-Bilder aus den Fluren der Charité gehen beim Verlassen der Klinik in grelle blau-rote und weiß-gelbe Blitze über. Rundumlichtsignale der Polizeiwagen vermischen sich mit den Fotoblitzen der wartenden Journalisten. Surrealistische Bilder einer Festnahme.

Nachdem sich die Tore der JVA Rummelsburg geschlossen haben, fährt Oma, die ja keine eigene Wohnung mehr hat, zur

Familie ihrer Tochter nach Berlin-Mitte. Die Zuteilung eines Wohnraumes für die Großeltern konnte selbst Ministerpräsident Modrow nicht offiziell regeln. Der Hass auf die Honeckers war so groß, dass alle Quartiervorschläge wegen Sicherheitsbedenken aufgegeben werden mussten. Beinahe hätten die Honeckers eine Bleibe in einem Anwesen des Industriellen Berthold Beitz im Westen erhalten. Aber im letzten Moment wurde der Honecker-Jagdfreund umgestimmt, davon die Finger zu lassen. Über ein Hilfeersuchen beim Konsistorialpräsidenten der Evangelischen Kirche Manfred Stolpe und bei Bischof Forck wird eine Unterkunft in einem Kirchenhaus im kleinen Ort Lobetal gefunden. Roberto und seine Eltern diskutieren mit Oma die halbe Nacht über Opas Verhaftung. Ein Satz von ihr ist ihm in Erinnerung geblieben: »Die wirklichen Verräter saßen im Politbüro.«

In der Untersuchungshaftanstalt wird der Großvater von einem jungen Kommissar verhört. Noch im Oktober des vergangen Jahres waren beide, Verhörer und Verhörter, in einer Partei. Der Kommissar lässt sich von seinem ehemaligen Parteichef nicht beeindrucken und führt seinen Auftrag gewissenhaft durch, so wie er es im Bildungssystem von Margot Honecker über die sozialistische Pflichterfüllung gelernt hatte.

Die Staatsanwaltschaft erhebt gegen Großvater Anklage, die ihm einen besonderen Fall von »Hochverrat an der sozialistischen Gesellschaft« vorwirft. Dazu gehören persönliche Bereicherung zu Lasten des sozialistischen Eigentums und die Fälschung der Ergebnisse der Kommunalwahlen im letzten Jahr. Im Verhörprotokoll bestreitet der Staatschef a. D. die Vorwürfe. Er habe ganz im Gegenteil seine Kräfte immer zum Wohle des Sozialismus eingesetzt.

Hinter den Kulissen streiten DDR-Staatsanwaltschaft und Honeckers Anwälte um die Haftfähigkeit des Erkrankten. Am nächsten Tag kommt der Großvater letztendlich auf Grundlage der Ärztebulletins wieder frei. Im Wagen der Rechtsanwälte holt ihn Großmutter mit zwei Taschen im Kofferraum in Rummelsburg unbemerkt von den wartenden Journalisten ab. Das Ehepaar wird nach Lobetal ins Pfarrhaus von Uwe Holmer gebracht, der ihm mit seiner Familie für begrenzte Zeit Obdach gewähren möchte. Es ist die erste Station einer sich dramatisch entwickelnden Flucht der Großeltern und der letzte Ort, an dem Roberto beide noch für kurze Zeit besuchen kann.

Ankunft in der neuen Welt

Die Abreise aus Berlin nach Santiago de Chile ist in Robertos Gedächtnis ein schwarzes Loch. Sein Geist befindet sich in Trance und der Körper fühlt sich an wie in der Schwerelosigkeit. Er treibt im All hin zu einem neuen Planeten. Zur Erde blickt er sich nicht mehr um. Sie ist altes Gestein. Da vorn blinken die Sterne der Milchstraße im Raum. Wie werden sie ihn in Chile empfangen?

Familie Yáñez ist nicht die einzige Familie, die das Angebot des UNHCR nutzt, um mit kostenlosen Flügen aus der DDR in die Heimat zurückzukehren. Carlos Puccio, der an der Hochschule für Film und Fernsehen Kameraregie in Potsdam studierte, traf denselben Entschluss, mit seiner Frau und den in der DDR geborenen Kindern seine Exilheimat zu verlassen. Am Gepäckschalter kommen Carlos und Robertos Vater ins Gespräch. Beide Männer kennen sich nicht, sind sich vorher in ihrem Leben wissentlich nicht begegnet. Es bedarf keiner langen Konversation, bis beide Chilenen sich über den Hintergrund ihres Exils ausgetauscht haben und Vertrauen zueinander fassen. Carlos und seine beiden älteren Brüder Osvaldo und José sind Söhne von Luis Osvaldo Puccio, dem ehemaligen Privatsekretär von Präsident Salvador Allende. Nach dem Putsch und dem Tod des Präsidenten in der Moneda am 11. September 1973 wurde der Vater auf die berüchtigte Gefängnisinsel »Isla Dawson« von Pinochets Militär verschleppt. Dort erleidet er ein langes Martyrium mit vielen anderen Prominenten wie Clodomiro Almeyda, Luis Corvalán und Ex-Außenminister Orlando Letelier, der nach seiner Freilassung in den USA ermordet wird. Allendes Sekretär Puccio kommt über die rumänische Botschaft und Kuba in die DDR, wo er sich nicht vollständig von der Folter erholen kann. Carlos Vater stirbt schon zu Beginn der 1980er-Jahre in Ost-Berlin an den Folgen

47 Santiago de Chile.

der Misshandlungen. Sein ältester Sohn Miguel José, der Medizin in der DDR studierte, geht daraufhin in die USA. Dort bildet er sich zu einem der besten Kardiologen Lateinamerikas aus und wird später Leibarzt des Präsidenten Lagos. Der mittlere Bruder bleibt noch bis zum Ende seiner Promotion der Philosophie an der Humboldt-Universität in Berlin und wird nach seiner Rückkehr als Botschafter sein Land in Brasilien und Spanien vertreten. Beide Brüder, Osvaldo und José Puccio, werden ebenfalls noch die Wege der Honeckers in Chile kreuzen.

Während Roberto und seine Mutter die einjährige Schwester Vivian in der Abfertigungshalle beaufsichtigen, trägt der Vater seine Bitte Carlos Puccio vor. Er habe als Schwiegersohn von Erich Honecker auch einige sehr private Dinge in einem kleineren Koffer, die er ungern von den Zollbeamten beschlagnahmen lassen wolle. Carlos ist damit einverstanden unter der Bedingung, dass er vorher den Inhalt anschauen kann, und scherzt, dass er sichergehen will, keine Goldbarren schmuggeln zu müssen. Ein Blick des Kameramanns in den Koffer genügt und er erkennt die private Fracht. Es handelt sich um Filmrollen. Als Hobbyfilmer möchte Robertos Vater einen Teil seiner Aufnahmen sicher mit in die Heimat nehmen, ein Andenken an das Leben im Exil. Diese Aufgabe übernimmt der Filmemacher gern.

»Wir sind am 1. März in Rio de Janeiro zwischengelandet. Es gab ein technisches Problem mit dem Flugzeug und wir mussten auf den Weiterflug nach Santiago warten. Ich verbrachte also meine ersten Stunden in der neuen Welt an der Copacabana in Rio. Man wies uns ein Hotel zu, wo wir zwei Tage bleiben konnten, bevor es weiterging. Verblüfft war ich über die Diskrepanz zwischen dem schicken Hotel und dem, was man dahinter sah. Uns öffneten Hotelpagen die Türen, und wenn man nur um die Ecke bog, sah man fürchterliches Elend, was ich aus Berlin natürlich nicht kannte. Also gleich der erste Eindruck hat mir das Bild von Arm und Reich vermittelt, mich konfrontiert mit dem Zustand des Kapitalismus in Südamerika. Das war damals ein Schock für mich, wie man so dicht nebeneinander in Holzhütten und Luxushotels leben konnte. Aber daran hat man sich später gewöhnt, ohne es gutzuheißen.

Auf dem Flugplatz in Santiago wurden wir von Vaters chilenischer Familie empfangen. Auch Vertreter der kommunistischen Partei waren da. Besonders gefreut haben wir uns, dass Max Berrú da war, ein Mitglied der Musikgruppe Inti-Illimani, deren Lied »Palimpsesto« ich zur Gitarre spielen konnte. Mein Onkel Alejandro Yáñez fuhr uns in sein Haus nach Las Condes im Osten der Stadt zum Begrüßungsessen.

Am nächsten Tag nahm er mich mit aufs Land weit außerhalb der Großstadt, damit ich authentische chilenische Cazuela kennenlerne. ›Du musst von Beginn an lernen zu unterscheiden, was original chilenisch und was erst später durch die Spanier, Deutschen und Amerikaner hinzugekommen ist‹, klärte er mich auf. Das alles war gut gemeint, aber es stürzte wie ein Platzregen auf mich ein.

An einem der nächsten Tage stand ich vor dem Präsidentenpalast, der Moneda. In meinem Kopf waren die Fernsehbilder vom Bombenabwurf des Militärs beim Putsch auf den Amtssitz Allendes mit seinen Rauchsäulen gespeichert. Jetzt stand ich vor einem tadellos hergerichteten Gebäude. Es strahlte weiß in den blauen Himmel. Die südliche Sonne brannte.

48 Der Präsidenten-
palast »La Moneda«.

Hatte ich nicht alles vergessen? Wie war mein Name noch mal? Ich war mit der Gegenwart beschäftigt. Aber manchmal kamen die überstürzte Abreise und mein altes Leben in die Träume zurück. Ich sah immer die gleichen Szenen: Günter Mittag spricht bei der Beerdigung meiner Schwester, ich laufe die Spree besoffen entlang, gehe durch Löcher nach West-Berlin, ein Typ sagt mir, mein Großvater sei ein Arschloch, wir beobachten von der Schule aus einen Verrückten, der über die Mauer segelt. Ich stehe als Journalist vor der Kamera und berichte im DDR-Fernsehen über die Festnahme des Staatschefs.

Beim Aufwachen schaue ich auf eine Palme vor dem Fenster. Im Haus gegenüber ist ein Radio laut aufgedreht, in spanischer Sprache. So überlagern sich beide Epochen. Im Gepäck hatte ich ein Liederbuch einer Freundin, mit der ich gemeinsam Gitarre übte, und ein paar Mauersteine. Für die habe ich übrigens zehn D-Mark an den Verkäufer gezahlt. Am letzten Tag in Berlin auf gepackten Koffern hatte ich ja keinen Hammer mehr zur Verfügung.«

Die chilenische Gesellschaft befindet sich bei seiner Ankunft in einem Umgestaltungsprozess von einer Diktatur in eine parlamentarische Demokratie. Das Konfliktpotenzial ist hoch, die Gesellschaft tief gespalten. Eine ungeheure zivilisatorische Aufgabe steht vor den Chilenen. Zu diesem Zeitpunkt ist es keineswegs ausgemacht, dass diese Herausforderung in einem friedlichen Prozess gelingen kann. Die Vertreter der Diktatur haben

die Mehrheit im Senat inne. Pinochet hat sich seinen Senatoren-
platz sogar auf Lebenszeit sichern lassen. Große Teile der Wirtschaft und des Militärs werden nach wie vor von den alten Eliten
beherrscht.

Patricio Aylwin, dem ersten demokratisch gewählten Präsidenten Chiles nach der Diktatur, muss das Kunststück gelingen, Opfer und Täter zu versöhnen. Der Christdemokrat integriert die
ehemals in der Unidad Popular vereinten Kräfte von Sozialisten
bis Kommunisten in den Aufbauprozess, ohne die Anhänger Pinochets vor den Kopf zu stoßen. Dieses feinsinnige Gespür für politische Realitäten wird ihm schon bald bei der Lösung der diplomatischen Causa, beim »Fall Erich Honecker«, zugutekommen.

Etliche Schwierigkeiten brachten für den deutschen Teenager
anfangs die Klima- und Zeitumstellungen mit sich. So wie die
Klimazonen von Norden nach Süden des 4000 km langgezogen-
en Landes verlaufen, nehmen die Temperaturen ab und die Re-
genhäufigkeit zu. Im hohen Norden zur Grenze von Peru herrscht
ein warmes, trockenes Klima. In der Atacama-Wüste fällt kaum
ein Tropfen vom Himmel, die Luftfeuchtigkeit ist gleich null. Es
ist der ideale Standort für die bedeutendsten Teleskope der Welt
zur Erforschung des interplanetaren Raumes. Im Süden Chiles
von der Magellanstraße bis Feuerland gibt es dagegen viel Regen
und oft nur einstellige Wärmegrade.

In der Hauptstadt Santiago de Chile, die in der Mitte des Landes liegt, fühlt sich Roberto wohl. Im Sommer und im Winter erreicht hier das Thermometer zwischen 15 und 30 Grad. Er lernt
diese langen warmen Perioden zu schätzen, weshalb er in Berlin
im November 2013 auf die Frage einer Journalistin, was denn nun
seine wirkliche Heimat sei, antwortet: »Chile, schon des Klimas
wegen.«

Als Roberto im März 1990 aus Berlin abreiste, war der Winter
größtenteils überstanden, und die Sommerferien grüßten schon
vom Horizont. In Chile kann man diesen Monat mit dem europäischen September vergleichen. März, das ist hier der goldene
Monat des Herbstes, wo überall im Lande die Weinernte einge-

bracht wird. Bald folgen die kalten Wintermonate von Juni bis August. In diesem Jahr muss er zwei Winter hintereinander ertragen. Die Schule in Chile geht von März bis Dezember. Danach kommen die großen Ferien, acht bis zehn Wochen, so wie er sie noch aus der DDR kennt.

Das Colegio Alemán in Santiago

Nach fast einem Vierteljahr ohne regelmäßigen Schulbesuch beginnt für Roberto der Unterricht im März 1990 in der Deutschen Schule in Santiago. Das Colegio Alemán bereitet sich zu diesem Zeitpunkt auf das 100-jährige Jubiläum seiner Gründung 1891 vor. Auf der Homepage der Schule wird hervorgehoben, dass das Bildungsprojekt geschaffen wurde, um eine nicht konfessionell gebundene Schule zum Erhalt der deutschen Sprache für die ansässige Kolonie der deutschen Familien bereitzustellen. Von den Absolventen erwartet man bis heute, dass sie sich der Tradition und Bedeutung der Schule in Chile bewusst sind. »Seit über einem Jahrhundert sind aus der Deutschen Schule Generationen von Jugendlichen hervorgegangen, die als verantwortungsbewusste Persönlichkeiten bereit sind, sich mit Tatkraft und mit all ihren Begabungen in den Dienst unserer Gesellschaft zu stellen.«

Ob es eine gute oder schlechte Idee der Familie war, ihn in die Deutsche Schule von Santiago einzugliedern, kann er bis heute für sich nicht endgültig beantworten. Seinen Eltern ergeht es wie vielen anderen Rückkehrern aus dem Exil. Nach Jahren der Abwesenheit muss der Vater sich eine neue Existenz aufbauen. Anfangs vertreibt er Spirituosen, darunter auch russischen Wodka. Das ist nicht einfach, und so wohnt man in einem bescheidenen Holzhaus, und es fehlt oftmals am Geld für das Notwendigste.

Hilfe von den Großeltern ist nicht zu erwarten. Das Kirchenasyl bei Pfarrer Holmer konnte nicht auf unbegrenzte Zeit weitergehen. Die Kirchenmitglieder sind über die Hilfsbereitschaft des Pfarrers gespalten. Mancherorts gibt es sogar Kirchenaustritte. Deshalb kommt es für Roberto nicht überraschend, als Zeitungen in Santiago davon berichten, dass Margot und Erich Honecker Zuflucht im zentralen Militärlazarett der Weststreitkräfte der Roten Armee in Beelitz gefunden haben. Großvater hatte zum Abschied ja etwas in dieser Richtung angedeutet.

Das den sowjetischen Streitkräften unterstellte Gelände 50 km vor Berlin darf von deutschen Behörden nicht ohne Erlaubnis des amtierenden Generals betreten werden. Für Roberto sind es gute Nachrichten. Weiß er so seine Großeltern in Sicherheit und medizinisch versorgt. Er will sich voll und ganz auf die neue Welt, die spanische Sprache und die chilenische Kultur konzentrieren. Den Rucksack der Geschichte hatte er in Berlin zurückgelassen. Doch mit jedem Brief von Oma fühlt er ihn wieder umgeschnallt. Sosehr er in den Zeilen der Großeltern die Trauer über die familiäre Trennung spürt, wird er anderseits von Oma agitiert, wie er die politische Situation einzuschätzen habe. Gleich der erste Brief nach der Flucht in die sowjetische Garnison macht das für ihn deutlich:

»Lieber Robi, lieber Kleiner, großer Lichtblick, wir haben uns sehr über das Foto gefreut und über Deine lieben Worte auf der Rückseite des Fotos. Du hast Dich sicher schon eingelebt in der neuen Heimat, soweit das in der kurzen Zeit möglich ist. Wir sind nun hier bei den sowjetischen Freunden so gut wie zu Hause, haben aber doch ein bisschen Sehnsucht, bald einmal wieder eine eigene Wohnung zu haben. Wir müssen eben viel Geduld haben, geübt haben wir ja schon genug. Wir haben Hoffnung, dass das Verfahren bald eingestellt wird, das heißt, noch einige Wochen zu warten. Wir sind aber wieder gesund, und wir haben viele Freunde, die uns besuchen, und es werden mehr im Lande, die anfangen zu denken und zu begreifen, was sie verloren haben, dass es ihnen gutging. Jetzt geht die Angst um. Keiner weiß, ob er morgen noch Arbeit hat, ob er nach der Schule eine Lehrstelle bekommt. Der Westmarkrausch (so ähnlich wie bei den Goldgräbern) verfliegt, und alles schreit: ›Wir wollen unsere Errungenschaften behalten‹, nachdem erst alle über die kaputte sozialistische DDR geklagt haben. Aber aus dieser Niederlage wird sich ein neuer Kampf für den Sozialismus entwickeln, und dies in der ganzen Welt. Aber Schluss damit. Wir hoffen sehr, dass wir uns noch in diesem Jahr sehen können, dann zeigst Du uns Santiago. Wir haben Sehnsucht, Du bist ja, wie das Foto zeigt, nun schon ein junger Mann, und Vivi wird uns schon gar nicht mehr kennen. Und wenn Du denkst, ich mag keine chilenischen Gerichte, Du wirst sehen, wir werden uns mit Freude durchfüttern lassen von euch. Haben Dir Deine Freunde aus Berlin schon mal geschrieben? Sei lieb umarmt von Omi und Opa. Küsschen für die ganze Familie«

In dieser Situation kommt Roberto in Chile die Bundesrepublik indirekt zu Hilfe, die über die Deutsche Botschaft in Santiago Stipendien bereitstellt, damit Kinder von Exilanten bessere Chancen auf eine Eingliederung in das chilenische Bildungssystem erhalten. Nur mit diesen Fördergeldern können die »Neuaussiedler« die teilweise happigen Schul- und Studiengebühren bezahlen. Der Jahresbeitrag für den Schulbesuch beträgt in Chile einige Tausend Dollar. Oma wird ihm später die Tatsache der gebührenpflichtigen Ausbildung stets vor Augen halten, im Gegensatz zum kostenlosen Bildungssystem in der DDR.

In den neuen Schulalltag integriert sich Roberto erstaunlich schnell. Er kommt in die Klasse D, wo die besten muttersprachlichen Schüler vereint sind. Außerhalb des deutschen Unterrichtes kann er bald jeder Pausenunterhaltung problemlos folgen. Nun zahlt sich der zusätzliche Spanischunterricht seit seinem sechsten Lebensjahr aus.

Zugleich erinnert er sich an seinen Spanischlehrer in Berlin-Marzahn, dessen Bruder man mit seinen beiden Freunden 1986 in Chile eines Morgens mit durchgeschnittenen Kehlen aufgefunden hatte. Die Polizei soll die Täter gekannt haben, aber niemand hat sie vor Gericht gebracht. Vielleicht kann er jetzt miterleben, wie die Mörder verhaftet werden? Nicht wenige seiner Mitschüler sehen das anders und sind gegen die Aufarbeitung der Verbrechen der Militärdiktatur. Nach ihrer Meinung hat Pinochet das Land vom Kommunismus befreit, das wirtschaftliche Chaos beendet und Wohlstand geschaffen. Dass es dabei Opfer gegeben hat ... – Kollateralschäden eben.

Das knappe ¡No!-Votum gegen die weitere Amtszeit von Augusto Pinochet ist noch keine zwei Jahre her. Nicht wenige alteingesessene deutsche Familien gehören zum Establishment des Landes und standen dem Pinochet-Regime nahe. Das spiegelt sich auch in der Zusammensetzung der Schülerschaft und im vermittelten Lehrstoff wider. »Wir mussten die Zahlen der Mauertoten in Deutschland lernen. Über die ermordeten Landsleute hier während des Putsches und die Zeit der Diktatur herrschte dagegen Schweigen.«

Roberto vernimmt die reziproken Werte seiner bisherigen Schulbildung. Der Kommunismus ist das Übel und nicht die Erlösung der Welt. Die Kinder der Reichen werden mit Mercedes und BMW vorgefahren, oder sie steuern selbst das Auto bis zum Schulhof. Er gehört zu denjenigen, die auf öffentliche Verkehrsmittel angewiesen sind. Vom Haus seiner Eltern in Ñuñoa fährt er mit dem meist völlig überfüllten Stadtbus bis zur Haltestelle auf der Americo Vesbucio Avenue. Von dort geht er den zehn Minuten langen Fußweg bis zur Deutschen Schule.

Mit der älteren Ximena, die mit ihren Eltern im westdeutschen Exil lebte, findet er in den Pausen eine gleichgesinnte Gesprächspartnerin. Auch sie kann die Schule nur durch ein Stipendium absolvieren. Ihre Eltern stammen aus der Hafenstadt Iquiuqe im Norden Chiles. Sie erzählt ihm viel über das andere Leben auf dem Lande und am Rande der Atacama-Wüste.

Es gibt eine Pflicht, die ihm von Beginn an widerstrebt, der Uniformzwang. Im ganzen Land gehen die Kinder nach einer bestimmten Kleiderordnung zur Schule. Inspektoren haben die Aufgabe, den Sitz der Uniformen zu kontrollieren, wobei Roberto turnusmäßig als unordentlich auffällt. Der Hang zur Unachtsamkeit gegenüber seiner Bekleidung ist bei ihm schon zeitig ausgeprägt. So bindet er seit früher Jugend keine Schnürsenkel zusammen. Wenn er heute auf Besucher zukommt, befürchten diese oft, dass der deutsche Hüne über eine dieser losen Schnüre stürzen und sie mit zu Boden reißen könnte. Es ist eine unkontrollierte Nachlässigkeit, keine Attitüde, ihm seien, so sagt er, diese äußeren Dinge einfach nicht wichtig.

»Ich wurde gehasst und geliebt in der Deutschen Schule. Meine Freunde waren die verlorene Generation, ›Kinder Pinochets‹, wie man sie hier nennt. Das Land hatte ein Trauma überstanden. Die USA hatten Pinochet abgehalten, noch einmal zu putschen. In der Deutschen Schule waren fast alle blond, und arme Mädchen wurden als ›chulas‹ bezeichnet. Ich hatte Freunde. Zum Beispiel Friedrich von Heydwolff, der mit seiner Familie schon seit seinem vierten Lebensjahr in Chile lebte. Im Unterschied zu mir sprach er Spanisch wie selbstverständlich und war nicht blond. Als nicht lange nach unserer Ankunft in Santiago bei einem Unwetter die Fluten durch das Haus meiner Eltern strömten, nahm mich Friedrichs Familie für einige Wochen als Gast bei sich auf. Das war wieder eine unbekannte Welt für mich, wenn zum Beispiel hoher Adel aus Europa zu Besuch kam.«

Freund Friedrich kann sich nur an wenige Besuche bei Familie Yáñez in Down Town erinnern. Im Haus wirkte alles bedrückend. Den Vater habe er nie gesehen, und Robertos Mutter war über Besuche von Fremden in ihrem schlichten Heim nicht gerade erfreut. Es entstand die Situation, dass einige Zimmer im Hause Yáñez nicht mehr genutzt werden konnten. Als Friedrichs Mutter davon erfährt, schlägt sie vor, Roberto solle doch die nächste Zeit mit im Haus der von Heydwolffs wohnen, man habe ja genügend Platz.

Die Unternehmerfamilie wohnt damals auf deutsche Verhältnisse umgemünzt superreich. Das Anwesen liegt im Stadtteil Los Domenicos, dem Beverly Hills Santiagos. Neben dem großen Wohnhaus steht das Nebengebäude mit den Büros des Vaters, wozu ein Barraum mit Billardtisch gehört. Im weitläufigen Garten gibt es einen Pool. Mehrere Angestellte, Köchin, Gärtner und zwei Kindermädchen betreuen die Familie. Für den fast gleichalt-

49 Im Klassenzimmer in der Deutschen Schule in Santiago (1. v. re. Roberto).

rigen Friedrich ist der dreimonatige Aufenthalt seines Freundes im Kreise der Familie ein Höhepunkt seiner Teenie-Zeit.

»Roberto war derjenige, mit dem ich meinen ersten Joint geraucht hatte. Ich war neugierig, und er musste mich nicht lange überreden. Wir sind also mit dem Vorsatz, Gras zu kaufen, auf die Straße gegangen. Ich stellte es mir damals sehr schwer vor, etwas zu besorgen, besonders in dem Viertel, in dem wir gewohnt haben. Roberto war da ganz entspannt. Er war entweder wahnsinnig gut darin, Leute einzuschätzen, oder ich habe unterschätzt, wie viele Leute in Chile gekifft haben. Der Erste, den Roberto anquatschte, nannte uns den Namen der Familie Parragué und beschrieb den Weg dahin.

Tatsächlich stand keine 15 Gehminuten entfernt auf einer großen, zu dem Zeitpunkt noch brachliegenden Baufläche eine unauffällige, selbstgezimmerte Holzhütte. Dort trafen wir auf Pancho und seine Eltern, die Marihuana angebaut und verkauft haben. Wir hatten 1000 Pesos in Münzen dabei und haben dafür ein kleines Päckchen Marihuana bekommen. Zusätzlich bot man uns einen Joint an. Roberto rauchte mit, und auch ich habe mal probiert. Man muss wissen, dass Marihuana bei Leuten, die das erste Mal rauchen, keine wirklich deutliche Wirkung zeigt. Als wir nach Hause gingen, war ich nüchtern. Roberto nicht.

An diesem Tag waren die Prinzen zu Wittgenstein, Freunde meiner Eltern, aus Deutschland zu Besuch. Das Abendessen ging also deutsch, gesittet und steif vonstatten. Die Köchin hatte Empanadas zubereitet, und wir kamen etwas später dazu. Roberto damals im Haus zu haben, war super. Er hat eigentlich immer geredet, wie ihm der Schnabel gewachsen war, und er war weder von meinen Eltern noch vom hohen Adel sonderlich beeindruckt.

Er muss die ganze Zeit schon Schwierigkeiten gehabt haben, sich zusammenzureißen. Irgendwann klappte es dann nicht mehr. Er fing bei irgendeiner Bemerkung von unserem Besuch an zu lachen und konnte nicht mehr aufhören. Es war herrlich. Sein Lachen hat uns alle angesteckt. Nach gefühlten zehn Minuten, in denen Roberto sich zwischenzeitlich beruhigt hatte, um dann immer wieder laut loszuwiehern, waren die Erwachsenen am Tisch wohl etwas verunsichert. Die Frage, ob wir gekifft hätten, war nicht ernst gemeint – der Gedanke, dass wir mit dem ›Teufelszeug‹ Kontakt gehabt hätten, lag meinen Eltern viel zu fern. Sie löste den nächsten Lachkrampf bei Roberto aus. Wir haben, glaube ich, selten bei Tisch so sehr gelacht.

Eines Tages wollte mein Vater herausfinden, ob Roberto tatsächlich aus der DDR stammte, so ein bisschen mit Hinterlist. Er erzählte am Tisch, dass er sein Unternehmen, er war Agrarproduzent und handelte mit Kartoffeln, in eine LPG umwandeln möchte. Ich kannte den Begriff nicht und fragte, was ist das denn? Roberto: eine Landwirtschaftliche Produktionsgenossenschaft. Damit hatte Vater seine Bestätigung.

In der Deutschen Schule gab es unablässig eine Fluktuation, da kamen und gingen Schüler. Es war also nichts Besonderes für uns, als Roberto in unserer Klasse im Frühjahr 1990 auftauchte. Er stellte sich vor als Roberto Yáñez aus Deutschland. Er sagte damals nicht DDR. Roberto wirkte bei seiner Vorstellung selbstsicher, kein Respekt vor Autoritäten. Er sprach frei von der Leber weg, ohne Rücksicht auf andere. Das kam gut bei den Schülern an. Bei den Mädchen hatte er ohnehin einen Schlag. Der Name Honecker war bekannt, wurde an der Schule aber nicht groß thematisiert. Über seine Vergangenheit haben wir nie wirklich gesprochen. Man hat es gewusst, schnell wieder vergessen, es war völlig unbedeutend für uns Teenies. Roberto tat sich kaum ideologisch oder politisch hervor. Da war er auch gut beraten, denn die Schule war eher rechts.«

Lange dauerte es nicht, bis jeder wusste, wer der Neue war. Aus Tradition fügt man im Klassenbuch zum Familiennamen ebenfalls den Geburtsnamen der Mutter hinzu. Bei ihm steht für jeden lesbar: Roberto Leonardo Yáñez Betancourt y Honecker. Sein damaliger Direktor Klaus Rudek war 1955 aus der DDR, nachdem er dort in Halle und Potsdam Lehrer für Mathematik und Physik studiert hatte, in den Westen geflohen. Er wusste sehr genau über Familie Honecker Bescheid.

»Er hat mich sehr gut behandelt und mir geholfen, mich auch mit Menschen anzufreunden, die hier in der Diktatur gelebt haben und diese teilweise offen unterstützten. Es hat dann funktioniert. Bloß war ich ein bisschen verrückt, so wie immer schon, und sie haben mich trotzdem alle akzeptiert. Am Ende eines jeden Schuljahres ist es hier Tradition, die Abschlusszeitung ›Copihue‹ zu gestalten, wo jeder ein bisschen auf die Schippe genommen wird. Neben mein Foto hatten sie geschrieben: ›Ein idealistischer Dichter, der in der Zeitmaschine hier angekommen ist.‹«

Hofft er nach Ankunft in der neuen Welt, dass ihm die »Zeitmaschine« das Thema der Großeltern aus seinem Leben fernhält, es zur reinen Privatsache wird, so hat er sich geirrt. Wunsch und Wirklichkeit passen nicht zusammen. Die deutschen Medien, voran die Boulevard-Presse, bleiben weiterhin auf den Spuren der Honecker-Familie. Bis nach Chile verbreiten sich Gerüchte, der Diktatorenfamilie stünden auf versteckten Auslandskonten der ehemaligen Staatspartei Millionen von DM zur Verfügung. Stimmen berichten, Honeckers Enkel sei in Santiago de Chile umgeben von vier Bodyguards gesichtet worden.

In der Schule können die Freunde nicht glauben, dass er tatsächlich zu den Mittellosen gehört. »Dein Großvater war doch Staatschef, da müsst ihr doch Geld haben«, so ist auch sein Freund Friedrich überzeugt. In Lateinamerika ist es nicht unüblich, das gestürzte Diktatoren mit erheblichem Reichtum ausgestattet in Nachbarländern ein komfortables Unterkommen finden. Warum sollte das bei den Honeckers anders sein?

»Noch im Jahr 1990 kommt ein ›Bild‹-Reporter illegal in die Schule, um mich zu fotografieren. Im Colegio Alemán war Fotografieren verboten und von Minderjährigen sowieso. Wir hatten Mathe-Unterricht bei Herrn Bleich, der über Großvater stets abfällig redete. Der merkte, dass ein Fremder versucht, ins Klassenzimmer zu kommen. Er ging auf ihn zu und verlangte seinen Ausweis. Der Fotograf sagte: ›Ich bin von der ‚Bild‘-Zeitung, ich würde gerne ein paar Fotos von Roberto Yáñez machen.‹ Er hatte schon einige nach Paparazzi-Art von mir durch das Fenster geschossen. Was ich dem Mathe-Lehrer gar nicht zugetraut habe, verlangte der ohne jede Rührung von dem Mann die Herausgabe seines Fotoapparates. Der Reporter wollte sie mit den Schnappschüssen natürlich nicht aus der Hand geben. Es entstand ein Tumult. Andere Lehrer kamen dazu. Er musste die Kamera abgeben. Der Film wurde entfernt und belichtet. Der Reporter schäumte vor Wut. Er hat dann noch zwei Stunden auf mich gewartet, aber er wusste nicht, dass ich mit dem Auto eines Schulkameraden rausfuhr. Dann hat er irgendeinen Schüler fotografiert und das Foto als Ersatz benutzt.«

Dem Lauf der europäischen Geschichte kann Roberto in Chile nicht entkommen. Auch im südamerikanischen Land wird die deutsche Wiedervereinigung aufmerksam verfolgt. In den chilenischen Medien wird ausführlich die europäische Diskussion mit dem Für und Wider zur deutschen Einheit verbreitet. Der damalige Botschafter der Bundesrepublik Wiegand Pabsch erinnert sich an den großen Widerhall, den die Feier der Botschaft zur

deutschen Einheit am 5. Oktober 1990 in Santiago de Chile aus-
löste. Neben dem Präsidenten Patricio Aylwin nehmen Minister
und 3500 weitere Gäste am Empfang teil. Die Veranstaltung wird
von Fernseh- und Radiostationen ins weite Land übertragen, und
Sonderbeilagen in der Presse zeugen von der Sympathie, die die
Chilenen diesem Ereignis entgegenbringen.

In dieser freudigen Grundstimmung scheint sich aus Sicht der
Chilenen das Thema Honecker einvernehmlich lösen zu lassen.
Das nunmehr glücklich wiedervereinigte Deutschland brauche
den beiden Rentnern unter dem Schutz der Roten Armee nur
einen gültigen gesamtdeutschen Pass auszustellen, damit diese
zu ihrer Familie nach Santiago ausfliegen können. Hier in Chile würden sie eine ganz normale Aufenthaltserlaubnis beantragen, und der Fall wäre entpolitisiert und zu einer reinen Famili-
enzusammenführung herabgestuft.

Aber in Deutschland beginnt der erste gesamtdeutsche Wahl-
kampf, und die juristische Aufarbeitung der DDR-Geschichte
wird zu einem hitzigen Wahlkampfthema. Dabei verdichtet sich
die Zuspitzung auf die Verantwortlichkeit für die an der Mauer
erschossenen Flüchtlinge. In der Hierarchie der DDR stand Robertos Großvater drei Mal an erster Stelle: Er war Staatsratsvorsitzender, Generalsekretär der führenden Partei und Vorsitzender des Nationalen Verteidigungsrates. Und da sich komplizierte
Sachverhalte über personalisierte Darstellung besser und leichter
vermitteln lassen, spült es Erich Honecker ins Auge des Aufarbei-
tungsorkans.

Nur drei Tage vor dem Wahltermin erlässt die gesamtdeutsche
Justiz am 30. November Haftbefehl gegen den früheren Staatsratsvorsitzenden der Deutschen Demokratischen Republik. Ihm
wird vorgeworfen für die Mauertoten verantwortlich zu sein, »als
mittelbarer Täter durch vier selbständige Handlungen vorsätzlich
einen Menschen getötet [… zu haben], ohne Mörder zu sein«.
Es ist nicht ohne Ironie, dass die bundesdeutsche Justiz diese Begründung aus den Ermittlungsakten der DDR-Generalstaats-
anwaltschaft übernimmt.

Robertos Großvater ist also ein mit Haftbefehl gesuchter Täter, der sich auf dem sowjetischen Militärgelände in Beelitz öffentlich versteckt. Neben seinen Anwälten empfängt er die Liedermacher Reinhold Andert und Wolfgang Herzberg, denen er bei Spaziergängen und am Kaffeetisch seine Sicht der Dinge und Erinnerungen ins Mikrophon diktiert. Die Interviews sollen als Buch im Aufbau Verlag erscheinen.

50 Umschlag des umstrittenen Buchs von 1990.

Doch es kommt zu einer heftigen Auseinandersetzung zwischen den Gesprächspartnern. Margot und Erich Honecker fühlen sich bei der Erstellung des Manuskripts übergangen und wollen das Erscheinen verhindern. Wieder müssen Rechtsanwälte eingeschaltet werden, die über eine einstweilige Verfügung die Auslieferung verzögern. Die Autoren des Buches haben zwar die Einwilligung von ihm, aber keine von ihr. Es gelingt den Anwälten, einen Kompromiss mit dem Verlag zu schließen. Das Buch mit dem Titel »Im Kreuzverhör« wird im einsetzenden Weihnachtsgeschäft ein Bestseller. An die 150 000 Exemplare gehen über die Ladentische.

Bei vielen Lesern kommt das Gedruckte gar nicht gut an. Die Vorwürfe reichen von »kommunistischem Hochmut«, »anmaßender Ignoranz« bis zu »dürre Gedanken in hölzerner Sprache«. Selbst sein Nachfolger Egon Krenz sorgt sich um das Ansehen seines Vorgängers. Tatsächlich schadet das Buch dem mit Haftbefehl Gesuchten in seiner fragilen Situation. Inwiefern der Kompromiss den gewünschten Honoraranteil von 50 TDM einbringt, ist unbekannt. Das Geld sollte zu Tochter Sonja nach Chile geschickt werden, damit sie für ihre Familie ein eigenes Haus erwerben kann. Roberto kennt das »Das Kreuzverhör«. Das Buch hat in Omas Buchregalen einen festen Platz und sie schreibt immer wieder Notizen hinein.

»Im Nachlass habe ich den Briefwechsel mit den Anwälten und die Vollmacht von Opa zum Kompromiss mit dem Verlag gefunden, aber keinen Auszahlungsbeleg. Oma sagte mir, dass das Geld gleich von den Anwälten für unbeglichene Honorare einbehalten wurde. Im Buch konnte ich die Stationen der Familie vor unserer Abreise nach Chile nachlesen, die ich ja in einer Art Trance erlebt hatte. Mich habe ich im Register nicht gefunden. Der ›Enkel‹ kommt trotzdem vor am Tag der Verhaftung in der Charité. Opa erinnert sich in dem Buch ›Im Kreuzverhör‹: ›Um halb sieben sind dann meine Frau, meine Tochter und mein Schwiegersohn gekommen. Mein Enkel, wie ich später hörte, war so erschrocken, dass er schrie und nicht zur Schule ging. Und die ganz Kleine, die konnte das natürlich alles nicht verstehen, was da vor sich ging. Sie war ja erst ein Jahr und zwei Monate alt. Das waren erschütternde Momente.‹

Zur Schule bin ich danach kaum noch gegangen. Ich rede ungern über medizinische Befunde. Doch diese Textstelle beweist mir, dass ich damals mit dem, was Opa passierte, innerlich mitgelitten haben muss. Die Paranoia der Verfolgung erfasste meinen Körper. Jeder Zeitungsartikel, jede Radio- und Fernsehnachricht über die Großeltern waren Messerstiche gegen die Familie, und bei mir waren sie besonders tief und blutig. Heute glaube ich, dass die Bilder von Opas Festnahme der entscheidende Impuls für meine einsetzende psychische Krankheit waren.

In Chile ging es ja weiter mit diesen Panikanfällen. Der Psychiater bezeichnete es als ›exogene Psychose‹. Depressionen, die von einer äußeren Einwirkung herrühren. Meine Familie hat diesen Befund nie richtig verstanden. Auch wollte sie nicht akzeptieren, dass das etwas mit der Verfolgung, also der eigenen Familiengeschichte, zu tun hat. Da wir nie offen darüber sprachen, vollzog sich der Riss in der Familie immer weiter. In einer Gedichtzeile habe ich geschrieben: ›… das Gespenst wollte mein Arzt sein‹. In Omas hinterlassenen Büchern habe ich ›Das Kreuzverhör‹ mit all ihren Anmerkungen nicht mehr finden können. Merkwürdig, denn es war bis zum Schluss im Haus.«

Die Familie lebt sich ein

Im verschollenen Buch enden die Erinnerungen der Großeltern im Jahr 1990 im Militärhospital Beelitz. Im fernen Chile erreicht den Enkel am 13. April 1991 die Nachrichtenschlagzeile: »Honeckers nach Moskau geflohen«. In einer Geheimaktion hatten die sowjetischen Streitkräfte das Ehepaar mit einem Helikopter von Beelitz zum nahegelegenen Militärflugplatz gebracht und dort mit einer Sondermaschine nach Moskau ausgeflogen. Die deutsche Regierung zeigt sich empört, doch in Moskau spricht man von einer humanistischen Hilfeleistung.

»Was ist passiert?«, fragt Roberto seine Eltern. »Großvater wird sich doch nicht vor ein deutsches Gericht stellen«, entgegnet ihm seine Mutter. Opas sowjetische Freunde haben ihn nach Moskau in Sicherheit gebracht. Damit hatte es sich. Das Thema wird nicht weiter diskutiert. Dabei sind für den Enkel viele Fragen offen: Wieso begibt sich Großmutter, die den Gorbatschow nicht leiden kann, unter dessen Schutz? Warum fliegen sie von Moskau nicht weiter nach Santiago oder stellen sich vor ein deutsches Gericht?

Könnte der Enkel Briefe der Oma an die Familie ihres Bruders in Berlin in Kopie lesen, dann wüsste er, warum. In einer Briefstelle macht Oma deutlich, was sie von der Zusammenarbeit mit der deutschen Justiz hält, wobei sie den Nachfolger ihres Mannes aufs Korn nimmt: »Der Krenz muss doch nicht alle Tassen im Schrank haben, sich vor einem bürgerlichen Gericht auszukotzen.« Als Roberto diesen Satz später im Nachlass liest, sagt er nur: »Typisch Oma, die Bestimmerin. Opa war in ihrer Hand.«

In Moskau erhalten die Großeltern eine Suite im General-Mandryka-Krankenhaus, wo Großvater von den Ärzten intensiv untersucht und behandelt wird. Ende Mai stellt ihnen die sowjetische Regierung eine Datscha, ein geräumiges Haus in einer Funktionärssiedlung am Rande Moskaus, zur Verfügung. Fotos von Großvater, der am Schreibtisch die sowjetische Parteizeitung »Prawda« liest, schickt Oma nach Santiago. Über die chilenische Botschaft findet man einen sicheren Postweg.

Botschafter Clodomiro Almeyda kennt Erich Honecker seit seinem Besuch als Außenminister in der DDR 1971 und lebte dann bis 1987 im Exil in Ost-Berlin. Er empfindet gegenüber dem gestürzten Staatsratsvorsitzenden eine Dankesschuld. Auch ist der Sozialist Almeyda zuversichtlich, dass der gesundheitlich angeschlagene deutsche Kommunist bald nach Chile ausreisen kann. Auf allen im Fall Honecker beteiligten Seiten scheint es, dass man möglichst bald dem diplomatischen Gezerre ein geräuschloses Ende bereiten will. Manch einer denkt im Stillen, am besten, man ließe die Honeckers eine Aeroflot-Maschine besteigen und verschicke sie ans andere Ende der Welt. Dort sollen sie sich um Kinder und Enkel kümmern und sich jedes politischen Kommentars enthalten.

Nunmehr lebt Roberto ein Jahr in diesem ihm noch unbekannten, rätselhaften Land. Seinen Heimatstaat gibt es nicht mehr, der hat einfach aufgehört zu existieren. Das vereinigte Deutschland ist ihm unheimlich. Hat sich dort nicht das Trennendste verbunden, haben Feuer und Wasser sich vereint? Wohin gehört er eigentlich? Er sucht in diesem Kosmos der Widersprüche nach Elementen des Halts und der Wahrheit. Diese ganzen Politspinner, wie er sie jetzt nur noch nennt, sind ihm zuwider.

Er beginnt André Breton zu lesen: »Erstes Manifest des Surrealismus«. Ihn fesselt darin Bretons Abkehr vom Diktat der Vernunft, vom Prinzip des strukturierten Denkens. Der Psyche freien Lauf lassen, denken in Assoziationen, träumen ohne Gewissen. Die »Stimme des Gewissens« peinigt ihn schon lange genug, er will diese aus seinem Kopf vertreiben. Mit den Texten der Surrealisten beginnt seine Hinwendung zum wundervollsten der Schöpfung, der Poesie. Diese machen ihm Mut, sich seiner Kindheit zuzuwenden, trotz der Dresseure, die sie ihm verpfuscht ha-

51 Im ersten Sommer nach der Ankunft in Chile.

ben, sei sie doch von Zauber erfüllt, wie es Breton in seinem Text anmahnt.

In der Schule schließt er sich einem Schülerstreik an, um die Entlassung eines Lehrers zu verhindern. Er singt zur Gitarre Texte von Victor Jara, dem von der Junta ermordeten Volkssänger, und dem Kubaner Silvio Rodríguez, aber auch eigene Songs im Kreis der demonstrierenden Klassenkameraden. Gitarre übt er, bis ihm die Finger wund werden, und er schreibt. Nicht nur die Mädchen, auch Friedrich hatte ihm gesagt, dass er verdammt gut singen kann, eine tolle, weiche Stimme hat.

»Wir haben ihm gerne länger zugehört«, bewundert Friedrich seinen Freund noch heute. »Die Texte waren meist melancholisch eingefärbt, obwohl er ein extrovertierter, lauter Typ war. Man hatte bei ihm nie das Gefühl, dass er Musik macht, weil er im Mittelpunkt stehen will. Andersherum scheute er das Rampenlicht nicht. Er hatte einfach das Bedürfnis, das zu tun.

Er war nie unverschämt, kein Rotzbengel. Sein Auftreten hatte etwas Unantastbares. Er sagte, was er dachte, im Selbstverständnis: Ich werde ernst genommen.

Mir hat er einmal den Arsch gerettet, wie man so sagt. In der Schule wurden wir beide beim Rauchen vom Mathelehrer Herrn Bleich auf der Toilette erwischt. Das war ein Sakrileg, ein Kapitalverbrechen! Strengstens verboten! Beim dritten Eintrag ins Klassenbuch war man draußen aus der Schule. Bei mir brannten alle Alarmglocken: Wenn das meine Eltern mitbekommen, gibt es drakonische Strafen. Roberto muss das meinem Gesicht angesehen haben und sagte dem Lehrer, nur er habe geraucht. Er hatte keine Angst. Bis heute kann ich mir sein furchtloses Auftreten nur erklären im Zusammenhang mit seinem früheren Leben als Enkel des ersten Mannes der DDR. Der Großvater als einzige Autorität über ihm.

Aus seinem Leben vor Chile hat er so gut wie nichts erzählt. Wenn man darauf zu sprechen kam, dann wurde das Thema schnell beendet. Ich frage mich, warum, wenn er keine Angst und keine Geheimnisse hatte. Jeder erinnert mal ein Erlebnis aus vergangenen Zeiten. Bei ihm gab es keine Story, absolutes Schweigen. Entweder er war indoktriniert oder traumatisiert, was diesen Teil seines Lebens betraf. In seinen Äußerungen wurde er nie emotional, man hatte immer den Eindruck, dass er von jemand anderem erzählt. Im Grunde hatte er ja nie eine echte Chance, eine Wahl für seinen Lebensweg. Als Kind wurde ihm alles abgenommen, und später brach alles zum falschen Zeitpunkt ab.

Nachdem ich mit meinen Eltern im Juli 1991 nach Deutschland zurückkehren musste, begann ich, Roberto noch besser zu verstehen. Der Zeitraum von der Mitteilung meiner Eltern bis zu unserer Abreise dauerte keine drei Wochen. Ich war Teenager im 15. Lebensjahr, das erste Mal über alle Ohren verliebt. Spanisch war zu meiner Muttersprache geworden. Ich wollte dableiben, aber leider: Noch nicht volljährig! In Deutschland war ich ein Fremder. Und dann spülte es mich aus einer Sechs-Millionen-Stadt in ein Dorf mit dreihundert Seelen ins Marburger Land. In der Gesamtschule behandelte man mich wie einen Ausländer, gleich im ersten Jahr blieb ich sitzen, und das war nur der Anfang.

Ich machte etwas verspätet das durch, was er [Roberto] mit seiner Entwurzelung schon vorher erfahren hatte.«

Ihre Freundschaft währte ein gutes Jahr, und wieder kommt für Roberto ein Abschied im Zeitraffer. Beide versprechen, einander zu schreiben und sich bald zu besuchen. Wie meist bei solchen Schwüren, gehen sie nicht in Erfüllung. Jeder muss sich seinen Platz in dieser Welt neu erkämpfen und so bleibt für Freundschaftsromantik kein Raum. Trotzdem behält jeder für den anderen einen unumstößlichen Platz im Jugendgedächtnis reserviert. Zweiundzwanzig Jahre werden vergehen müssen, bis sich beide Freunde wiedersehen.

Dagegen wächst die Hoffnung, dass Roberto bald die Großeltern begrüßen kann. Im Moskauer Sommer beruhigt sich zunehmend der Pulsschlag nach den Turbulenzen seit der Verhaftung in der Charité und der beginnenden Flucht im letzten Jahr. Großmutter widmet wieder mehr Zeit ihren Korrespondenzen mit der Familie. In Briefen, die Robertos Großmutter nach Deutschland schreibt, berichtet sie ausführlich über die Stimmungslage der Familie ihrer Tochter in Chile. Nicht ohne Zensuren zu verteilen, zitiert sie ihren Enkel: »… unser Roberto hat in seinem Brief an Opa geschrieben: ›Wer so verfolgt wird, muss wirklich viel gegen die Bourgeoisie getan haben, und das ist das größte Honorar für einen Kommunisten. Ich bin stolz auf eure Standfestigkeit und [dass ihr] nicht [seid] wie andere, die sich widerrufen haben oder sonstiges Verräterzeugnis abgelegt haben.‹ Gut, der Junge, was?«

Der Junge ist 16 Jahre alt. Briefe an die Großeltern schreibt er, wenn Mutter am Küchentisch das energisch von ihm einfordert. Er ist hier in seinem zweiten chilenischen Winter, der so anders als in Deutschland ist. In Santiago gibt es keinen Schneefall mit glatten Straßen und Schneewällen vor den Häusern wie in seiner alten Heimat. Über ein Jahr ist er jetzt hier und beginnt sich einzuleben.

Am schwersten fällt es seiner Mutter, in dieser so anderen Sprache und Kultur und ohne die alten Freunde zurechtzukommen. Vater fühlt sich wie der Fisch im Wasser. Er ist hier zuhause, wo seine Familie und all seine Kumpel leben. Neidvoll schaut die Mutter auf den bunten Bewegungsradius des Ehemannes. Deshalb kommt es wiederholt zu ernsthafteren Streitigkeiten zwischen den Eltern und längerer Abwesenheit des Vaters. So wechseln Briefe aus dem chilenischen Winter in den russischen Sommer.

Auf der Datscha in der waldreichen Umgebung Moskaus beginnt Oma die Fäden der Familie zumindest postalisch wieder in die Hand zu nehmen. Dabei macht Tochter Sonja kein Geheimnis daraus, dass es ihr im fernen Santiago nicht besonders gut geht. Sie klagt über Probleme, eine Arbeit zu finden, und wünscht sich lieber nach Europa zurück, denn ohne Arbeit schreibt sie, »bekommt man hier keinen Fuß aufs Trapez, dann ist es schon besser arbeitslos in der Schweiz, Deutschland, hier ist der Kapitalismus eklig«. Oma wäre nicht Oma, wenn sie solche an sich deprimierende Mitteilung ihrer Tochter nicht positiv kontern würde. Mit Klassenstolz fügt sie dem Zitat aus Sonjas Brief hinzu, dass sich Roberto dem Kommunistischen Jugendverband angeschlossen habe.

Ihre eigene Gemütsverfassung verschweigt sie jedoch nicht, wenn sie aus der Abgeschiedenheit ihres Asylquartiers 40 km außerhalb von Moskau ihrem Bruder mitteilt, dass es »ganz schrecklich ist in solchen Zeiten, wenn man isoliert lebt [...] Unsere Kinder schlagen sich tüchtig in der Welt. Sic (Sonjas Familie) würden es am liebsten sehen, wenn wir alle zusammen, Edith, Manfred, Ruth und Anhang, dort eine deutsche Kolonie errichten würden. Vielleicht sollten wir von so etwas träumen. Ein bisschen wollen wir doch noch abhaben von diesem verdammt schönen Leben, oder?«

Margot Honecker träumt von einer DDR-Kolonie im fernen Südamerika für die gesamte Großfamilie. Doch diese Träume platzen am 19. August 1991. »Putsch in Moskau!«, verkünden rings um den Globus die Nachrichtenagenturen. Präsident Gorbatschow auf der Krim interniert. Der Umsturzversuch einer

Gruppe führender orthodoxer Kommunisten währt keine drei Tage. In Moskau übernimmt der Präsident der Russischen Föderation Boris Jelzin mit Panzern die Macht und verbietet umgehend die Kommunistische Partei der Sowjetunion auf dem Territorium Russlands. Als Gorbatschow in den Kreml zurückkehrt, gibt es die Funktion des Generalsekretärs der KPdSU nicht mehr. Als sowjetischer Präsident existiert er nur noch als eine geduldete Marionette von Jelzins Gnaden, die sich auf keinerlei Machtinstrumente mehr stützen kann. In der Sowjetunion sind alle führenden Positionen vom Militär über den Geheimdienst bis zum Staatsapparat von der allmächtigen KPdSU besetzt und gesteuert. Mit dem Verbot der Partei schlägt Jelzin den Kopf des zentralistischen Staatsaufbaus ab. Über Nacht verlieren alle Funktionäre ihren Rückhalt durch die marxistisch-leninistische Partei, und jeder muss sich augenblicklich selbst entscheiden, wie er sich in dem neuen Staatsgebilde positionieren will. In Moskau beginnen eine Zeit ungeheurer gesellschaftlicher Umwälzung und eine dynamische Umwertung aller bisher gelebten Werte.

Im Mutterland des Kommunismus verlieren die Großeltern nach dem gescheiterten Umsturzversuch dramatisch an Unterstützung. Bedeutende Fürsprecher wie Jewgeni Janajew und der KGB-Chef Krjutschkow waren selbst in den Putsch verwickelt und müssen nun ihre eigene Haut retten. Wie lange werden die Honeckers noch als Gäste der Sowjetunion geduldet? Der Enkel vernimmt zwar das Grollen des aufziehenden politischen Gewitters, aber er befindet sich seit Tagen emotional in einer ganz anderen Welt.

Die erste große Liebe

»Meine erste große Liebe in Chile, Mariana, lernte ich auf einer Party kennen. Sie war ein dunkler Typ mit wunderbaren langen schwarzen Haaren. Wir waren beschwipst, und der Sommer war heiß, als wir uns auf das Sofa schmissen. Ich wusste noch nicht, was mich erwartet, ich hätte es auch nicht wissen dürfen. Mariana kam aus einer Freimaurerfamilie und ging in die französische Schule. Sie wohnte im 6. Stock eines Hochhauses im Zentrum gegenüber des Parkes Alameda. Der Korridor war vollgestopft mit Bücherregalen.

Ihre Mutter kochte immer gut für uns, wenn wir sie besuchen gingen. Wir sind also mitten im Essen, da klingelt das Telefon. Es ist Marianas Vater. Er teilt ihr mit, dass er soeben aus Mexiko zurückgekehrt sei. Er war dort im Exil und arbeitete dreizehn Jahre als Dozent für Ökonomie an der Nationalen Autonomen Universität von Mexiko (Universidad Nacional Autónoma de México, kurz UNAM). Er ist ein linker Denker und in der trotzkistischen Bewegung kein Unbekannter. Er hatte sich während des Putsches knapp vor einer Razzia gerettet und flüchtete über Argentinien und Kuba nach Mexiko.

Mariana hatte noch kaum den Hörer aufgelegt, da kommt er durch die Tür, hängt seine Jacke auf und setzt sich zu uns. Mariana zeigt auf mich und sagt zu ihm: ›Das ist mein Pololo, Roberto.‹ Und gleich darauf, ohne sich um den Mittagstisch zu kümmern, fängt ihr Vater an zu dozieren und mich auszufragen: ›Woher bist du?‹ – ›Aus Deutschland …‹

Er sagt: ›Ja, der Honecker soll ja jetzt nach Chile kommen. Das war vielleicht ein korruptes Pack. Die Sowjets haben sogar Lada-Autos an das Regime verkauft! Was meinst du, Roberto?‹ Ich sagte nichts. Nervöse Blicke von Mariana und ihrer Mutter am Tisch.

Der Vater merkt das und fragt: ›Was ist denn los?‹ Nachdem ich die Wohnung verlassen hatte, erklärte ihm Mariana, dass ich der Enkel des ›Korrupten‹ bin.

Eine Woche später überreichte sie mir einen sechsseitigen Brief von ihrem Vater. Darin stand, dass es ihm leidtue, er habe es nicht so sagen wollen. Er forderte mich auf, die Zeit zu nutzen, da beide Großeltern noch am Leben sind, um sie auszufragen. Er schrieb auch noch, wozu ich alles Fragen stellen sollte, und erklärte, warum die Ermordung Trotzkis 1940 im mexikanischen Ort Coyoacán das Vorspiel zum Untergang des Kommunismus war.

Teile des Briefes enthielten politische Erläuterungen zum Verlauf des Kommunismus in der Weltgeschichte. Auch wenn er die moskautreuen Kommunisten beschimpfe, so müsse man die Geschichte trotzdem gut studieren, um das Wesen und alle Fakten dieses Phänomens zu begreifen. Leider habe ich den Brief nicht mehr.

Mariana war in besonderer Weise Opfer seiner Briefe. Er schrieb ihr Romane über die politische Weltsituation, aber nichts Persönliches. Man kann sagen, er hat sie förmlich politisch genötigt mit seiner Intelligenz. Zwischen beiden gab es keine gute, menschliche Beziehung. Ihren Opa mochte sie dagegen sehr. Er war Ingenieur mit einer erstaunlichen literarischen Bildung. Von ihm bekam ich das Buch ›Ein Porträt des Künstlers als jun ger Mann‹ geschenkt. James Joyce lehrte mich das Leiden wie im Buch seinen Dedalus ohne Brille. Ich fühlte eine große Traurigkeit in meine Seele aufsteigen. Und diese Traurigkeit wurde verstärkt durch meine Freundin, die mir nie das Gefühl gab, dass ich der von ihr einzig auserwählte Prinz sei, obwohl ich ihr bestimmt an die hundert Gedichte gewidmet hatte. Das war eben hundert Prozent Pubertät.«

Roberto muss damals unter dieser Zerrissenheit sehr gelitten und Oma sein Seelenchaos geschildert haben, denn es ist ein sehr persönlicher, verständnisvoller Brief von ihr zu seinem 17. Geburtstag im Nachlass erhalten. Darin versucht sie ihn aufzufangen und macht ihm Mut, sich nicht unterkriegen zu lassen. Robertos

Brief an seine Großmutter ist verschollen. Er hat ihn wohl nach Friedrichs Abreise Ende des Sommers verfasst. Ihre Antwort an den Enkel schickt Margot Honecker Ende September von Moskau nach Santiago.

»Lieber Roberto, lieber Robi,
Dein Brief klang sehr ernst. Ja, Roberto, wir alle haben wohl die Erfahrung gemacht, dass die äußeren Veränderungen, die veränderten Lebensumstände [– gestrichen: jeder auf seine Weise, auf seine Art … in unserem Inneren –] tief bis in unser Innerstes gewirkt haben und in uns Veränderungen bewirkt haben.
Es ist nur zu gut zu verstehen, dass Du, nach einer unbeschwerten Kindheit plötzlich in den Strudel der Ereignisse hineingerissen, versuchen musstest, den Kopf über Wasser zu halten. Der plötzliche Aufbruch in ein anderes Land, in eine andere Gesellschaft, das war sicher erst einmal gut. Deine Eindrücke konnten das Fürchterliche, das kurz vor der Abreise aus der alten Heimat geschah, verdrängen, was ja nicht heißt, [auch] das Gute und Schöne dieser Jahre, die nun für Dich weit zurückliegen, noch das Enttäuschende und Traurige. Jeder Mensch nimmt das Geschehen um [sich] herum wahr, manche Menschen sind so veranlagt, dass sie nicht so tief empfinden; sie passen sich leichter an. [Andere], und zu denen gehörst Du wohl auch, empfinden stark, nehmen alles tief in sich auf, zeigen es aber nach außen nicht, aber innen brodelt es wie in einem Vulkan. Es ist gut zu verstehen, dass Du manches, was [sich] um Dich und mit Dir und in Dir vollzog, verdrängt hast, versucht hast, es wegzuschieben, oder durch allerlei Versuche auf andere Weise zu leben, versucht hast, damit fertig zu werden.
Es ist schon so etwas wie Selbstschutz, damit man über die Schwierigkeiten hinwegkommt. Ich beispielsweise versuche an nichts zu denken, was mich schwach werden lassen könnte. Ich will jetzt nicht an die schönen Stunden mit Euch in der

52 Brief aus Moskau von Margot Honecker an Roberto, Herbst 1991.

Vergangenheit und eventuell in der Zukunft denken. Man muss einfach genug stur jeden neuen Tag angehen, ohne Illusionen, aber mit dem eisernen Willen, durchzustehen und die Hoffnung nicht aufzugeben, dass wir wohl einmal ein paar ruhige Tage erleben. Weißt Du, Robi, wenn man so alt ist wie wir, und wenn man ein Leben gelebt hat für eine menschliche humanistische Gesellschaft, hat man den Vorteil: Man sieht, trotz aller Wirren in dieser Zeit, in dieser Welt sehr klar, nicht im Detail natürlich, was geschehen ist. Noch einmal hat der kräftige Imperialismus zugeschlagen, und es wird dauern, bis sich die Bewegung davon erholt. Aber eins ist auch klar, und wenn man nun unser Leben, auch uns, die Kommunisten, noch verfolgt, das zeigt die Geschichte der Menschheit, wird es ein neues mächtiges Aufbäumen unserer Bewegung geben. In der Welt Asien, Afrika, Europa oder Mittelamerika wird es nicht nach dem Willen der Mächtigen in dieser Welt gehen. Wann und wo das Geschwür der Unterdrückung aufbrechen wird – niemand kann es voraussagen, aber die Geschichte hat ihre eigenen Gesetze.

Ja, Robi, je reifer man wird, umso bewusster lebt man, oder je bewusster man lebt, umso reifer ist oder wird man. Das ist vielleicht unabhängig vom Lebensalter. Aber es spielt natürlich eine Rolle, ob man etwas im Leben zum ersten Mal erfährt. Und die erste große Liebe, die man nur einmal im Leben erfährt, bringt es oft mit sich, dass man tiefer in sich hineinhört. Und man macht die Erfahrung, wie nahe Glücklichsein und Traurigkeit und Enttäuschung beieinander sind.

Jeder erlebt es auf irgendeine Weise in seinem Leben. Wichtig ist, dass man sich selbst treu bleibt, das Sensible und Schöne tief in sich aufnimmt, und dass man sich von den Zweifeln, die der[weil] nicht ausbleiben, von Stimmungen, von event[uell] auch einer größeren Enttäuschung nicht unterkriegen lässt. Du hast noch so viel vor Dir liegen im Leben, und wir sind sicher, dass Du Dein Leben meistern wirst, Du hast einen klugen Kopf, ein großes liebevolles Herz und hast schon ein wenig Lebenserfahrung.

Über uns gibt es nicht viel zu sagen. Wir erleben hier im ersten soz[ialistischen] Land, wie die Reaktion wütet, das ist schwer zu verdauen. Dieses Land, diese Partei Lenins, die für Millionen und Abermillionen unterdrückte Völker in aller Welt die Hoffnung war, die Kraft gab in finsteren Zeiten, wird demoliert, es kann in diesem Land nur noch zu großen Erschütterungen kommen, wenn die Menschen sich ihrer tatsächlichen Lage bewusst werden.

Opa erträgt es tapfer, aber es erschüttert ihn, das hier miterleben zu müssen, hier, wo die Zuflucht aller kommunistischen und fortschrittlichen Menschen war, hier werden jetzt die eigenen Kommunisten verfolgt. Das tut schon weh. Aus Deutschland waren die letzten Nachrichten – zurzeit sind wir hier etwas abgeschnitten von der Welt – nicht ermutigend. Deine Generation …, die Jüngeren laufen durch ihr eigenes Land wie Fremde, sie kommen nicht zurecht in dieser Gesellschaft, die einen versuchen es mit den Ellbogen zu schaffen, denn sie wollen leben, die anderen geben auf – und viele wollen ihre Wut loswerden, indem sie zuschlagen (die Kriminalität steigt ständig!), und aus diesen arbeitslosen, verwirrten und ins soziale Abseits Getriebenen erwächst ein großes Potenzial für die rechten Kräfte. Aber dazu später einmal mehr.

Opi hat etwas aufgeschrieben über die jüngste Geschichte, er wollte es Dir zum Geburtstag schenken. Er hatte so wenig Kraft, sich hinzusetzen und zu schreiben, aber wir haben uns gesagt, wenigstens für seinen Enkel muss er das tun. Nun haben wir leider das Manuskript nicht bei der Hand, so wirst Du es eventuell später bekommen.

Wir werden nun weiter warten müssen, bis eine Entscheidung getroffen ist, die uns hoffentlich ermöglicht, unseren großen Traum zu verwirklichen, euch besuchen zu können. Dann spiel uns etwas auf der Gitarre.

Großer, Du wirst noch viel erleben, von Schwerem hast Du ja schon einige ›Kostproben‹ bekommen, wir wünschen Dir viel Schönes, freue Dich an allem Schönen im Leben und bleib vor allem gesund.
Küsschen und auf Wiedersehen, hoffentlich bald.
Deine Omi und Dein Opa« (Letzteres von E. H. geschrieben)

Bald volljährig –
Auslieferung des Großvaters aus Moskau

Das beginnende Frühjahr 1991 steht am Colegio Alemán ganz im Zeichen des 100. Gründungsjubiläums der Schule. Der Höhepunkt der Feierlichkeiten soll der Besuch von Bundeskanzler Helmut Kohl Ende Oktober werden. Während viele seiner Mitschüler diesem Ereignis entgegenfiebern, streicht Roberto bereits jetzt diesen Tag aus seinem Schulkalender. Wie kann er dem Mann begegnen, der den Großvater unter allen Umständen in einem deutschen Gefängnis sehen will. Nein, den Hype um den Besuch des Einheitskanzlers macht er nicht mit. Viel später wird er sich darüber ärgern, diese Chance vertan zu haben und dem deutschen Staatsoberhaupt nicht direkt gegenübergetreten zu sein. »Als Künstler siehst du das heute natürlich anders, als eine verpasste Gelegenheit für eine Performance. Der Enkel des geflüchteten Diktators singt zur Gitarre für den Kanzler ein Lied von Wolf Biermann.«

Allseits vernimmt er, dass in den Medien die Diskussion um das Thema »Asyl für Erich Honecker« nach dem Putsch gegen Gorbatschow wiederholt auf den Titelblättern auftaucht. Die Honeckers hätten um Asyl in der chilenischen Botschaft nachgefragt, und man munkelt, dass Robertos Großmutter nach Santiago unterwegs sei, um beim Staatsbesuch von Helmut Kohl persönlich eine Petition für ein freies Geleit ihres Mannes nach Chile zu überreichen.

Margot Honecker fliegt tatsächlich bereits am 7. Oktober zu ihrer Tochter, um für ihre kritische Situation in Moskau Verbündete in der chilenischen Regierung zu finden. In der Koalition aus Christdemokraten, Sozialdemokraten und Sozialisten bekleiden ehemalige Flüchtlinge, die in der DDR Asyl fanden, hohe Regierungsämter. Die Kommunisten sind in der Opposition und for-

53 Helmut Kohl im Hof der Deutschen Schule in Santiago, 1991.

dern auch außerhalb des Parlaments die Einreise für den ehemaligen Staatschef der DDR. Die Zeit für das Wiedersehen mit dem Enkel ist knapp bemessen, denn Oma möchte den Großvater nicht allzu lange allein in Moskau zurücklassen. So kommt es zu keiner »Störung« des Staatsbesuches von Helmut Kohl, der am 29. Oktober in der Deutschen Schule überschwänglich begrüßt wird.

In Begleitung von Rektor Rudek macht der Kanzler einen Rundgang durch das Colegio, hält eine Rede, stößt mit deutschem Bier an und pflanzt eine Rebe. Roberto sitzt auf seinem Balkon und spielt Gitarre für Mariana, die ihm versprochen hatte, an diesem Tag bei ihm zu sein.

Auf der Pressekonferenz mit dem chilenischen Präsidenten zum Abschluss seines Staatsbesuches bleiben die Fragen nach einem Visum für Erich Honecker nicht aus. Präsident Aylwin antwortet den Journalisten, dass Honecker zur Einreise einen gültigen Pass brauche, und Helmut Kohl ergänzt spitzfindig, dass Honeckers Pass ihn nur zur Rückkehr nach Deutschland berechtige. Der »Störfall Honecker«, wie ihn der deutsche Botschafter Wiegand Pabsch nennt, bleibt bestehen.

Nach Großmutters Abreise überschlagen sich in Moskau die Ereignisse. Die Sowjetunion steht kurz vor ihrer Auflösung. Die Regierung unter Boris Jelzin teilt dem Großvater mit, dass sie dem Auslieferungsbegehren der deutschen Seite nachkommt, und der russische Justizminister Fjodorow fordert ihn ultimativ auf, bis zum 13. Dezember das Staatsgebiet der Russischen Föderation zu verlassen. Wie sehr Großmutter noch Jahrzehnte später darüber erbost ist, wie sie damals mit ihrem Mann von den ehemaligen »Klassenbrüdern« unter Druck gesetzt wurden, spürt Roberto, als sie ihm einmal das Dokument der Ausweisung zeigt.

54 In der Residenz
des chilenischen Bot-
schafters in Moskau,
Winter 1991/92.

»Sie klopfte mit dem Zeigefinger auf das Papier, auf dem Großvater mit seiner unverkennbaren Handschrift vermerkt hatte:
›Zur Kenntnis genommen. Ich lege Widerspruch ein. Erich Honecker‹. Ein hilfloser Satz eines treuen Genossen, den konver-
tierte Kommunisten loswerden wollen. Dass sie der drohenden
Abschiebung entkommen sind, sagte Großmutter, sei Irina Almeyda, der Frau des chilenischen Botschafters in Moskau zu verdanken gewesen. Clodomiro Almeyda war zu diesem Zeitpunkt
auf einer Dienstreise in Chile. Eine Telefonverbindung zu ihrem
Mann von Moskau aus nach Santiago kam nicht zustande und so
musste Irina Almeyda in dieser Situation selbst entscheiden. Sie
gewährte Opa und Oma das Gastrecht in der chilenischen Botschaftsresidenz. Ich glaube, dass es Großmutter sehr imponierte,
dass eine Frau diese hochpolitische Entscheidung allein getroffen
hat. Oma mochte starke Frauen.«
    Nur wenige Tage später hält Michail Gorbatschow eine Fern-
sehansprache und gibt bekannt, dass die Sowjetunion aufgehört

171

hat zu existieren. Robertos Großeltern sind jetzt die letzten Botschaftsflüchtlinge der untergegangenen DDR. Ein unübersichtliches diplomatisches Ringen zur Lösung der Causa »Honecker« wird die Regierungen in Santiago, Bonn und Moskau weiterhin das gesamte Jahr 1992 beschäftigen. Einen Zeitpunkt, wann die Großeltern in Chile eintreffen werden, kann niemand voraussagen.

Mitten in diesem weltgeschichtlichen Donnerhall ändern sich für Roberto erneut seine Lebenskoordinaten einschneidend. Seine Eltern haben sich endgültig getrennt. Nicht nur der Vater verlässt die Familie, auch ihren Sohn möchte Mutter Sonja nicht mehr im Hause haben. Sie will sich ausschließlich um das Wohl seiner Schwester, der dreijährigen Vivian sorgen. Die heftigen Auseinandersetzungen mit dem Teenager und seinem labilen Verhalten übersteigen ihre Kräfte. Mutter und Sohn finden einfach nicht zueinander. Leonardo Yáñez mietet für sich und seinen Sohn eine Dreizimmerwohnung im Stadtteil Las Condes. Die 90 Quadratmeter große Wohnung liegt im 13. Stock und erinnert Roberto an sein altes Zuhause in der Leipziger Straße. Der aus drei Punkthochhäusern bestehende Wohnkomplex in der Avenida Francisco Bilbao grenzt an den »Parque Intercomunal«. Sein Vater übernachtet nur selten bei ihm in der Wohnung, die meiste Zeit lebt er bei seiner neuen Lebensgefährtin. Bekannte beschreiben den 17-Jährigen in dieser Zeit als schüchtern und einsam mit wenigen Kontakten. Auf dem Balkon züchtet er schon kurz nach dem Einzug Marihuana. Seine Anpflanzung ist von allen Seiten durch Nachbarn einsehbar, und so klopfen bald viele Freunde – oder besser Schnorrer – an seine Tür.

Das Rauchen von Marihuana ist in diesem Land keine Seltenheit, an den Schulen konsumieren geschätzt an die 60 Prozent der älteren Schüler den Grasdampf. Seine Freundin Mariana kommt ihn besuchen, darf aber unter der Woche über Nacht nicht bei ihm bleiben. Seine Einsamkeit überträgt er auf Leinwände und Skizzenhefte. In diesen Tagen schreibt er für seine Freundin fast täglich einen Text und spielt ihn am Abend zur Gitarre auf dem

55 Die chilenische Zeitung »El Mercurio« am 15. Januar 1993, die Honeckers sind wieder beisammen.

Balkon. Seine melancholischen Lieder zeugen von einem Talent, das er aus der Familie seines Vaters ererbt hatte. Einer seiner Onkel ist Eduardo Yáñez, ein Liedermacher seit Zeiten der Unidad Popular, dessen Songs von vielen bekannten Sängern und Gruppen wie Quilapayún oder Patricio Manns gecovert werden. In einem Dokumentarfilm über die chilenische Musikszene mit dem Bassisten der deutschen Band »Die Ärzte«, Rodrigo Gonzales, der selbst ein Exilkind ist, gibt es eine Episode mit seinem Onkel Eduardo. In dessen Stimme finden sich hörbare Anklänge zu Robertos Musikalität.

Pedro Yáñez, der andere Onkel und ein Jahr älter als sein Bruder, war Mitgründer der berühmtesten chilenischen Protestlied-Gruppe Inti-Illimani. Er trat schon früh als Solist traditioneller Volksmusik auf und gilt als einer der prominentesten Vertreter der sogenannten »Paya«, einer Art improvisiert gesungener Dia-

173

56 Robertos Onkel (re.) mit Víctor Jara (2. v. li.).

loge. Sein Vater und dessen Geschwister stammen aus dem Süden Chiles, aus der Kleinstadt Campanario, wo noch heute das blaue Haus der Familie steht. Ein Freund seines Vaters kauft ihm ein Bild ab und ermutigt ihn, sich dem Kunststudium zu widmen. Man muss nicht Politiker werden, sagt er, um die Welt zu verbessern. Das Zeitalter des Kommunismus sei vorbei und damit auch die letzte Vorgabe der einzig wahren Kunstrichtung, des sozialistischen Realismus.

Roberto hört es gern, aber mit seiner Begeisterung für den Surrealismus hatte er bereits gegen alle Widerstände in der Familie mit dem Dogma von Omas Kunstverständnis gebrochen. Der Verkauf dieses Bildes ist der Beginn seines Lebens als Künstler. Das Ich und das Andere sind nicht zwei getrennte Welten, das hat er von Paul Ricœur in dessen Buch »Das Selbst als ein Anderer« mit dem Untertitel »Übergänge« nachgelesen. Er ist Roberto Yáñez, aber er ist auch Honeckers Enkel. Noch glaubt er, dass, wenn er sich absolut nur auf den Ersteren konzentriert, der andere sich verflüchtigt.

Die Macht des Faktischen belehrt ihn eines Besseren. Aus Moskau kommt die Nachricht, dass Erich Honecker nach Deutschland ausgeliefert wird. Die russische Ärztekommission konnte angeblich keine Krebserkrankung mehr feststellen, es seien nur Aufnahmeschatten an der Leber. Großvater wird als reise- und haftfähig von den einstigen Klassenbrüdern eingestuft. Nach der dubiosen russischen Diagnose bleibt der chilenischen Regierung nichts anderes übrig, als ihren diplomatischen Widerstand gegenüber dem Auslieferungsverfahren der Bundesrepublik aufzugeben. Das Gastrecht für die Großeltern in der Moskauer Botschaftsresidenz wird aufgehoben. Man lässt Honecker allerdings den Weg nach Chile weiterhin offen, aber zuerst muss er nach Deutschland vor Gericht.

Am 29. Juli holen ihn KGB-Beamte in der Moskauer chilenischen Botschaft ab, wo er zum Abschied seine zitternde Faust mit dem Rotfront-Gruß in den Himmel streckt. Das Foto wird zusammen mit der Nachricht der Auslieferung um die Welt gehen.

Eine Aeroflot-Maschine TU 124A bringt Honecker nach Berlin-Tegel. Er ist der einzige Passagier. Noch auf dem Rollfeld des Flughafens untersuchen deutsche Kriminalbeamte in der Kabine sein Gepäck. Der damals beteiligte Olaf Kühl erinnert sich, dass Erich Honecker womöglich gar nicht wusste, wonach die Beamten fahndeten, als sie seine Kleidung und ihn selbst millimetergenau untersuchten und sogar die Hutkrempe umbogen, um ihre Innenseite abzutasten. Sie suchten die Zyankali-Pille, mit der Honecker sich schnell hätte ins Jenseits befördern und einen Prozess vereiteln können. Hätte man nur seinen Enkel gefragt, ob er glaube, dass sein Opa lebensmüde sei oder gar Selbstmord begehen würde! Robertos Antwort wäre ein klares Nein gewesen.

Auch den Slawisten Kühl, der die Kommunikation zwischen dem russischen Begleiterteam Honeckers und den deutschen Beamten dolmetscht, beeindruckt die gelassene Souveränität, die der gestürzte Staatsmann in dieser Situation an den Tag legt. Einer der Kripobeamten findet in seiner Jackentasche eine Telefonnummer und fragt, was das sei. »Das ist die Nummer von Helmut Kohl«, antwortet Honecker, »bei dem muss ich mich doch zurückmelden, wenn ich wieder hier bin.«

Bereits zwei Tage später im Haftkrankenhaus Moabit sind die Befunde der deutschen Ärzte jedoch eindeutig: Leberkrebs im späten Stadium. Die offensichtliche Manipulation des Befundes durch russische Ärzte aktiviert bei der Familie den Verdacht einer deutsch-russischen Verschwörung. Margot Honecker reist von Moskau direkt nach Santiago, wo sie Ende August eine Pressekonferenz gibt und zur Solidarität mit ihrem Mann aufruft. »Es war ein Mittwoch, da kommt die Großmutter direkt aus der Hauptstadt des roten Sterns, aus dem Land der Oktoberrevolution, des Großen Vaterländischen Krieges, des Landes von Lenin und Stalin, bei meiner Mutter zur Tür herein.

Der Taxi-Fahrer brachte das Gepäck. Beim Anblick der Oma ist das Kind in mir plötzlich wieder da. Sie war gesund und noch jung. Sie brachte Briefe vom Großvater und andere Sachen mit. Meine Mutter schaute skeptisch ihre Mutter an. Und ich schaute skeptisch in die Zukunft. Meine Mutter ging wie viele Deutsche in die Freiheit, auch wenn es eine unbequeme Freiheit war. Nun kam das Königsschloss Honecker nach Santiago, und es ist ihm gelungen, hier einen kleinen Sitz zu errichten. Ich hatte ganz vergessen, dass mein Opa Erich Honecker ist. Und jetzt ging dieser Erklärungsmarathon wieder los gegenüber Freund und Feind. Eine richtige Erklärungsolympiade. Wann und warum kommt dein Großvater nach Chile? Wer ist dein Großvater, Yáñez-Honecker?

Opa ist ein Untersuchungshäftling in Deutschland. Ich schrieb ihm einen Brief, der nur deshalb überliefert ist, weil er ihn in der Haft mit seiner Handschrift kopiert hatte. Bis heute kann ich seine langgezogenen Buchstaben nur schwer entziffern. Er wiederum schrieb mir zu meinem 18. Geburtstag einen Brief aus dem Gefängnis.«

Von Robertito

(E. H. in Moabit 1992)

Lieber Großvater, ich liebe Dich!
Mit großer Trauer sehe ich und verfolge ich die Situation unserer Familie, sehe ich Deinem Schicksal ins Auge. Falls ich Dich in Kürze noch zu sehen bekomme, wirst Du merken, wie fest ich Dich jetzt so sehr drücke, wo ich [Dich] doch so viele Tage lang im Unsicheren wusste, mein Leben zu ordnen suchte und es viele Male versäumt habe, Dir zu schreiben.
Mein Stolz auf Dich kannte keine Grenzen, als ich Dich sah, in der Zeitung am Kiosk, in der Straße, wo ich mit Geschichten mein Geld verdiene, meine Trauer, Dir nicht in diesem Moment [bei]gestanden zu haben.
Lieber Opa, Du bist nicht allein, viele Leute fragen nach

Dir, [...] Halte aus, wenigstens bis Du hier in Chile zu Ruhe kommst.

Ich bin immer noch Dein kleiner Robby, der ein bisschen größer ist, ein wenig mehr die Leiden des Lebens kennt [...].

Manchmal zerreißt mich die Ungewissheit der Zukunft und des Lebens. Manchmal zerbrech' ich mich in der Unentschlossenheit, zu wem ich gehöre, welches Lied ich singen soll, welcher Ideologie angehören soll. Welche Rolle spiele ich in dieser großen weiten/westlichen Gesellschaft, die ja, o Gott, so verschieden ist, als ich sie kenne, die so klebrig ist, dass man aufpassen muss, nicht hängenzubleiben.

Ich bin öfter mal hängengeblieben, doch stark genug gewesen, um mich immer wieder herauszukämpfen, und jedes Mal merkte ich, wie stark ich bin.

Großvater – dieses Wort klingt schön. Dieses Wort birgt ein Leben, eine Geschichte und eine Vergangenheit und eine Solidarität [...], still ohne große Worte [...].

Damit Du Dich nicht verlierst in der Vergangenheit, sorge ich mit dafür, Deine Augen in das Jetzt zu richten und Deine Faust zu stärken, die viel geschaffen hat für meine Liebe [...].

Lieber Opi, einer von vielen Vorbildern sollst Du sein, weil ich doch auf der Suche bin, die ich selbst gewollt habe. Auch damals [in] allen sehr guten und schlechten Zeiten der Welt [...]. Doch mein Glück wird nicht ausbleiben, auch durch diesen Brief komme ich zur Erkenntnis.

Du wirst noch viel leben, nicht mehr so viel wie wir, doch die Welt muss Dir noch Dank erstatten, in dem sie Dich mit uns vereint, indem sie Dir meine neue Zukunft zu Gesicht tragen muss.

Venceremos und eine Umarmung
Dein Enkel Robertito

von Robertito

Liebe Großmutter, ich liebe Dich!

Mit großer Trauer sehe ich und verfolge ich die Situation unserer Familie, sehe ich Deinen Schicksal ins Auge. Falls ich Dich in Kürze noch zu sehen bekomme, wirst Du merken, wie fest ich Dich jetzt so sehr liebe, wo ich doch so viele Tage lang im inneren Wünsche, mein Leben zu ordnen suche und es viel Mühe verschafft habe, Dir zu schreiben.

Meine Stolz auf Dich kannte keine Grenzen, als ich Dich sah, in der Zeitung am Kiosk, in der Straße, wo ich mit Schülern mein Geld

57 Original-Abschrift Honeckers vom Brief des Enkels.

Berlin,den 5.10.1992

Mein lieber Robi,

zu Deinem 18.Geburtstag gratuliere
ich Dir auf das Herzlichste.Das was wir beide erlebt haben,war ein
schöner Traum,den wir wohl nie vergessen werden.Es war wie heute viele
wissen eine Vorahnung der Menschheitsgeschichte.Für alle Arbeitsplätze,Beruf,Essen,Schule,Kinderkrippen,Kindergärten,Freizeit Sport
und Kultur.Ja es war ein Traum,der einmal inErfüllung gehen wird.Mir
kam das gestern so richtig zum Bewustsein,als ich im Fernsehen einen
Dock-Film über die Kinder Brasiliens sah.Die armen Kinder werden
dort in eine Zeit geboren,so heißt es dort,in der die Kinder von
Arbeits-und Brotlosen,von Geburt immer kleiner werden.Von den Reichen will ich nicht reden,denn sie werden nach demF-Film dort immer
größer.Wie Du siehst unser Traum war schön,er war nur der Anfang.

Die Zukunft soll aber in jedem Falle schöner werden.Das ist im jedem
Fall kein Traum.-AnDeinem Geburtstag denke ich an Dich,so wie Deine
Oma und ich immer an Dich gedacht haben.

Sei umarmt von Deinem

Opas

PS. etwas zum lesen ! Viele
Kindel und Jungs liegen auf
die DDR-Felus. Zol sehen !

58 Brief an Roberto zum 18. Geburtstag vom Großvater aus dem Gefängnis
Moabit.

179

Lieber Robi,

zu Deinem 18. Geburtstag gratuliere ich Dir auf das Herzlichste. Das, was wir beide erlebt haben, war ein schöner Traum, den wir wohl nie vergessen werden. Es war, wie heute vi[ele] wissen, eine Vorahnung der Menschheitsgeschichte. Für alle Arbeitsplätze, Beruf, Essen, Schule, Kinderkrippen, Kindergärten, Freizeit, Sport und Kultur. Ja, es war ein Traum, der einmal in Erfüllung gehen wird. Mir kam das gestern so richtig zum Bewusstsein, als ich im Fernsehen einen Dok.-Film über die Kinder Brasiliens sah. Die armen Kinder werden dort in eine Zeit geboren, so heißt es dort, in der die Kinder von Arbeits- und Brotlosen von Geburt immer kleiner werden. Von den Reichen will ich nicht reden, denn sie werden nach dem F[ernseh]film dort immer größer. Wie du siehst, unser Traum war schön; er war nur der Anfang. Die Zukunft soll aber in jedem Falle schöner werden. Das ist [auf] jeden Fall kein Traum.

An Deinem Geburtstag denke ich an Dich, so wie Deine Oma und ich immer an Dich gedacht haben.

Sei umarmt von Deinem

Opa

Reise in die Atacama-Wüste

»In der Presse hatte ich die Honecker-Sache schon seit meinem Umzug in die neue Wohnung kaum noch verfolgt. Da gab es in Berlin vor Gericht eine öffentliche Anhörung über den Gesundheitszustand des Großvaters. Man zeigte Röntgenbilder und markierte mit Zeigestöcken die Ränder des wachsenden Krebsgeschwürs. Die Experten stritten in Opas Anwesenheit darüber, ob er nun in drei Monaten oder einem Jahr stirbt. Wenn ich das las, wälzte ich mich nachts mit Todesträumen im Bett.

Der Tod ging mir nicht aus dem Kopf, an den man normalerweise nicht denkt, wenn man gerade aus der Wiege gefallen ist. Er verfolgte mich in der Schule, auf den Straßen, in Radio und Zeitungen, in den Unterhaltungen mit Bekannten und Freunden. Stets war ich der Meinung, der Tod wollte mir etwas mitteilen. Hört sich nicht gerade schön an: ›Mama, der Tod will mir etwas sagen. Papa, ich will ein Gespräch mit dem Tod haben.‹ Oder beim Psychiater: ›Herr Professor, ich glaube man muss den Tod aus der Nähe betrachten.‹ Meine Gedanken hatten keinen Erfolg in der logischen Welt. Der Freund meines Vaters legte mir ein kleines Buch auf den Tisch in mein Zimmer in Las Condes. Rimbaud: ›Ein Aufenthalt in der Hölle‹. Ich las es und wunderte mich: Ist das nicht von einem alten Weisen geschrieben? Später wusste ich es besser, ein 17-jähriger Dichter hatte es geschrieben. Ich hatte es satt, mich damit zu beschäftigen. Aus diesem Honecker-Todes-Cocktail wollte ich raus, einfach nur raus.«

Die Klassenfahrt Ende des Schuljahres in den Norden nach Arica an der peruanischen Grenze wird für ihn zu einer Erlösungs- und Verführungsreise. Er mag seine intelligente und warmherzige Klassenlehrerin Frau Dehne, die in der 11. Klasse mit den Jugendlichen die Atacama-Wüste bereist. Sie besuchen die gewaltigen Observatorien, wo Roberto die Sterne gefährlich nahe kommen. Zum ersten Mal sieht er diesen unendlichen, klaren südlichen Sternenhimmel, der sich im Valle de La Luna, im Tal des Mondes über der Wüste ausbreitet. Das war so überwältigend, so berauschend, dass er nach der Klassenfahrt die Schule schwänzt, um mit den Freunden eine weitere Woche in den Norden nach La Serena aufzubrechen. Das unentschuldigte Fehlen in der Schule wird ihm bis zum Abschlusszeugnis anhängen.

»Wir trampten auf der Panamericana, damals wurde man noch mitgenommen, heute hält fast niemand mehr an. Ein LKW mit Schlafraum nahm uns bis Antofagasta mit. Wir haben das Zelt aufgebaut und Feuer gemacht. Neben uns zelteten Schweizer, die konnten wenig Spanisch und wollten bis Peru. Mit ihnen sind wir längere Strecken gelaufen bis zum großen Leuchtturm. In den hohen Wellen des Pazifiks ist Baden an vielen Teilen der Küste verboten. Damals liefen wir auf leeren Stränden, heute ist alles bebaut. Die Schweizer hatten Geld und haben uns augenzwinkernd ausgehalten. Wir haben gemeinsam gekocht. Meist gab's Spaghetti, aber sie brachten auch Fleisch zum Grillen mit. Es waren zwei Jungs mit einer Frau.

Hier haben wir einen neuen Freund kennengelernt, den Peyote-Kaktus, eine Naturdroge der Indianer. Das Zeug ist so bitter, das man kotzt, bevor die halluzinogenen Wirkungen einsetzen.

Bei meiner Rückkehr sprossen auf dem Balkon in der Calle Thomas Moro die Marihuana-Pflanzen unter der südlichen Sonne. Vom Balkon blickte ich nicht auf die Mauer, sondern auf den Park, in dem in wenigen Stunden ›Santana‹ spielen sollte. Wir legten uns auf eine Hängematte im Apartment und rauchten tiefe Züge aus unseren Pfeifen als Einstimmung auf die kommende Musik. Ich habe nichts von dem Konzert mitgekriegt. Wir waren alle zu breit. So habe ich das legendäre ›Santana‹-Konzert in Santiago am 2. Dezember 1992 verpasst.

In den Sommerferien hatte ich vor, ein richtiger Hippie zu werden. Mit wenigen Mitteln reisten wir wieder tausend Kilometer in die Region Atacama nach Bahía Inglesa zu den vielleicht schönsten weißen Stränden Chiles. Sobald die Sonne über den Horizont der Wüste schaut, entwickeln ihre Strahlen eine solche Kraft, dass das Zelt zum Glutofen wird. Man war also früh raus aus dem Nest und ging heimlich auf den offiziellen Campingplätzen duschen. Wir kannten Holländer mit Campingwagen, die dort drei bis vier Monate lebten und uns nicht anschwärzten.

59 Trampen auf der Panamericana gen Norden (1. v. li. Roberto mit Mütze).

Danach gingen wir in die Innenstadt, um ein paar Pesos zu erbetteln oder zu ersingen. Ich verkaufte kleine Ölgemälde, andere wiederum Ketten, geflochtene Bänder oder Marihuana. Man traf an den unterschiedlichsten Orten dieselben Hippie-Streuner. Meistens wurde gemeinsam gekocht und getrunken. Immer waren Mädchen dabei, die sich mit mir den Raum teilten und manchmal eines Morgens verschwanden wie die schöne Betzabeth, die weiterzog nach Brasilien, über Panama bis Mexiko.

Freund Pedro wurde kokainsüchtig; er eröffnete ein kleines Drogenkartell. Die Polizei fand das schnell heraus und nahm ihn mit. Ein anderer Bekannter, mit dem wir oft beim Rauchen zusammentrafen, kriegte einen Herzinfarkt wegen einer Überdosis Kokain. Er starb. Als das Haus seiner Eltern in Santiago später verkauft und abgerissen wurde, machte Dunlop dort eine Station auf. Wann immer ich später vom Haus der Großmutter kam, fuhr der Bus an diesem Grundstück vorbei, und wenn ich die Leute beim Reifenwechseln sah, dachte ich an ihn.«

Es muss an einem der letzten Tage am Rande der Atacama gewesen sein, als er im Schein des Lagerfeuers einer Frau gegenübersteht, deren Gesicht sich plötzlich in das eines alten Indios verwandelt, der ihn böse anschaut. Bei der Einnahme von Peyote hängt die Wirkung meist davon ab, in welcher Verfassung, welcher Stimmung man zur Droge greift. Begegnung mit den Urahnen oder ein Aufgehen in der göttlichen Natur werden dem mythischen Kaktus nachgesagt. Roberto, so berichten Freunde, soll im Überschwang der Traumwirkung das Experiment gegen alle Warnungen fortgesetzt haben. Es hat ihn in die Zone des Todes geführt. Die Freunde bangen um sein Leben. Nach drei Tagen erwacht er aus seinem Koma. Er weiß nicht mehr, wo und wer er ist. Über drei Wochen verbringt er in einer psychiatrischen Klinik. Es ist der Beginn eines über ein Jahrzehnt dauernden Kampfes gegen den bösen Blick, die Verlockungen eines 20 cm großen Kaktus und der Pflanzen auf seinem Balkon. Auch später, nachdem er den Konsum der Rauschmittel komplett eingestellt hat, werden Klinikaufenthalte sein Leben mitbestimmen.

»Ich saß vor dem Psychiater in seinem Büro. Er hatte die Aufgabe, mich wieder gesund zu machen. Exogene Psychose war der Name, den der Fakultative sich ausgesucht hatte. Nun saß ich in Ñuñoa im Garten einer kleinen Klinik und hatte mir das Rauchen angewöhnt. Seltsame Wesen gingen durch den Garten, saßen am Frühstückstisch. Einer lief immer einem Teddybär hinterher, den er mit gestreckten Armen vor sich hertrug. Ein anderer sagte, er wäre Jesus und die Klinik sei Indien, wo er noch viel lernen muss, bevor er nach Jerusalem gehen wird. Andere waren Diazepinsüchtige, Vergewaltiger oder Depressive. Großmutter rief an und fragte mich, was ich brauche. Ich sagte: ›Eine Schreibmaschine.‹

Am nächsten Tag kam mein Vater mit dem Auto und brachte eine alte Schreibmaschine, die er noch im Keller hatte. Mechanisch entstanden darauf einige Gedichte, die ich noch im Original habe. Ein Gedicht heißt ›Die fliegende Narbe‹. Die Oma lachte laut, als sie den Titel gehört hatte. Dann kam wieder: ›Du bist ja nicht mehr zu retten.‹ Sie hatte einen tiefen Sinn für Humor, der nur selten an die Oberfläche kam.

Zweimal pro Woche musste ich vor dem Psychiater erscheinen. Er schlürfte an seinem Kaffee und erklärte mir, dass ich merken müsste, dass ich eine Schnecke bin, die wieder aus dem Gehäuse gehen muss. Danach zeichnete ich laufend Schnecken. Der Psychiater blätterte in meinem Zeichenheft, das mit Versen angereichert war. Er sagte: ›Du bist ein guter Dichter. Hast du schon mal was von Artaud gehört?‹ Dann drückte er mir die ›Briefe aus Rodez‹ in die Hand.

Nach meinem stationären Aufenthalt musste ich weiterhin in der Klinik an den wöchentlichen Gruppentherapie-Sitzungen teilnehmen. Wir waren rund 15 Personen, alle mit Drogen-Geschichten. Einer wiederholte mantrahaft, wie und wo er wieder geschnieft hatte. Die anderen versuchten, ihm Tipps zu geben, wie er lernen kann, sich nicht jedes Mal seine geliebte Droge in die Nase zu stopfen. Drogenabhängigkeit ist tragisch, aber die Patienten zu beobachten, ist ein Geschenk Gottes.

Verrückte sind für mich poetisch, surreal, genial. Verrückte beweisen, dass die Vernunft nicht allmächtig ist. Ausnahmen sind Ausdruck der Natur, so wie Spinnen oder Vögel oder Schmetterlinge mit zwei Köpfen. Im Vorzimmer des Psychiaters musste ich dann zwei Stunden warten, bis ich das Rezept für die Apotheke bekam. Aber es kamen immer wieder Momente der Ruhe, des Denkens. Ich erinnerte mich an die Freiheit in der Wüste, an die langen Fahrten nach San Pedro de Atacama, und ich las einen Brief des Großvaters aus Moabit, in dem er mir seine politische Biografie nahelegt.«

»Mein lieber Robi,
Du weißt, dass man mich schon 1935 hier in Untersuchungshaft hielt. |…| Als Jungkommunisten hielten wir es damals für wichtig, den Widerstand gegen Hitler zu organisieren. […] Ich wollte ja auch nicht schuldig werden an all dem Elend, was ja schon 1933 in Deutschland begann. Um dies zu verhindern, bin ich im Sommer 1933 in Paris auf dem internationalen Jugendkongress gegen Krieg und Faschismus aufgetreten.«
Roberto wird mit Großvaters Brief emotional in das Geschehen eingebunden. Den Überblick, wie es um die strafrechtliche Situation insgesamt bestellt ist, hat er nicht mehr. Der Verlauf des Prozesses und seine Bedeutung für die deutsche Justizgeschichte werden ihm erst nachträglich mit

dem Buch »Ein Staat vor Gericht – Der Honecker-Prozeß« von Uwe Wesel zugänglich. Der Autor hatte als Gerichtsreporter für die »Wochenpost« das Verfahren aus nächster Nähe verfolgt. Und Roberto überkommt beim Lesen des Vorwortes das Gefühl, als würde der Autor Opas Brief an ihn kennen.

»Die deutschen Politiker betonen immer wieder, alles würde streng rechtsstaatlich vor sich gehen. Aber peinlich ist es schon, und er selbst sieht natürlich Parallelen. 1935 war er dreiundzwanzig Jahre alt und blieb dort eineinhalb Jahre, bis er vom Volksgerichtshof wegen Hochverrats verurteilt wurde zu zehn Jahren Zuchthaus, »als überzeugter, unbelehrbarer Kommunist«. Nun ist er fast achtzig und bleibt nicht ganz ein halbes Jahr, bis er wieder freigelassen wird und ins Exil fliegt nach Chile, obwohl er diesmal tatsächlich einiges zu verantworten hat. Ob er den Unterschied noch sehen konnte in der Haltung der Justiz damals und heute? Oder ob es einfach doch nur der Klassenfeind war, hier wie dort? Dasselbe Gefängnisgebäude ist es jedenfalls tatsächlich gewesen, erbaut 1882 bis 1885 zusammen mit dem palastartigen Kriminalgericht, das im Krieg nur unwesentlich beschädigt wurde. Auch das ist Geschichte.«

Während die Klänge von Santanas »Black Magic Woman« und »Jin-Go-Lo-Ba« noch im »Parque Intercomunal« nachhallen und die Aufräumer mit spitzen Stöcken Papier und Plastik der Besucher einsammeln, gibt Robertos Großvater im Berliner Schwurgerichtssaal seine Erklärung zu den Vorwürfen der Anklage in einer 70-minütigen Rede ab. Für ihn sind die Todesschüsse an der Mauer nur in ihrem weltgeschichtlichen Zusammenhang zu bewerten. Ohne diese historische Ereigniskette könne kein gerechtes Urteil erlassen werden. Für manche ist es die beste Rede, die das ehemalige Staatsoberhaupt je gehalten hat, für andere eine Zumutung, weil keine Spur von Reue darin zu erkennen ist. Das ärztliche Gutachten attestiert dem Angeklagten noch eine Lebenserwartung von drei bis sechs Monaten. Seine Anwälte fordern Haftentlassung, weil die Entscheidung über Schuld oder Unschuld damit nicht mehr zu Lebzeiten ihres Mandanten erfolgen kann.

Am 13. Januar 1993 wird Erich Honecker nach 169 Tagen Haft in Moabit freigelassen. Noch am selben Abend fliegt er in Richtung Südamerika. Für die chilenischen Medien beginnt im Fall »Honecker« nun das letzte Kapitel: seine Ankunft in Santiago. Der deutsche Botschafter kann endlich wieder durchatmen und ist sichtlich stolz, dass es ihm gelungen ist, den »Störfall« ohne größere diplomatische Porzellanschäden über die Runden gebracht zu haben.

Robertos Vater hatte vorausschauend die sich ankündigende Ankunft seines Schwiegervaters vorbereitet. Er engagiert den 22-jährigen Diego Aguirre, der ebenfalls in Ost-Berlin im Exil war, für die kommende Zeit als Dolmetscher und persönlichen Assistenten des der Sprache und des Landes unkundigen Neuankömmlings. Heute erinnert sich Diego Aguirre, dass das letzte Wort bei seiner Berufung Margot Honecker hatte. Immerhin sollte er die nächste Zeit im intimsten Kreis der Honecker-Familie seine Arbeit tun. »Sie fragte mich nach meinem Werdegang, wo und welche Schule ich in der DDR absolviert hatte. Nun war ich ein sehr guter Schüler gewesen, ein Einser, wie man so sagt. Ich hatte für herausragende Leistungen die Lessing- und die Herder-Medaille erhalten, und mein Deutsch war damals noch so gut, dass man den Berliner Dialekt raushörte. Als tadelloser Pionier wurde ich ins internationale Ferienlager nach Artek auf die Krim delegiert. Da blieb ihr nicht viel anderes übrig, als die Wahl ihres Schwiegersohns Leonardo gutzuheißen. Mit Margot ist das dann eine richtige Freundschaft geworden – die Volksbildungsministerin und ihr einstiger Pionier.«

Erich Honecker reist mit einem Touristenvisum ein, das fortlaufend verlängert wird. Diego wird ihm bei Behördengängen, Krankenhausbesuchen und für private Gesprächsrunden zur Seite stehen. Er macht das freiwillig und ohne Bezahlung. Er möchte den Honeckers helfen und ganz persönlich danken für seine schöne Kindheit in der DDR. Seine Assistententätigkeit für den Staatschef a. D. soll nicht publik werden, und so kommt er schon frühmorgens ins Haus der Honeckers, noch bevor die Medienvertreter ihre Hotels in Richtung La Reina verlassen haben. Margot Honecker erwartet ihn als Frühaufsteherin bereits mit frisch gekochtem Kaffee und belegten Broten. Von seiner Krankheit geschwächt, schläft ihr Mann bis in den Vormittag. Dann wird noch einmal gemeinsam gefrühstückt nach deutscher Art.

Selbst in privatesten Situationen der Essenseinnahme macht der Medienrummel keine Pause. Während Diego mit den Honeckers auf der Terrasse sitzt, erheben sich Kamerakräne über die Hausbegrenzungen und filmen das Geschehen. Wie Geierköpfe dringen die Objektive in die Privatsphäre ein. Das Haus ist rundum unter Beobachtung. Nur im Innern, wenn die Vorhänge geschlossen sind, ist die Familie vor den Fotografen sicher. Damit sich sein Auftraggeber neben den längeren Ruhephasen auch ein bisschen bewegt, hat ihm seine Frau eine leichte Arbeit verordnet: mit dem Gartenschlauch den Rasen nässen. Bei dieser Tätigkeit ist eines der bekanntesten Paparazzi-Sujets von den Honeckers im Exil entstanden. Während Erich geruhsam seiner Gartenarbeit nachgeht, bemerkt seine Frau, dass ein Kameramann durch eine selbst geschaffene Öffnung im Zaun ihren Mann filmt. Mit

60 Umkreist von Journalisten am Zaun des Hausgartens in Santiago.

schnellen Schritten ist sie bei Erich, nimmt dem Ahnungslosen den Schlauch aus der Hand und läuft mit sprühendem Ventil auf das eindringende Objektiv zu. Diego staunt, mit welcher resoluten Kühnheit die Hausherrin ihr Territorium verteidigt. Er selbst verlässt erst abends, wenn die Redakteure und Kameraleute ihre Geräte eingepackt haben, das umlagerte Grundstück. Damit er in der Nähe des Honecker-Hauses Quartier beziehen kann, hat ihm Leonardo Yáñez das kleine Zimmer neben dem seines Sohnes in der Wohnung am »Parque Intercomunal« gegeben. Roberto bekommt durch die Freilassung seines Großvaters einen neuen Mitbewohner. Diego Aguirre erinnert sich an die Ereignisse genau:

»Nein, Roberto war beim Empfang des Großvaters nicht dabei. Weder auf dem Flugplatz noch dann später im Haus habe ich ihn gesehen Er ist zwar aus der Klinik entlassen worden, musste aber noch regelmäßig beim Arzt erscheinen. Nach seiner stationären Behandlung gab es Konflikte mit seinen Eltern und seiner Freundin Mariana.

Ich traf ihn ein paar Tage später in der Wohnung und fragte ihn, ob er nicht seinen Opa begrüßen wolle. Darauf hat er nur widerwillig geantwortet. Ich glaube, es war Ausdruck von Angst, dass die Medien, die vor dem Haus der Großeltern ein richtiges

189

Heerlager stationiert hatten, ihn erkennen würden und er wieder in diesen Verfolgungskreislauf der Journalisten geraten wird. Und so haben sich beide wohl erst im April zum 66. Geburtstag von Margot Honecker wiedergesehen.«

»Die Feier fand im Restaurant ›Rincón de los Teatinos‹ statt, und die Familie nutzte den Anlass zu einer Art offizieller Willkommensfeier für Erich. Der Raum war mit einer DDR-Fahne geschmückt. Es kamen an die hundert Gäste, darunter waren viele Exilchilenen und politische Kameraden. Ich weiß noch, dass sich Margot beim Ausblasen der Kerzen auf der Geburtstagstorte fast die Haare verbrannt hatte. Erich hielt eine kleine Rede, wobei er, durch seine Krankheit geschwächt, mehr nuschelte als üblich und kaum einen Punkt setzte. Ich musste ihm ein Zeichen geben, dass es an der Zeit ist, dass ich erst mal mit dem Übersetzen dran bin, bevor er weiterspricht.

Nach dem Ende der Veranstaltung, als die Honeckers sich draußen vor dem Restaurant verabschieden, kommt plötzlich Roberto mit Freunden hinzugestürmt. Er ruft: ›Opa, Opa‹, und Erich freut sich riesig. ›Macht ein Foto‹, ruft Roberto und zieht mich zu sich heran. Und so gibt es ein Dokument vom Wiedersehen Erich Honeckers mit seinem Enkel und mir.«

»Wenn Roberto dann zu Besuch kam, redeten die beiden kaum miteinander. Sie saßen wie eine normale Familie am Mittagstisch und lobten Margots gute Küche. Für mich gab es da nichts zu tun, sie sprachen ja alle deutsch miteinander.

Anders war es, wenn Genossen von ehemaligen Befreiungsbewegungen ins Haus kamen, die spanisch oder englisch mit ihm redeten. Er wollte dann wissen, wie es jetzt um ihre Partei steht, welche Erfolge sie erreicht haben, und erkundigte sich nach Politikern, die er kannte, wie Jassir Arafat oder Daniel Ortega, der ihn im Gefängnis in Berlin besucht hatte. Immer wieder fragt man mich, ob diese Gäste den Honeckers Geld dagelassen hätten. Für mich hat natürlich niemand weder die mitgebrachten Kuverts geöffnet noch die Kontoauszüge der Familie offengelegt. Aber es ist sehr plausibel, dass die damaligen Besucher von der PLO, der

61 Gruppenfoto nach dem 66. Geburtstag von Margot Honecker vor dem Restaurant »Rincón de los Teatinos« (ganz links Margot Honecker, in der Mitte Erich Honecker, ganz rechts Diego, links daneben Roberto mit ehemaligen Exilkindern der DDR.

FSNL aus Nicaragua, der Befreiungsbewegung Farabundo Martí aus El Salvador, die erst vor gut einem Jahr ihre Kalaschnikows in die Container der Vereinten Nationen geworfen hatten, oder der ANC mit dem befreiten Nelson Mandela die Honeckers mit Geld unterstützten.

Chile war damals schon ein teures Land. Sie mussten zum Beispiel alle medizinischen Dienste laufend und auch das Darlehen für ihr Haus bezahlen. So war jeder Betrag in Cash eine willkommene Hilfe, aber zumindest eine Geste der Solidarität. Unvergessen ist mir in diesem Zusammenhang die verpasste Chance, den kubanischen Liedermacher Silvio Rodríguez persönlich kennengelernt zu haben. Roberto und ich sind begeisterte Fans von ihm und besuchten sein Konzert in Santiago. Danach haben wir auf dem Balkon unserer Wohnung weitergefeiert. Roberto kannte viele seiner Lieder und spielte sie perfekt nach. Als wir am nächsten Tag verspätet zum Mittagessen bei Margot aufkreuzten, fragt sie im harschen Ton: ›Warum kommt ihr erst jetzt, ich habe mit Silvio Rodríguez eine ganze Weile auf euch gewartet. Vor wenigen Minuten ist er gegangen.‹ Wir standen da wie begossene Pudel. Unser Musikidol ist bei Oma im Haus und wir verpassen die Gelegenheit, ihn privat zu treffen. Der Grund seines Besuches war eine solche Geste der Solidarität. Er spendete das Honorar seines Konzertes den Honeckers.«

Die DDR hatte diesen Befreiungsbewegungen lange Zeit finanzielle und logistische Hilfe geleistet. Viele ihrer Kader konnten an Hoch- und Fachschulen studieren und wurden in speziellen Trainingslagern für den Guerillakampf ausgebildet. Jetzt, wo sie in ihren Ländern nach langen, verlustreichen Kämpfen mit an den Regierungen beteiligt sind, möchten sie der DDR für ihre Unterstützung Dank sagen, aber die DDR gibt es nicht mehr. Das Ehepaar Honecker in Santiago de Chile wird so zum Altar des untergegangenen Staates, wo man seiner Dankbarkeit persönlich Ausdruck verleihen konnte. Das Haus in La Reina wird zum letzten Territorium der DDR.

Bereits ein Jahr später befindet sich Erich Honecker in der Klinik Las Condes. Der betreuende Arzt Dr. Miguel Puccio hatte bereits bei der ersten Untersuchung des Großvaters nach der Ankunft in Santiago gesagt, dass er nicht mehr lange leben werde. In der Zwischenzeit haben sich Großvater und Enkel nur drei oder vier Mal gesehen. Sie hatten sich nicht mehr viel zu sagen. Dass Roberto Sänger und Dichter werden wollte, konnte der alte Kommunist nicht begreifen. Als Erich Honecker am 29. Mai stirbt, wohnt der Enkel bei einem Freund in Valparaiso, der ihn weckt und sagt: »Du, im Radio haben sie gesagt, dass dein Opa tot ist.«

Zur Trauerfeier auf den Zentralfriedhof in Santiago de Chile kommen Tausende zum letzten Geleit. Der größte Teil von ihnen hatte längere Zeit im DDR-Exil gelebt. Die Beileidsbekundungen werden für diese Personen zu einer letzten, persönlichen Dankesbezeugung für die Hilfe, die sie unter der Regentschaft Honeckers erfahren hatten. Bei manchen fließen Tränen echter Rührung. Es sind nicht Tränen, die einer falschen Ideologie nachtrauern,

62 Letzter Ausflug von Margot und Erich Honecker in die Anden 1993.

wie es mancher Berichterstatter beobachtet haben will. Es sind emotionale Schübe, die jüngere Chilenen ergreifen, die in Berlin, Dresden oder Leipzig geboren wurden und erst seit kurzem in diesem für sie fremden südamerikanischen Land leben. Mit dem Tod Erich Honeckers begraben sie gleichzeitig ihre Kindheit und das Land, in dem sie aufwuchsen. Für sie wird diese Vergangenheit zu einem Sehnsuchtsort, der ihr Leben lange Zeit überschattet.

Die Rückkehr der politischen Flüchtlinge nach Chile stellt vor allem diese jungen Menschen, zu denen Roberto gehört, vor mentale und kulturelle Probleme. Noch zwanzig Jahre danach nutzen nicht wenige von ihnen das PRAIS-Programm, um sich kostenlos psychologisch betreuen zu lassen. Eine staatliche Wiedergutmachung des Gesundheitsministeriums gegenüber den Opfern der Menschenrechtsverletzungen in der Zeit der Diktatur von 1973 bis 1990.

Seit seinen Reisen in den Norden inmitten der Gruppe von Aussteigern und Drogenabhängigen hat Roberto kaum noch Kontakte zum Kreis der Exilkinder, die er im Spanischunterricht und im CHAF in der DDR kennengelernt hatte. Er reiht sich mit seinen neuen Freunden aus Valparaiso in den Trauerzug ein, wird ihn aber schon bald wieder verlassen. Er fragt sich, was er hier soll, am mit einer DDR-Fahne bedeckten Sarg seines Großvaters. Weder das Absingen der »Internationale« noch die Hochrufe auf den Großvater und auf die internationale Solidarität lösen bei ihm eine Verbundenheit zu den Anwesenden aus. Er kann mit alldem nichts anfangen, und mit seinen Eltern möchte er jetzt auch keine Begegnung haben. Er fühlt sich einer anderen Welt zugehörig und in die des Großvaters will er nicht zurück.

»Und auf einmal zog ich mit 3000 Menschen zur symbolischen Beerdigung des Erich Honecker. Eine Grab-Symphonie der Geschichte, wo sich Gutes und Böses trifft. Alle linken Parteien Chiles sind beim Trauerzug dabei. Es werden Reden gehalten, es zieht sich hin. Hinten sitzen einige Jugendliche und rauchen Marihuana.

Das Haus der Oma steht im Schatten des Abends. Sie tischt mir einen Teller mit Koteletts auf. Eine Ameise rennt über das Tischtuch und verschwindet. Das Telefon klingelt mehrmals. Es sind die ›Genossen aus Deutschland‹. Auf meinem Teller liegen nur noch Knochen. Ich werde Knochen malen.

Der Tod hat seinen Platz in meinen Gedanken. Soll ich fliehen oder ihn begrüßen? Aber er war schon früher da. Als Kind musste ich ihn mehrmals kennenlernen. Ich saß einmal an einer Zimmerwand in Wandlitz und strich mit der Hand an ihr entlang, ohne zu sehen, dass da eine Steckdose war. Auf einmal klebte ich an der Dose fest, konnte mich aber losreißen. Als ich den sterbenden Großvater in seinem Zimmer besuchte, dachte ich an den Stoß aus der Steckdose. Jetzt steht ein 19-Jähriger vor ihm. Und wir hatten kein Gesprächsthema mehr. Großvater wurde am Ende dem kommunistischen System geopfert, das er als Täter selbst groß machte. Sein eigener Geheimdienst hat über ihn und seine Frau Akten angelegt. Er war Opfer seines unbeirrbaren Glaubens an den großen Bruder, die Sowjetunion. Und? Bin ich als Kind der DDR nicht selbst auf andere Art ein Opfer der Geschichte? Auch Leidtragender einer Erziehung, die uns in stupider Vereinfachung den Lauf der Weltgeschichte als ›gesetzmäßig‹ vermittelte, alternativlos sozusagen? Aber sich zu lange als Opfer zu begreifen, erzeugt eine Verkrümmung des Charakters, wie es Pfarrer Uwe Holmer ausdrückte. Man muss lernen, pünktlich gegen das Ungerechte anzukämpfen, man muss lernen, pünktlich wieder ein freier Mensch zu werden. Großvaters intensives Leben endete in Santiago de Chile, an einem Ort, von dem er nicht einmal zu träumen gewagt hätte. Und das in dem Haus, in dem ich noch lange mit seinem Schatten leben werde.«

Die Wohngemeinschaft
mit der Großmutter

Nach seiner Entlassung von einem längeren stationären Klinikaufenthalt räumt Roberto sein Zimmer in der Wohnung an der Avenida Francisco Bilbao 8080 und zieht nun vollständig ins Haus der Oma in La Reina ein. Das Pendeln zwischen beiden Orten, obwohl sie nur dreißig Minuten zu Fuß und zwölf Minuten mit dem Bus voneinander entfernt liegen, sollte jetzt aufhören. Der Weg der Gesundung, weg von den Drogen, verlangte von Roberto Selbstkontrolle und ein stabiles Umfeld.

In seiner Abwesenheit wurde Robertos Zimmer von der Großmutter gründlich gereinigt und aufgeräumt. Ordnung und Sauberkeit sind festgemauerte Grundmaxime der deutschen Hausherrin. Dem Enkel fällt es schwer, diese Vorgaben umzusetzen. Für ihn, der malt, schreibt und Gitarre spielt, ist jede Ordnungsvorschrift ein Angriff auf seine künstlerische Freiheit. Das Zusammenleben mit der alten Dame auf so engem Raum erzwingt Kompromisse, die der Enkel akzeptieren muss. Dazu gehört, dass er bei den Mahlzeiten pünktlich am Küchentisch Platz nimmt. Eine Ausnahme macht das Frühstück. Oma ist eine Frühaufsteherin und sie weiß um die Wirkung der Medikamente, die Roberto gegen seine Depressionen nehmen muss. Sie lässt ihn ausschlafen. Für ihn, der mit seinen Kunstwerken kaum ausreichende Einnahmen verbuchen kann, stellen die Verpflegung und das kleine Taschengeld eine Überlebenshilfe dar.

Das Wohnhaus der Großmutter gehört zu einer Wohnanlage im kleinbürgerlichen Distrikt La Reina im Südosten der Sechs-Millionen-Stadt. Um einen Park mit Swimmingpool schmiegen sich kleine Einfamilienhäuser in einem offenen Kreis aneinander. Das grüne Eingangstor wird von einem Pförtner bewacht. Am Klingelbrett stehen nur Zahlen. Robertos Zimmer liegt im Parterre, auf der rechten Seite des Hausflures, mit Blick auf die Hof-anlage.

»Das Haus der Oma hatte sich kaum verändert, seit die Groß-eltern in Chile angekommen waren. Es war vielleicht ein Viertel so groß wie das Wohnhaus in Wandlitz. An der Treppe hinauf ins Obergeschoss stand wie festgewachsen ihre Palme, die sie bei einem Besuch in Mosambik geschenkt bekommen hatte. Jedes Blatt wurde von der Haushaltshilfe, die einmal im Monat zum Saubermachen kam, behutsam abgewischt. Die Küche war im Winter immer sehr kalt und angenehm kühl im Sommer. Mein Atelier und Omas Schlafzimmer befanden sich am Ende der Treppe. Auf ihrem Nachttisch lagen Schlaftabletten und vorsorg-lich eine Taschenlampe für den Fall, dass der Strom mal wieder ausfiel. Kurzzeitige Stromausfälle sind in Santiago bis heute all-täglich. In meinem Atelier durfte ich rauchen, aber nur bei ge-schlossener Tür und geöffnetem Fenster. Deshalb habe ich im Sommer gern draußen unter freiem Himmel gemalt. Der Garten, über dessen Zaun damals die Journalisten versuchten, den Groß-vater zu fotografieren, war mit den Jahren zugewachsen mit ho-hen Gräsern und Winden. Nur noch ein großer Pflaumen- und ein Zitronenbaum ragten über die Gartenbegrenzung. Da Zi-tronen im Winter reifen, konnten wir im Sommer beim Einkauf sparen.

Ich musste die Lebensmittel für Oma und mich besorgen. Sie schrieb mir die Sachen auf einen Zettel, den ich in meiner Hosen-tasche verstaute, bis ich Zeit für den Monatseinkauf hatte. Immer waren es Milch, Eier, Joghurt, Fleisch für Gulasch, Koteletts, Kar-toffeln, Spirelli, Hackfleisch, Marmelade und Brot.

Im Sommer lag Oma bei großer Hitze wie tot im Bett und schrie herunter: ›Roberto, hole mal bitte eine Cola und ein Eis.‹ Das war für mich sehr positiv, da ich mal rauskam zum Spazie-rengehen. Daniela, eine Freundin, wohnte gegenüber, und sie be-gleitete mich mit ihrem Hund an die Ecke, um Eis und Cola zu kaufen. Dann saßen wir, ich, die Großmutter und Daniela, vor dem Fernseher und schlürften unser Eis.

Manchmal träumte ich, wir wohnen in Wandlitz und alle Fenster sind mit schwarzen Gardinen verhangen: Ich schaue zwischen die Vorhänge und sehe Leute, die in der Stadt einfach ihrer Wege gehen, aber genau wissen, wo Margot Honecker und ihr Enkel leben. Im Traum muss ich einkaufen gehen. Auf einmal stehe ich in einer Kaufhalle, wo alle neuen Bewohner von Wandlitz einkaufen. Mich schaut niemand an, jeder schiebt seinen Korbwagen vor sich her.

Ein anderes Mal träumte ich vom Bootshaus in Wildfang: Die Tür lässt sich nicht aufschließen, weil es jetzt einen neuen Besitzer gibt. Ich breche das Schloss auf und steige ins Bootshaus, wo ein alter Kahn am gebrechlichen Steg festgebunden vor sich hin schaukelt. Das Wasser ist voll von Gemeinem Tannenwedel und Hornblatt, eine grüne Masse Plankton und Algen gleich. Am Ende kommt die Großmutter und zieht die Gardinen wieder fest zu.

Im Flur des Obergeschosses stand ein Schrank voll mit Büchern. Zumeist waren es deutsche Schriftsteller, die sich aneinanderreihten: Bertolt Brecht, Anna Seghers, Hermann Kant, Christa Wolf, Erwin Strittmatter, Heiner Müller, Friedrich Schiller, Goethe. Einmal erzählte mir Großmutter mit Humor, wie sich die DDR-Intellektuellen verhielten, wenn das Bildungsministerium die neuen Lehrpläne festlegte. Dann wurden alle eingeladen, um zu informieren, wer und wo in den Schulplänen vorkam. Alle waren nur am eigenen Namen interessiert. Sie sagte immer: ›Schriftsteller sind politisch labil.‹ – ›Na ja, sagte ich zu ihr‹, ›ein wenig Labilität muss man schon haben, um am Leben teilzunehmen.‹

Der Bücherschrank stand gegenüber von meinem Atelier, und ich blätterte gern in den Bänden. In Opas ›Aus meinem Leben‹, in ›Was von den Träumen blieb‹ oder im mit Omas Notizen vollgeschriebenen ›Der Sturz‹. Die historische und familiäre Katastrophe in Regalen dicht nebeneinandergedrängt. In der Autobiografie von Dean Reed, den ich als Kind von Solidaritätsveranstaltungen und aus dem DEFA-Film ›Sing, Cowboy, sing‹

63 Großmutter mit Dokumenten der Flucht, 2002.

64 Großmutter in der Wohnstube.

65 Margot Honecker mit Carlos Puccio, der 1990 dabei half, private Dokumente zu sichern.

66 Roberto mit Freundin und Kind im Haus der Großmutter.

67 Im Wohnzimmer bei Musikproben.

68 Mit Großmutter im Garten, 2013.

kannte, überraschte mich das Kapitel, in dem er über seine Unterstützung für die Unidad Popular in Chile berichtete. Das hatte ich nicht gewusst, dass er mit einem zur Bühne umgebauten Lastwagen durch das Andenland gefahren war und für Allende Werbung gemacht hatte. Das glänzend rote Buch war mit einer Widmung für Großvater versehen, den er mit ›Mein lieber Freund Erich‹ anspricht und endet mit ›We shall overcome! Ich umarme Dich! Dean Reed‹.

Für mich hatte das Wohnhaus eine politische und parallel eine menschliche Geschichte. Ich war Zeuge vieler Ereignisse, die seit der Wende stattfanden. Auch wenn Oma es nicht wahrhaben wollte, war ich ihr Beschützer, ihr privater Bodyguard. Es war mein Anliegen, dass sie die letzten Jahre ihres Lebens Hilfe erhält und umsorgt wird, so wie sich jeder Mensch das Altern in Würde wünscht. Die andere Seite war natürlich ihre ideologische Zwanghaftigkeit. Oma machte sich in ihrem Haus in La Reina eine kleine DDR zurecht, und es galt die Moralskala des untergegangenen Staates. So wurde ich wieder von der DDR eingefangen, ich – ihr letzter Bürger. In den Räumen des Hauses wehte stets der kalte Wind deutscher Geschichte, allen voran die Geschichte der Arbeiterbewegung. Ein Bett, ein Schrank, ein Nachttisch und eine Gardine. Die Gitarre stand immer im Schrank. Mein Zimmer war das Fenster nach Lateinamerika.«

Außerhalb von Omas vier deutschen Wänden stürzt sich der Enkel ins Studium der spanischen Literatur und findet im Salon des Germanisten Federico Schopf sein künstlerisches Zuhause. Der 1940 geborene Universitätsprofessor lehrt Ästhetik, schreibt selbst Gedichte und veröffentlicht Essays und Kritiken. Schopf hatte einige Zeit im Exil in Frankfurt am Main gelebt und unter anderem Gedichtbände der beiden chilenischen Nobelpreisträger Pablo Neruda und Gabriela Mistral bei Luchterhand herausgegeben.

Roberto mag die Art des Wissenschaftlers und Lebemanns, der Literaturkritik nicht aus dem Elfenbeinturm der Gelehrten diktiert, sondern sich mit jungen Frauen und Männern umgibt und

69 Großmutter in der Küche in La Reina.

70 Großmutter unter Robertos Gemälde.

71 Selfie Robertos mit der Großmutter, um 2007.

72 Im Garten in La Reina beim Texten eines Songs.

ihnen die Lust an Literatur vermittelt. Nebenbei hört der Literatenkreis Musik von Schopfs Sohn Martin, der als »Dandy Jack« in der Techno-Szene international bekannt ist.

Die mit Büchern und Kunst vollgestopfte Wohnung in Santiago wird für Roberto nicht selten zu einem Fluchtort, wenn er es bei Oma nicht mehr aushält. Schopf wird sein Mentor, der seinerseits selbst erfolglose Versuche nicht scheut, Margot Honecker davon zu überzeugen, dass die berufliche Zukunft des Enkels im Bereich der Kunst liege. Er beschreibt der ehemaligen Volksbildungsministerin, welche Schwierigkeiten die Zweisprachigkeit, das Leben in zwei Welten für Roberto bedeutet. Ihr Enkel müsse sich entscheiden, in welcher Sprache er denken, träumen und dichten wolle.

Federico, wie Roberto ihn bald nennen darf, gilt als einer der wichtigsten Experten für das Werk der chilenischen Surrealisten. Kein Wunder, dass sich um den Meister herum eine neue Surrealisten-Gruppe bildet, die an die Traditionen von Pablo de Rokha, Vicente Huidobro, Nicanor Parra, Roberto Matta und anderen anschließen will. Die »Anti-Poesie« von Parra und der »Creacionismo« von Huidobro, genauso wie die Manifeste von Breton gehören zum Baukasten der Jungsurrealisten. Roberto ist von Beginn an dabei und gibt seit 1997 mit seinen sieben Mitstreitern die in losen Folgen erscheinende Zeitschrift »Derrame« heraus.

»›Derrame‹ heißt so viel wie herausströmen. Kunst nicht als Mimesis, nicht als Nachahmung der Natur. Produkte der Kunst müssen etwas Neues erzeugen, was uns die Träume bringen, wenn sie mit der Realität zusammenstoßen. Die in Chile sehr bekannte Schriftstellerin Stella Díaz Varín hatte mich und die anderen immer ›Schüler‹ genannt. In ihrem Studium der Medizin und Psychologie wollte sie den Übergang der Träume vom menschlichen Gehirn auf die Totalität des Menschen nachweisen. Nur ganze vier Gedichtbände gibt es von ihr, aber die nationale Wirkung ihrer Lyrik hält bis heute an. Sie besuchte auch das Haus der

73 Roberto mit Mentor Schopf in dessen Arbeitszimmer.

Oma, wobei ich das Gespräch der Damen als Übersetzer beglei-
tete. Ein Foto davon gibt es noch. Ihr habe ich zu verdanken, dass
mein erster Gedichtband 1999 im Schriftstellerverband in Santiago vorgestellt werden konnte. Poesie ist für mich eine Vorhut, die
etwas vorbereitet, das noch nicht da ist. Danach kommt die Malerei als ästhetischer Genuss. Ich jedenfalls male, um es zu genießen.

Es mag ja Künstler geben, die sich selbst quälen und das für
Kunst halten. Ich bin eher ein Epikureer. Eindrücklich ist mir
noch mein Besuch bei Nicanor Parra, dem damals ältesten leben-
den Dichter Chiles. Auf dem Weg zu seinem Haus steht ein Indianer, mit dem ich mich kurz unterhalte. Als ein anderer Passant
vorbeikommt, zückt er plötzlich ein Messer und entwendet dem
Passanten seine Uhr und verschwindet. Der Schrecken darüber
sitzt mir noch in den Gliedern, als ich Nicanor Parra gegenüber-
tretete.

Da kommt ein Nachbar reingestürzt mit einer Pistole in der
Hand und zeigt auf mich. Parra fragt, was denn eigentlich los sei.
Noch immer mit auf mich gerichteter Waffe bezichtigt mich der
Eindringling, einen Mann vor dem Haus überfallen zu haben.

Der Dichter klärt ihn auf, wer ich bin und dass er mich erwartet habe.

Nachdem der erregte Nachbar gegangen war, führen wir eine weit über die Zeit geplante persönliche Unterhaltung. Zum Abschied schenkt Parra mir drei Manuskriptseiten mit Kurzgedichten und ein DIN-A4-Blatt mit Datum und Unterschrift. Darüber steht eine einzige geschriebene Zeile: ›Aufpassen, die Leiche von Marx atmet noch.‹«

74 Salon bei Federico Schopf mit der Gruppe »Derrame«.

Im Haus der Großmutter bleibt Politik das vorrangige Thema, selbst wenn es den Enkel nicht interessiert. Aber es gibt ein Datum, an dem er das politische Geschehen unbedingt mit ihr diskutieren möchte. Nach dem 17. Oktober 1998 kommt es zu gleichberechtigten Diskussionen zwischen den beiden. Der Grund ist die Eilnachricht auf allen chilenischen und ausländischen Kanälen von der Verhaftung Augusto Pinochets in London.

Der abgedankte Diktator wollte sich privat in einer Klinik behandeln lassen und war mit einem Diplomatenpass, der ihm Immunität zusicherte, nach Großbritannien eingereist. Gegen ihn liegt jedoch ein Auslieferungsersuchen der spanischen Justiz vor, die wegen der Ermordung und Verschleppung zahlreicher Spanier während seiner Militärherrschaft ermittelt.

Unmittelbar nach der Verhaftung werden Proteste der chilenischen Regierung und Armee veröffentlicht, die den Briten völkerrechtswidriges Verhalten vorwerfen. Argumentiert wird mit der diplomatischen Immunität des Arretierten, denn Pinochet war nach seinem Rücktritt als Staatspräsident 1990 noch Chef des Heeres geblieben und hatte sich zum Senator auf Lebenszeit ernennen lassen. Durch diesen Schachzug war ihm eine dauerhafte Immunität sicher, die ihn in Chile vor jeglicher Strafverfolgung schützte.

Vor Westminster demonstrieren Exilchilenen für einen schnellen Prozess gegen den Putschistenführer. In Santiago gründen Künstler und Journalisten die Zeitschrift »The Clinic«, die den

Aufenthalt des »Kranken« ganz bewusst mit Satire und schwarzem Humor verfolgt. Eine Frage an den Leser lautet: »Was hat Chile, was kein anderes Land in der Welt besitzt? Zwei Diktatoren: einen rechten und einen linken.«

Anfang März 2000 kommt Pinochet frei und nach Chile zurück. Es gibt Demonstrationen und Mahnwachen von Vertretern der Opfer. Das Militär veröffentlicht daraufhin einen halbherzigen Bericht über das Schicksal der Verschwundenen, die vermutlich aus Hubschraubern ins Meer geworfen wurden. Zu Beginn des Jahres 2001 attestiert eine Ärztekommission Pinochet »gefäßbedingte Demenz« und somit Verhandlungsunfähigkeit. Damit endet das Kapitel des Senators Augusto Pinochet auf der politischen Bühne. Es gibt bis zu seinem Tod 2006 keine strafrechtliche Verurteilung.

»Großmutter nahm die Nachricht erstaunlich nüchtern auf. Sie war nicht schadenfroh, aber auch ohne Spur von Mitleid. Sie verfolgte jeden Winkelzug des auf die Verhaftung folgenden diplomatischen Agierens um die Freilassung oder weitere Strafverfolgung des Ex-Präsidenten wegen dessen Menschenrechtsverletzungen. Der Prozess Jahre zuvor gegen Großvater war für sie eine Blaupause, an der sie den Fall verfolgte.

Ich hatte sie fünf Jahre vorher darauf aufmerksam gemacht, dass es Ermittlungen in Spanien von Richter Baltasar Garzón gegen Pinochet gebe wegen der Tötung von Spaniern während des Putsches. Da hatte sie gesagt, das wird nie zustande kommen. Wie Oma glaubte niemand in Chile, dass das passieren würde.

Oma erzählte mir, wie sie den Putsch damals erlebt hatte. Sie erinnerte sich an den Anruf von Sonja: ›Mama, Pinochet hat geputscht‹, an die Bilder vom Bombardement auf die Moneda und die Sorge Großvaters um das ungewisse Los seines späteren Schwiegersohnes. ›Oh Gott, wie die Zeit vergeht‹, stöhnte sie, ›Roberto, das wirst du noch zur Genüge erfahren, nämlich, wenn zwei das Gleiche tun, ist es noch lange nicht dasselbe.‹ Ich antwortete ihr: ›Oma, man kann die Mauertoten nicht aufrechnen mit den Toten in anderen Diktaturen.‹

75 Mit erster Tochter, 1997.

Später nahm sie mit Genugtuung wahr, dass die sozialistische Präsidentin Michelle Bachelet das von Anhängern Pinochets geforderte Staatsbegräbnis ablehnte. Sie erlaubte zwar den Streitkräften die Flaggen auf halbmast zu setzen, was ein Zugeständnis war an die noch starke Gruppe seiner Verehrer. Man muss schon längere Zeit in diesem Land gelebt haben, um zu verstehen, warum Pinochet und seine Diktatur in Teilen des Volkes noch so populär sind.«

Die Wohngemeinschaft von Enkel und Großmutter, zweier so gegensätzlicher Charaktere und auseinanderliegender Generationen, erzeugt neben allen Reibereien auch einen positiven Effekt. Sie schützt die Oma vor der Einsamkeit des Alters. Robertos Freunde halten im Haus ihre Redaktionssitzungen ab für eine neue Ausgabe von »Derrame« oder proben Songs, die sie dann ins Internet stellen. Als seine erste Tochter 1997 geboren wird, verbringen Mutter und Kind gerne sonnige Stunden im stillen Garten von »Tante Margot«.

Wenn Gäste der Hausherrin kommen, die kein Deutsch sprechen, kann der Enkel sich nützlich machen und dolmetschen.

76 Margot Honecker zu
Besuch bei Luis Corvalán,
um 1994.

Oder Roberto bringt Oma zu Luis Corvalán, mit dem sie ein Ge-
sprächsbuch über ihr Leben erarbeitet. Darin erwähnt sie indirekt
die Probleme ihres Enkels im Abschnitt über »die sinnvolle Freizeit« der Kinder in der untergegangenen DDR: »Aber es ist sicher
in Chile unvorstellbar: Drogen waren in der DDR weder ein Bedürfnis noch ein Problem.«

Wie sehr sich die Großmutter noch als sozialistische Ministerin fühlt, die weiß, wie man die Weltlage zu erklären habe, bezeugt ein Zusammentreffen von Hans Modrow mit der einstigen First Lady. »Das erste Mal war ich auf Einladung von Gladys
Marín 1997 in Chile. Beim Kaffeegespräch mit Margot stand die
deutsche Politik im Zentrum, und sie legte auch sofort los. Und
ich dachte im Stillen: Margot ändert sich wahrscheinlich nie.
Wenn sie schon in der DDR immer alles besser wusste und mich
das damals auch spüren ließ, war die Situation hier dieselbe: Das
kleine Hanslein kommt, und die kluge Margot weiß mehr in Chile, was in der DDR und nunmehr in der Bundesrepublik Fakt
ist.

Bei meinem zweiten Besuch viele Jahre später hatte ich das Gefühl, dass sie schon begriffen hatte, dass ich mehr Erfahrungen in

der internationalen Politik gesammelte hatte als sie in La Reina. Und so ergab sich ein Gespräch, in dem sie auch zuhörte und Fragen stellte. Wir sind dann ein Stück außerhalb ihres Hauses spazieren gegangen, und sie begrüßte Leute auf Spanisch. Ich erlebte sie jetzt in einer Atmosphäre, als wäre sie etwas heimisch geworden in diesem Land.

Sie vermisste Berlin und Wandlitz in keiner Weise. Sie hatte sich als eine starke Frau ihren Lebensmittelpunkt bewahrt und neben vielen Anfeindungen durchaus auch Anerkennung gefunden, worauf sie stolz war. Anders war es bei Erich. Ich glaube, er ist aus dem Leben gegangen mit dem Gefühl, dass seine Lebensleistung nicht geachtet werde. Aus den Worten von Margot konnte ich entnehmen, dass das Zusammensein mit der Familie ein versöhnlicher Abschluss für sie war. Viel Energie brachte sie für ihren Enkel auf, und sie war mir gegenüber sichtlich erleichtert, dass es ihr gelungen war, für ihn einen Kuba-Aufenthalt besorgt zu haben.«

Roberto begleitet Großmutter bei Behördengängen, wenn sie zum Beispiel in der Botschaft jährlich persönlich ihren Pass vorlegen muss, um nachzuweisen, dass sie noch lebt – eine Voraussetzung für die Weiterzahlung ihrer Altersrente, die sie aus Deutschland bezieht. Von den knapp 1500 Euro Rente gibt sie ihm monatlich einen kleinen Betrag als Taschengeld ab. Das ist ihm unangenehm, aber ohne diese Stütze kommt er oftmals nicht über die Runden.

Was für jedermann normal klingt – dass man einer Arbeit nachgehen und Geld verdienen muss –, wird für den Enkel wiederholt eine komplizierte Herausforderung. Noch in seiner alten Wohnung hatte er mit Mariana T-Shirts mit eigenen Motiven bemalt und gut auf dem Basar verkauft, in Bussen mit Gitarrespielen Pesos erbettelt oder sich als Porträtmaler versucht.

Um wieder einmal Abstand von Oma zu gewinnen, arbeitet er als Touristenführer in Valparaiso. Hier kommen die deutschen Urlauber von ihren Kreuzfahrtschiffen herunter, und er führt sie durch die Hafenstadt. Er kann sich an keine Führung erinnern, bei der er von den deutschen Touristen nicht nach Honecker befragt wurde. Darüber Auskunft zu geben, macht ihm sogar Spaß. Als Enkel hat er sich niemals zu erkennen gegeben.

Den ersten richtigen Job mit gutem Verdienst verschafft ihm ein Maklerbüro in Santiago.

»Ich hatte schon zwei Jahre Arbeit hinter mir, da erlebte ich den Höhepunkt in meiner Karriere als Immobilienhändler. Ich konnte ein 410 m² großes Apartment verkaufen. Das brachte auf einmal so viel Provision für mich ein, dass ich damit aufhörte, um mich wieder der Kunst zu widmen. Aber ich war nach dieser Zeit ein anderer geworden. Das Büro verlangte von mir, meine langen blonden Haare abzuschneiden, meinen Bart täglich zu stutzen und mich bürgerlich zu kleiden. Da ich damit gutes Geld verdiente, wurde ich immer dicker. Seit 2004 war ich clean, rauchte kein Marihuana mehr und trank keinen Alkohol, aber ich fraß wie besessen und begann Kette zu rauchen. Man kann sagen, ich wurde vom System gemästet.«

Der Weg zur Überwindung seiner Drogensucht führte Roberto über einen Klinikaufenthalt in Kuba, den Großmutter mit ihren guten Beziehungen zu Fidel Castro eingefädelt hatte. Schon in Chile musste er schlechte Erfahrungen mit unangemessenen, veralteten Therapiemethoden über sich ergehen lassen. Sein Mitbewohner Diego bemerkte damals sofort, wenn Roberto während eines Klinikaufenthaltes mit Elektroschocks behandelt worden war. »Als er zurückkam, war er totenbleich, konnte sich an nichts erinnern. Er brauchte zwei Tage, um überhaupt wieder ein Mensch zu werden. Furchtbar, das mit ansehen zu müssen.«

In Havanna erhält er eine klinische Spezialbehandlung. Trotzdem hält er die Psychiatrie für das rückständigste Fach in der Medizin. Man habe hochmoderne Medikamente entwickelt, aber für die seelischen Leiden des Menschen gebe es eben noch kein Rezept.

An der Universität in Havanna schreibt sich Roberto in die Abendkurse des Malereistudiums ein. Seine Mitstudenten sind Bauern vom Lande, die vormittags Schweine und Hühner hüten

77 In Kuba an der Maluniversität, 2000.

und abends mit ihm die Kurse besuchen. An der Maluniversität
»Escuela Depintura San Ajenadro« herrscht ein strenges Regime.
Im Zeichenunterricht werden Modelle nachgezeichnet, Körper-
maßstäbe und Proportionen müssen auswendig gelernt werden.
Die Kunstgeschichte beginnt bei den Höhlenmalereien und reicht
bis zum Fauvismus, den blauen Pferden von Franz Marc. Roberto kann hier das Werk des surrealistischen Malers Wifredo Lam
intensiv studieren, der in den Zwanzigerjahren eine fünfjährige
Ausbildung an der Kunsthochschule Havanna absolviert hatte.

»Es war die Zeit der ›periodo special‹, als es in Kuba nichts
gab, gar nichts; die Leute mussten teilweise hungern und standen
Schlange nach Rüben. Um dem zu entkommen, entstand das Problem der ›Valcedos‹: Kubaner, die mit Booten versuchten, von der
Insel nach Florida zu fliehen. Der Zusammenbruch der Sowjetunion und des sozialistischen Blocks hatten das Land in eine Ver-
sorgungskrise gestürzt.

Als ich da um die Jahrtausendwende ankam, ging dieses Jahrzehnt der Neuorientierung langsam zu Ende. Es wurden öko-
nomische Reformen eingeführt, die erlaubten, dass die Leute

78 Im Atelier in Valparaiso, Juli 2013.

vom ›Nichts-Haben‹ wenigstens ›etwas‹ hatten. Private Geschäfte
für Kleinhändler, Vermietung und Gastronomie wurden erlaubt.
In Wohnzimmern entstanden kleine Kneipen, die die Kubaner
›Paladar‹ nannten: Gaumen. Das Verteilungssystem mit Lebens-
mittelkarten existierte noch. Ich habe sehr gestaunt über unsere
Lehrer, die von ihrem Verdienst fast nicht leben konnten, aber sie
kamen immer pünktlich kurz vor Unterrichtsbeginn.

Einmal kam Fidel Castro in unseren Kurs. Er hatte sich angewöhnt, den Einrichtungen des Landes Blitzbesuche abzustat-
ten. Das Überraschungsmoment seines Auftauchens war kalku-
liert. Er wollte sehen, was wirklich im Land vor sich ging, wie
und was funktionierte oder was im Argen lag. Da er, so wie ich,
über 1,90 Körpergröße hatte, konnten wir uns nicht übersehen.
So bin ich auch zu einem Händedruck mit dem Comandante gekommen. Ich hatte sehr gute Freunde in Havanna, ein gutes Verhältnis mit den Kubanern, weil sie in gewisser Weise ja auch So-
zialismuskinder wie ich waren.«

Zur Verteidigung der kleinen DDR in La Reina gehört, dass
Margot Honecker sich selbst im dauernden Kriegszustand mit
den Medien sieht. Auch Jahrzehnte nach dem Mauerfall spricht
sie gegenüber dem Enkel noch immer von der »Westpresse« oder

den »kapitalistischen Medien«, die nur ein Ziel haben: ihre DDR zu delegitimieren. In Briefen an ihren Verleger teilt sie diesem stolz mit, wenn ihr »Robi« wieder eine Anfrage eines Journalisten abgewiesen hat.

Doch Roberto hat sich nicht nur der Welt der Kunst geöffnet, er möchte mit der Deutung seiner Biografie ebenso frei und ohne vorgegebene Muster umgehen können. Er kann Großmutter nach all den negativen Erfahrungen mit der Boulevardpresse verstehen, aber selbst ihre rigorose Vorsicht hat sie nicht vor Reinfällen bewahrt. Er weiß, dass er sich mit jeder Öffnung ein Stück angreifbarer macht und dass das Stigma »Honeckers Enkel« vor jedem Kommentar über ihn stehen wird. Ein Künstler braucht Öffentlichkeit, wenn er Resonanz auf seine Arbeit spüren möchte.

Das erste große Wagnis unternimmt Roberto mit einem Interview im »Zeit«-Magazin 2011. Der positive Widerhall der Veröffentlichung reicht bis nach Chile und ermutigt ihn, sich aus der verordneten Schweigeverordnung der Großmutter und seiner Eltern zu befreien. Zwei Jahre später gibt er sein Einverständnis, dass man einen abendfüllenden Dokumentarfilm über ihn dreht. Damit wäre aber eine Reise nach Deutschland in seine alte Heimat Berlin verbunden. Im Insel Verlag wird ein Band mit seinen Gedichten und Bildern erscheinen, die Galerie Kornfeld plant eine Ausstellung seiner Gemälde.

Nun stellt sich für ihn die Frage: Darf ich in dieses wiedervereinigte Deutschland zurückkehren, das Oma nur »Großdeutschland« nennt? Dorthin, wo Opa und Oma wie Hühnerdiebe davongejagt wurden? Seit Monaten schiebt er diese Entscheidung vor sich her. Auch dann noch, als die Dreharbeiten über ihn in Santiago längst begonnen haben, hat er Oma weder von der geplanten Reise nach Berlin noch von den stattfindenden Filmarbeiten erzählt. Kurz bevor das Filmteam seine Sachen für den Rückflug packt, fasst er Mut und spricht mit ihr über seine Pläne. Noch heute ist er erstaunt, dass sie ihn nicht davon abhalten will, sondern ihm zurät, wie seine Mutter.

79 Mit ehemaliger Haushälterin Ulrike Hainke vor dem Haus 11 in der Waldsiedlung Wandlitz, 2013.

So betritt er im Oktober 2013 nach 23 Jahren erstmals wieder deutschen Boden. Das veränderte Berlin ist für ihn kein Schock, nach ein paar Tagen kommt sein Orientierungssinn für die Mitte der Stadt zurück. Er besucht seine früheren Lebensorte, klopft an die Tür seiner damaligen Wohnung in der Leipziger Straße. Für die Presse finden Fotoshootings an der Weltzeituhr und der East Side Gallery mit ihm statt. Die Orte der Kindheit haben sich verändert, aber nicht so, dass er sie nicht wiedererkennen würde.

In der Waldsiedlung Wandlitz trifft er eine ehemalige Haushälterin der Großeltern. Mit ihr knipste er ein Selfie vor der Rückseite des Hauses Nummer 11, das er umgehend an Oma nach Santiago postet. Sein geliebtes Wildfang in der Schorfheide, wo Klecks mit ihm spielte, liegt unberührt im Dornröschenschlaf vor ihm. Wenn sich nicht bald jemand seiner annimmt, wird es bei einem nächsten Besuch nicht mehr existieren.

Im Insel Verlag übergibt ihm die Lektorin Belegexemplare seines Gedichtbandes. Am Abend der Vernissage seiner Bilderausstellung der Galerie Kornfeld in der Fasanenstraße im Westen der Stadt werden die Räume von zweihundert Menschen geflutet.

Es kommt ihm vor, als sei er durch ein Nadelöhr in ein anderes

80 Vor dem Haus der Großeltern.

Leben getreten. Trotzdem ist ihm dieses neue Berlin nicht fremd, ein Stück seines Lebens ist darin aufbewahrt. Mit der Rückkehr zu seinen Wurzeln hat sich für ihn ein erster Kreis geschlossen. Beim Check-in vor der Rückreise sagt er: »Ich bin jetzt länger Chilene als Deutscher und fliege nach Hause.«

81 Roberto 2013 vor East Side Gallery-Motiv »Bruderkuss«.

82 Im Suhrkamp-Insel Verlag, 2013.

83 Rundgang im Mauermuseum mit Axel Klausmeier, 2013.

84 Mit Schulfreund Friedrich von Heydwolff im Marburger Ruheforst, 2013.

Tod der Großmutter

Eine Vorahnung, dass die Großmutter ernsthaft erkrankt sein könnte, beschleicht Roberto um Weihnachten 2015. Bisher war sie um diese Jahreszeit immer in aufgeräumter Stimmung gewesen. Sie bereitete ihre jährliche Reise nach Kuba vor und freute sich auf das Wiedersehen mit alten Freunden. Enge Beziehung unterhielt sie zu Heinz Keßler und dessen Frau. Der letzte Armeegeneral der DDR flog regelmäßig seit den 1990er-Jahren zum gemeinsamen Urlaub mit der ehemaligen Volksbildungsministerin auf die Karibikinsel, stets mit einer Einladung von seinem ehemaligen Amtskollegen Raúl Castro verbunden.

Das Verhältnis der Großmutter zur kubanischen Führung ist ein besonderes. Es ist Fidel Castros Frau Dalia Soto del Valle, die in der kubanischen Frauenbewegung eine bedeutende Position innehat, die sich mit Margot Honecker persönlich verbunden fühlt. Ein Mal im Jahr bleibt sie für drei Wochen auf der Insel. Der Aufenthalt ist ein Mix aus Urlaub und Kur. Freie Unterkunft und Logis stellen die Castros zur Verfügung. Dazu gehört auch ein umfassender Gesundheitscheck. In Chile gibt es nur privatärztliche Versorgung, und die ist teuer. Doch dieses Jahr bittet die Oma den Enkel nicht, sie zur kubanischen Botschaft zu begleiten, um ihre Reise auf die Karibikinsel vorzubereiten. Auch die häufigeren Telefonate als üblich mit den ebenfalls betagten Kampfgefährten in Berlin sind für ihn kein gutes Zeichen.

»Sie selbst wusste wohl, was sich in ihrem Körper ausbreitete. Für mich ging ihr gewohntes Leben weiter. Sie las den ›Rotfuchs‹ und andere deutsche Zeitungen. Post kam weiterhin aus Deutschland, wobei sie mehr und mehr das Weltgeschehen im Internet verfolgte und lieber Mails als Briefe verschickte.

Im März ging es dann bergab. Der böse Gast, der Krebs, war

85 Margot Honecker in den Ferien auf Kuba mit Heinz Keßler (re.).

da. Viele sagen, Krebs sei eine psychische Krankheit. Um mit ihrem Leben weiterzumachen, hatten sich zu viele Dinge angesammelt, die sie nicht mehr verarbeiten konnte. Ich glaube, sie hatte mehr zu sagen und noch viel mehr zu korrigieren. Sie war leider niemals in der Lage, ihre revolutionäre Gesinnung mit Selbstkritik zu verbinden.

Zu keinem Zeitpunkt hat sie mir geglaubt, dass meine psychischen Schmerzen etwas mit der ›DDR-Affäre‹ zu tun hätten. Wenn eine ganze Familie gejagt wird, so kann man psychische Gesundheit nicht voraussetzen. Sie konnte Wandlungen in Menschen nicht wahrnehmen. Kapitalismus stand für sie für das Böse, und ihr Enkelsohn durfte nicht glücklich sein in dieser Gesellschaftsordnung. Wenn er glücklich wäre im Kapitalismus, dann wäre er krank.

Meine Mutter holte Oma in ihr Haus und kümmerte sich um sie. Zusätzlich war eine Krankenschwester anwesend. Mit ihr habe ich mich mehr unterhalten als mit meiner Mutter. In ihrem Berufsleben hatte sie schon viele Patienten sterben sehen. Man

86 Margot Honecker auf Kuba mit Fidel Castro.

sagt, vor dem Jüngsten Gericht sind alle gleich, aber die Krankenschwester drückte es anders aus: ›Der Tod unterscheidet eben
nicht.‹«

Im April wird Margot Honecker in eine öffentliche Klinik in
Recoleta eingeliefert. Im Krankenbett erlebt sie ihren 89. Geburtstag. Der behandelnde Arzt hatte vor über zwanzig Jahren ebenfalls ihren Ehemann betreut. Sein Befund für die Großmutter
fällt drastisch aus. Die Mediziner können nichts mehr für sie tun.
Die letzten Wochen steht sie unter Schmerzbehandlung mit Morphium. Jeden Tag besucht der Enkel sie auf der Krankenstation
in Recoleta.

»Ich versuchte, mit ihr zu reden, doch es kam wenig Sinnvolles.
Sie wusste, es war aus. Sie nahm ihr Schicksal an. Auf meine wiederholte Frage, ob sie Angst vor dem Tod hat, antwortete sie stets:
›Überhaupt nicht.‹ Das Morphium stimmte sie sogar etwas heiter.
Dann aber kamen diese Worte: ›Kümmere dich um deine Mutter,
sie ist nicht so stark, wie sie vorgibt. Und schäme dich niemals,
der Enkel deiner Großeltern zu sein.‹«

»Schäme dich nicht, dass du der Enkel von Margot und Erich Honecker bist«, dieser Satz verfolgt Roberto seit dem Sturz des Großvaters 1989. Wieso sollte er sich schämen? Er ist doch nur der Enkel und nicht der Sohn. Was hat er mit der DDR zu tun, außer dass es das Land seiner Kindheit war. Die Großeltern hatten Macht, und er hat als Kind davon profitiert. Aber das ist doch nicht seine Sache gewesen. Ein Kind nimmt, was es bekommt.

Lange Zeit sperrt er sich gegen die öffentliche Verortung seiner Person als »Honeckers Enkel«. Der Name ist wie ein Fluch. Muss er sich mit den Taten oder Untaten seiner Großeltern auseinandersetzen? Wer hat das Recht, ihn dazu zu zwingen? Sein Name ist Roberto Yáñez Betancourt. Trotzdem haftet der Name Honecker an ihm wie heißer Teer.

Er liest Bücher über das Leben von Kindern, deren Eltern in das NS-System verstrickt waren, liest Thomas Harlans Buch über seinen Vater Veit, dessen antisemitischer Film »Jud Süß« die Judenverfolgung im Dritten Reich künstlerisch bejahte. Über ein Zeitungsfoto der Neofaschistin Alessandra Mussolini, der attraktiven Enkelin des Diktators, stößt er auf das Buch »Mein Vater, der Duce«. Es sind die Erinnerungen des Jazzpianisten Romano Mussolini an die Zeit mit seinem Vater. Romano beschreibt als Sohn die Wirkmächtigkeit, die ein Name in der Öffentlichkeit auslösen kann. Als er die jüngere Schwester von Sophia Loren heiratet, sind die Gassen zur Kirche vollgestopft mit Menschen, und die Fotografen balgen sich um die besten Plätze für ihre Aufnahmen vom Brautpaar. In diesen Erinnerungstexten sucht Roberto nach einer Bewältigungsstrategie über das Böse der Vergangenheit, in die seine Großeltern verstrickt sind, aber doch nicht er. Er hat die Berliner Mauer nicht gebaut und auch keinen Wehrkundeunterricht an den Schulen eingeführt. Wofür soll er sich rechtfertigen? Dafür, dass die Großeltern führende Funktionäre waren, dass sie an der Errichtung einer kommunistischen Diktatur mitwirkten?

Es gibt die These von der Erblast der Geschichte. Wer muss diese Erblast tilgen? Die Bundesrepublik Deutschland den Faschismus, Russland den Stalinismus? Erblasten können für die Nachgeborenen Geschenk oder Fluch sein. Wie soll Roberto mit diesen gesellschaftshistorischen Folgewirkungen umgehen? Er ist halb Deutscher und halb Chilene. Auf jeder Seite türmen sich historische Erblasten.

Schuld für die Verbrechen des Nationalsozialismus und des Holocaust haben die Großeltern nicht auf sich geladen. Das hatten sie im Widerstand gegen das Hitlerregime fast bis zur körperlichen Selbstvernichtung bewiesen. Pinochet und das Morden seiner Militärs sind bis heute nicht gesühnt. Die chilenische Erblast der Geschichte, das kann er täglich beobachten, wird noch längst nicht von allen Bürgern akzeptiert.

Man kann diese Aufzählung von ererbter Schuld endlos fortführen: die Ermordung der Ureinwohner Südamerikas durch die spanischen Eroberer, das Gemetzel deutscher Kolonialherren an Afrikanern, der Kriegswahn des preußischen Militarismus, das realsozialistische Unrecht in der DDR. Für welche Erblast soll er bereit sein, sich in eine Verantwortungsrolle der nachgeborenen Generationen zu begeben? Fragen über Fragen, die ihn seit dem Herbst 1989 beschäftigen.

»Viele Male musste ich gegen meinen Willen für schlechte DDR-Politik die Verantwortung tragen, mich nach außen vor die Familie stellen, Großmutters Hohelied auf den DDR-Sozialismus mit anstimmen. Aber ich war auch der Einzige aus der Familie, der sich der Vergangenheit öffentlich gestellt hat. Ihre menschliche, großmütterliche Hilfe war für mich immer gleichzeitig ein Hindernis. Mit ihrem Tod hat sich alles Kranke und alles Gesunde gewandelt. Es ist richtig: Ein Kapitel Lebensgeschichte ist zu Ende. Bei mir kehrt der Friede ein, der ihre Person leider nicht mehr erreicht hat. Aber ich bin sicher, sie hat ihr Lebenswerk als etwas Vollkommenes betrachtet.«

Die Trauerveranstaltung für Margot Honecker findet auf dem Friedhof Parque del Recuerdo statt. Eine kleine Gruppe von Menschen versammelt sich um den Sarg. Es sind nur wenige Verwandte und Bekannte gekommen. Von Robertos Freunden sind fast alle da, einzelne Vertreter der KPC, ein Mitglied aus der Musikgruppe »Inti-Illimani«.

Michelle Bachelet, die Präsidentin Chiles, schickt ein Beileidsschreiben. Sie ist im bürgerlichen Beruf Kinderärztin und hatte an der Berliner Humboldt-Universität Medizin studiert, nachdem sie mit ihrer Mutter in die DDR emigriert war. Ihr Vater setzte beim Putsch 1973 auf Verfassungstreue und wollte sich der Militärregierung Pinochets nicht anschließen. Nach wiederholten Folterungen starb er 1974 im Gefängnis in Santiago an Herzversagen. Bachelets Mutter, die Archäologin Angela Jérie, unterhielt zu Margot Honecker über all die Jahre eine freundschaftliche Beziehung.

Zur Trauerfeier des Großvaters vor 22 Jahren kamen Tausende Menschen auf den Zentralfriedhof in Santiago. Die einstmals große chilenische DDR-Exilgruppe hat sich über die Zeit spürbar verkleinert. Viele alte Freunde der Honeckers leben nicht mehr, anderen ist der Weg zum Friedhof unterdessen zu beschwerlich geworden. So hält Tochter Sonja ihre Grabrede vor einer überschaubaren Trauergemeinde.

Mit ihrer dominanten Mutter hatte sie es selbst oft nicht leicht. Worte öffentlicher Abrechnung verbieten sich von selbst. Dennoch findet sie einen Weg, ihre Differenzen mit der Mutter und Politikerin anklingen zu lassen, indem sie auf den ideologischen Einfluss der ehemaligen Volksbildungsministerin auf ihre eigene Arbeit als Soziologin hinweist. Ganz nebenbei holt sie Robertos Großmutter herunter von deren selbst erschaffenem Heroensockel, die letzte standhafte Kämpferin für die gerechte Sache der DDR gewesen zu sein. Am Ende löst sich ein Dogma im ganz normal Menschlichen auf: »Auch wenn wir bei der Akademie für Gesellschaftswissenschaften immer wieder Reibungen mit einem Teil ihrer Politik hatten, möchte ich betonen, dass sie bis zuletzt zu ihren Ideen stand. Wir beerdigen sie als Mensch und nicht als Heldin. Hier enden ein Teil deutscher Geschichte und ein Teil einer Familiengeschichte. Möge sie ruhen nach einem langen und schwierigen Leben.«

Ein Mann sitzt etwas abseits auf einer Bank. Die Familie vermutet einen »Bild«-Reporter. Roberto geht auf ihn zu und fragt, ob er von der »Bild«-Zeitung sei. »Nein«, sagt der Mann, »ich wollte deiner Großmutter nur diese Blume bringen.« Er hatte eine Rose in der Hand.

Dieser verdammte Verfolgungswahn will bei Roberto einfach nicht weichen. Dieses »Über-die-Schulter-Schauen«, ob da jemand hinter ihm her sei, ist ein verinnerlichter Reflex, der nicht einmal vor einer Totenhalle Halt macht. Neben Blumensträußen legt jemand eine Karte ab: »Sepelio de la señora Margoth Honecker«[1].

»Einen Raum voller Blumen hasse ich. Der Duft der Blumen mischt sich mit dem Geruch des Todes auf trügerische Weise. Bedeutend mehr Menschen kamen zum Velatorio am Tag vor der offiziellen Trauerfeier. Es ist der intensivere Tag. Beim ›Velatorio‹ verabschiedet man sich ganz persönlich. Der Sarg wird aufgebahrt, und die Leute können das Gesicht des Toten anschauen.

Die Frau, die jahrelang bei meiner Oma gearbeitet hatte, aus der Poblation[2], war eine der wenigen, die ich weinen sah. Sie hatte gerne bei uns gearbeitet. Meine Oma hatte immer für sie und mich gekocht. Ein älterer Herr saß mit seiner Frau still in einer Ecke, nachdem er schnell in den Sarg geschaut hatte. Ich erinnerte mich sofort an ihn. Erst vor einigen Tagen gab er ein Interview im staatlichen Fernsehen. Als Comandante der Luftwaffe Allendes hatte er sich beim Putsch geweigert, die Seiten zu wechseln, und wurde festgenommen.

Auf einmal klingelte mein Handy. Es ist meine Freundin Magdalena: »¿Vamos a comernos una pizza?«[3] Sie kam, sah sich meine tote Oma an und überreichte mir ein Buch von Tristan Tzara[4] als Geschenk. Ich legte das Buch auf den Tisch, und wir gingen zwei Straßen weiter und verspeisten eine Pizza. Als wir wieder zurück-

---

1 »Zur Bestattung von Frau Margot Honecker«.
2 Bevölkerung.
3 »Wollen wir eine Pizza essen?«
4 Tristan Tzara, rumänischer Schriftsteller (1896-1963) und Mitbegründer des Dadaismus.

kamen, war das Buch des Dadaisten verschwunden. Ein Diebstahl auf einer Totenmesse!

Am Ende, als fast keiner mehr da war, kam der Botschafter Kubas. Da hatte die Stille schon gewonnen.

Omas Abwesenheit ist ungewohnt. Sie war immer da. Auf einmal war sie weg. Sie bezeichnete sich als Atheistin und sagte mir mahnend, dass alles vorbei ist, wenn man stirbt. Eine starke Frau stirbt, obwohl sie über den Tod hinaus die Dinge bestimmen will. Es waren mit ihr schöne Zeiten für einen Enkel – und schwierige Jahre für einen Dichter. Sie hatte mir kurz vor ihrem Tod einen Teil meiner Zahnbehandlung in Raten bezahlt, mit Schecks. Sie fragte mich: ›Aber wenn ich tot bin, können die Schecks ja gar nicht mehr abgehoben werden?‹ Und ich antwortete: ›Da geht's dich doch gar nichts mehr an.‹ Sie lachte verzweifelt und antwortete: ›Ja, da hast du recht.‹

Ein deutscher Freund schrieb mir: ›Mein Beileid. Auch wenn du es mit ihr nicht leicht gehabt hast: Oma bleibt Oma.‹ Ein Testament? Nicht, dass ich es wüsste. Sie hat, auch wenn die Mehrheit sie hasst, ein politisches Testament hinterlassen. Das kann man nicht einfach wegwischen. Ja, sie konnte auf anderen herumtreten, hat deren Meinungen nicht hören wollen. Bei Kritik wurde sie innerlich wütend, aber sie zeigte es nicht. Sie war auch in gewisser Weise böse und weise zur gleichen Zeit. Sie tat so, als würden Millionen Menschen auf der Welt noch an den Gott des Kommunismus glauben, dass er sehr populär sei.

Wie schon gesagt, ich will mich abtrennen, gesund werden und das Kreuz, das ich getragen habe, endgültig ins Museum der Geschichte legen. Für mich wäre es einfacher gewesen, sie hätte etwas speziell für mich hinterlassen, aber ich habe mich getäuscht. Ich bin in einem Matriarchat aufgewachsen und musste bis 2016 mit der Essenz der DDR leben. Ich war der letzte Bürger der DDR. Diesen Geist zu begreifen, zu deuten und ihm zu widerstehen, das musste ich über zwei Jahrzehnte lernen. Der Tod meiner Großmutter war für mich der Fall der Mauer. Am 6. Mai 2016 habe ich die DDR verlassen.«

87 Die Künstlerstadt Valparaiso.

88 Plaza del Poeta, neben der Skulptur des Dichters Huidobro.

Das Leben danach

Nach dem Tod der Großmutter im Mai 2016 muss Roberto das Haus in Santiago, das er 23 Jahre lang mit ihr gemeinsam bewohnt hat, verlassen. Dem plötzlichen Alleinsein und seiner Trauer will er etwas Neues entgegensetzen. Jetzt muss er Abstand gewinnen zu seinem bisherigen Leben, Momente der Ruhe finden für einen Neustart, für ein Danach ohne Großmutter, die eigentlich seine Mutter gewesen ist. Sie war ihm nah und fern zugleich. Beide funktionierten im Alltag wie ein Magnet, dessen Kraftfeld anzieht oder abstößt. Für diese außergewöhnliche Beziehung, ja Symbiose, muss er erst noch einen Begriff finden. Aber das kann dauern. Wieder mal war es ein ungewollter Abschied ohne die Chance auf ein Wiedersehen. Eine Entlassung, diesmal eine unumkehrbare Entlassung in die Selbstständigkeit.

»Ich war gerade dabei, meine Maler-Utensilien zu säubern, da kam wie aus heiterem Himmel mein Vater mit einem Kleintransporter und begann einige von Omas Möbeln aus dem Haus zu schleppen. Ich schaute ihn ganz verwundert an. Was soll das bedeuten? Er kam dann jeden Tag, um weitere Möbel zu verladen. So wurde mir ohne Worte klar, dass ich mein Zimmer, das langjährige Zuhause zu verlassen hatte. Kurz, ich wurde rausgeschmissen. Meine Bücher konnte ich noch retten, die jetzt bei einem Freund in der Garage stehen.

Mitten in das überstürzte Packen der Sachen klingelte das Telefon. Zu meiner völligen Überraschung war es Claudia, meine große und erste Tochter. Wir hatten lange Zeit keinen Kontakt. Sie wolle ›nur mal nachfragen‹, wie es mir geht. Sie wohne jetzt in Valdivia und würde sich freuen, wenn ich sie besuchen käme. In dieser Situation ein rettender Zufall, der mir einen neuen Zielort schenkte. Am Ende des Telefonats schaute ich durch Großmutters Wohnzimmerfenster auf ihre Kakteen-Sammlung im Garten. Manche Esoteriker sagen, dass Kakteen eine Brücke zur Welt der Toten bauen.

Oma kürzte ihre Rosen immer selbst und kümmerte sich um alle Pflanzen auf dem Grundstück. Eine einzige Pflanze war meine: eine Palme. Sie war von ganz allein aus dem Boden gesprossen. Einmal im Jahr sagte Oma zu mir: ›Schau, die Palme ist wieder gewachsen.‹ Es war ihre Botschaft an mich, dass sie sich um mich kümmerte.

Jetzt plante ich die Abfahrt nach Valdivia, sammelte die schönsten Fotos von Oma und meine wichtigsten Sachen ein. Darunter ein Koffer voll mit Gedichten, die ich in 24 Jahren geschrieben hatte. Stets wenn ein Heft voll war, kam es in ein spezielles Fach. Frühe Versuche von Theaterstücken, Erzählungen und einen kurzen Roman legte ich dazu. Dann hupte das Taxi und brachte mich zum Busbahnhof im Westen der Stadt. Von dort führt eine dreispurige Straße auf die Panamericana, von der aus man die Richtung nach Norden oder Süden wählen kann. Man bemerkt es sofort, wenn man das Stadtgebiet von Santiago verlässt. Dann ist man in Amerika.

Auf der Busfahrt las ich die ›Gesänge des Maldoror‹. Das Phantom des Bösen. Leben bedeutet Leid und Schmerz, und die Erinnerungen suchen uns grausam heim. Der Autor Isidore Ducasse[5] ist der Gott der Surrealisten. Bei mir hatte ich außerdem Rimbaud: ›Sämtliche Werke‹, Marx und Engels: ›Das Kommunistische Manifest‹, Neruda: ›Aufenthalt auf Erden‹ und einen Bildband über die Malerei von Max Ernst. Einige Originale von Nicanor Parra[6], die er mir in den Neunzigern geschenkt hatte, sind sicher verpackt. Großmutter war persönlich verantwortlich für diese Originale. Sie hatte sie in ein großes Kuvert gesteckt und handschriftlich vermerkt: ›Originale Parra‹. Der wertvolle Um-

---

5 Isidore Lucien Ducasse (Pseudonym: Lautréamont, auch Comte de Lautréamont; 1846-1870), französischer Dichter, dessen einziges Werk »Die Gesänge des Maldoror« auf die Literatur der Moderne und auf den Surrealismus großen Einfluss ausübte.

6 Nicanor Parra Sandoval (1914), chilenischer Dichter, Begründer der »Antipoesie«.

schlag hatte seinen Platz neben der Brille, den Handschuhen und dem Leninorden des Großvaters.«

Nach einer zehnstündigen Reise im Überlandbus kommt Roberto am nächsten Nachmittag bei seiner Tochter in Valdivia an. Der Ort liegt am Pazifik, 700 km südlich der Hauptstadt. Er hält einen traurigen Weltrekord. Hier ereignete sich 1960 das schwerste jemals gemessene Erdbeben mit 9,5 von 10 möglichen Einheiten auf der seismologischen Richterskala. Tausende Tote und Verletzte waren zu beklagen. Chile liegt am westlichen Rand der »Südamerikanischen Platte«, am sogenannten »Pazifischen Feuerring«. Es wird immer wieder von schweren tektonischen Beben und Vulkanaktivitäten heimgesucht.

Roberto musste bereits lernen, mit dieser Gefahr zu leben. Wo immer er sich in diesem Land auch aufhält, es vergeht kaum ein Tag, an dem nicht irgendwo die Erde schwankt. Selbst im Schlaf spürt er die kleinsten Erschütterungen. Sein Unterbewusstsein reagiert auf die Erdstöße antizipatorisch. Es signalisiert ihm, ob er weiterschlafen kann oder sofort aus dem Haus rennen muss. Erst im Dezember des letzten Jahres konnte er in Valdivia die tektonischen Stöße vom fast 300 km entfernten Beben vor der Küste der Hafenstadt Puerto Montt wahrnehmen. Das Erdbeben hatte eine Stärke von 7,7 auf der Richterskala.

Während des Umzugs von Santiago nach Valdivia hat er keinen Gedanken an den unberechenbaren »Feuerring« verschwendet. Er ist ausschließlich mit sich selbst beschäftigt.

In einem kleinen Viertel am Wald bezieht er eine Wohnung mit Küche und Bad. An der Rückwand des Vorderhauses sind drei weitere Behausungen angebaut. Er richtet sich ein kleines Atelier ein. Der Hund liegt unter dem Schreibtisch.

In der neuen Umgebung entstehen vorwiegend Bilder von 100 x 100 cm Größe. In den Motiven kämpft der Seelenschmerz der letzten Wochen mit den irdischen Urgewalten.

Valdivia ist eine Stadt, die immer mit der Natur kämpft. Manchmal gewinnt die Stadt, manchmal die Natur. Wie von einem Dirigenten geleitet, fällt der Regen. Er kann fünf oder sechs Tage ununterbrochen auf die Erde prasseln. Mit dem letzten Paukenschlag des Naturorchesters zerreißt die Sonne die Wolken. Dann blenden die reflektierenden Sonnenstrahlen von tropfenden Dächern und nassem Kopfsteinpflaster. Ein Aufatmen geht durch die Natur, so wie beim Orchester der Beifall am Ende eines Konzertes die Anspannung der Musiker in Glücksgefühle auflöst.

An den Rändern der Alleen wächst hohes Gras, es wird nur einmal im Jahr geschnitten. Die fetten Seelöwen faulenzen an Sonnentagen auf dem Rücken liegend auf schwimmenden Plattformen, die für diesen Zweck angeschafft wurden. Den Fischmarkt umgeben metallene Zäune, damit die Seelöwen nicht die Fische der Händler stehlen oder Menschen beißen.

Auf dem Meeresarm ins Innere des Landes fahren Touristenschiffe und die Yachten der Reichen. Von den Booten aus bestaunen Urlauber nicht nur die Seelöwen. Schwäne mit schwarzem Hals sind eine weitere Attraktion. Die großen Vögel sind selten und stehen unter Artenschutz. Sie zeichnet ein außergewöhnliches Sozialleben aus. Stößt einem Mitglied einer Schwanenfamilie ein Unglück zu, kann es sein, dass ein anderes Tier der Vogelfamilie aus Trauer Suizid begeht.

Die Stadt mit ihren fast 140 000 Einwohnern gilt als die deutscheste in ganz Chile. Vicente Pérez Rosales holte die Einwanderer aus Europa nach Südamerika, wo diese Wälder abholzten und die Landwirtschaft entwickelten. Ihre Nachfahren prägten Wirtschaft und Kultur. Noch heute sind einige Nachnamen in Valdivia geläufig: Schwencke, Kunstmann, Andwanter. Die erste Brauerei des Landes bezeugt die germanischen Wurzeln genauso wie heute noch die Herstellung »deutscher Wurst«. »Kunstmann-Bier« ist die bekannteste Sorte im Süden Chiles.

Für Roberto, den gebürtigen Berliner, ist das nur eine amüsante Reminiszenz an die alte Heimat. Er selbst trinkt so gut wie keinen Alkohol, nur wenn es ganz heiß ist vielleicht ein kleines Bier. Cola dagegen nimmt er in Litern zu sich. Dazu am Tag bis zu drei Schachteln Zigaretten. Deshalb verabredet er sich mit Freunden und Bekannten nur in Restaurants, die Freiluftsitze haben.

In den Straßencafés streunen Hunde zwischen Stühlen und Tischen umher. Besucht man wiederholt sein Stammlokal, kann es sein, dass sich ein und derselbe Hund zu Füßen legt und auf ein Almosen wartet. Roberto findet nach ein paar Wochen in Valdivia einen dieser Streuner besonders liebenswert. Hündin Leonora fällt ihm auf, weil sie bei Gesprächen mit seinen Freunden den Kopf hebt und die Ohren spitzt.

»Der Hund vor unserem Tisch, so schien es mir, lachte über die Witze, über die meine Freunde nicht lachen. Tiere lachen über die Eitelkeit der Menschen. Mein heutiger Hund kennt Klecks. Sie sind sich begegnet im Himmel der Haustiere. Und jetzt will er mir erzählen, wie es Klecks nach dem Einschläfern ergangen ist, ob er auch ein paar Engeln in die Beine gebissen hat. Aber da Hunde nie sprechen werden, meint Leonora mir vor dem Schlafengehen ein paar Hundeküsse geben zu müssen. Beim Morgengrauen sitzt sie am Fenster und beobachtet die dunklen Wolken. Wiederholt schaut sie her, ob ich noch schlafe. Dann gehe ich an die Tür und lasse sie in den Hof. Das Hupen der Autobusse dringt durch den Türspalt. Leonora begrüßt die Hündin der Nachbarn.

Ich schlafe noch eine Viertelstunde. Habe ich heute nicht auch von Klecks geträumt? Er wartet noch auf mich, auf seinen Robi. Stets war er mein und auch Opas Leibwächter, bis er auf einmal nicht mehr kam. Im Tierhimmel sitzt mein Klecks und wundert sich, warum kein Fotograf mehr an ihm interessiert ist. Es war ja ein Fotograf, der den Mächtigen diente. Die Engel bringen ihm zwei Fotografien und sagen zu ihm: ›Der Robi ist jetzt wieder in Valparaiso, er ist schon 44 Jahre alt, und er denkt immer an dich. Und Leonora sitzt bei ihm und passt auf ihn auf … Schau, so sieht er jetzt aus, und das ist Leonora.‹«

89 Gemälde von Roberto Yáñez, 2017.

Letzter Akt

Beim Erscheinen dieses Buches wird es 25 Jahre her sein, dass der Großvater nach seiner Haftentlassung ins chilenische Exil fliegt und dort seinen Enkel wiedersieht. Seit dem Tod der Oma vor zwei Jahren beginnt für Roberto eine neue Zeitrechnung. Eigentlich könnte er das Kapitel der Großeltern abschließen, sie sind ja schließlich beide tot. Aber noch sind sie nicht begraben, stehen ihre Urnen bei einem Freund der Familie und warten auf die letzte Ruhestätte.

Wie Untote geistern die Großeltern in Robertos Träumen umher. In der Familie sind die Meinungen über den allerletzten Akt höchst unterschiedlich. Seine Mutter möchte die Asche ihrer Eltern dem Pazifik übergeben. Am Ganges werden die Leichen verbrannt und die Asche in den Fluss geworfen. Warum sollen Margot und Erich Honecker nicht ihre letzte Ruhe im größten Meer der Erde finden, was so viele Kontinente miteinander verbindet? Für die einstigen kommunistischen Internationalisten eine nicht unpassende Bestattungsform.

Roberto dagegen glaubt, dass die Großeltern zur deutschen Geschichte gehören und dorthin auch zurückkehren sollten. Am besten auf den Friedhof der Sozialisten in Berlin-Friedrichsfelde an die Seite ihrer ehemaligen Genossen. Den Weg zu diesem Ort kennt er seit Kindheitstagen. Er muss sich nur erinnern an die Fußmärsche an der Hand seines Vaters auf den kalten Straßen von Berlin.

Nachwort

Im Haus von Margot Honecker in Santiago de Chile hatten wir im Jahr 2001 unsere erste Begegnung. Wir unterhielten uns über die Kunst der Gegenwart und ob darin der Expressionismus noch einen Patz habe. Damals schenkte mir Roberto einen Gedichtband mit Widmung. Erst zehn Jahre später nahmen wir wieder miteinander Kontakt auf, um einen Gedichtband in der Insel-Reihe herauszugeben. 2013 verknüpften wir das Erscheinen der Publikation mit einer Ausstellung seiner Gemälde in der Galerie Kornfeld in Berlin. Während der Vorbereitungen zu seiner ersten Rückkehr nach Deutschland begannen wir mit den Dreharbeiten zum Dokumentarfilm über sein Leben. Die Ausstrahlung des Films im November 2013 fand wie die Bilderausstellung eine große öffentliche Resonanz. Nach dem Tod von Margot Honecker ermunterte uns der Verleger des Suhrkamp Verlages Jonathan Landgrebe, aus Filmgesprächen und Dokumenten des Nachlasses der Großmutter ein Buch zu gestalten. Als Regisseur der Filme zum Thema »Honecker« übernimmt Thomas die Aufgabe, Filmgespräche, Mailverkehr, Robertos Texte und die verfügbaren Dokumente in einen einheitlichen Text zusammenfließen zu lassen. Im September 2017 und im April 2018 haben wir in Santiago und Valparaiso den Text gemeinsam abgeglichen und ergänzt. Aufgrund der im Buch beschriebenen komplizierten Lebenssituation von Roberto nach dem plötzlichen Wechsel der Kulturen haben uns Erinnerungen von Freunden und Wegbegleitern der Familie besonders geholfen, bestimmte Zeitabschnitte in seiner Biografie zu rekonstruieren.

Thomas Grimm, Roberto Yáñez
Mai 2018

Dank

Pina Lewandowsky, die im »Hotel Zum Kranichsee« in Weiters-
glashütte den Frühstücksraum zur Schreibstube degradieren ließ
und die im April 2013 in Santiago wesentlich den Grundstein des
Vertrauens zwischen den beiden Autoren legte, Marion Wächter,
die in Trampe/Uckermark manche Schreibblockade mit einem
guten Essen zu überwinden half, Heike und Matthias Boven-
siepen, in deren »Marktschenke« am Alexanderplatz es auch zu
später Stunde noch eine Suppe gab, Ruth Wysseier und Werner
Swiss Schweizer, die am Bieler See mit goldprämiertem Chasselas-
Weißwein und einem klugen Hinweis das Schreiben unterstützten, Gerd Mangelsdorf für seine historische Begriffsschärfung.
Friedrich von Heydwolff großen Dank für motivierende Telefonate mit Roberto und seine informative Betreuung des Pro-
jekts von Beginn an, Gabriele Funke für das laufende und kritische Durchsehen des Manuskripts, James-Anthony Wehse, der
in den Tiefen der digitalen Welt so manch verschollen geglaubtes
Filmgespräch fand, Diego Aguirre, der erstmals über seine Zeit
als Assistent bei Erich Honecker sprach, Jan Schabowski, der viele
Jahre im selben Haus wie Roberto wohnte, Bernd Brückner, der
so mancher Person den echten Namen zuordnen konnte, Mario
Blasberg, der mit seinem »Zeit«-Interview mit Roberto unseren
Kontakt wiederaufleben ließ.

Wolfgang Fandrich, der sich – oftmals gegen den Zeitgeist – für
das Thema »Honecker« immer eingesetzt hat, Thomas Kunze, der
die Flucht der Honeckers wie seine Westentasche kennt.

Ein besonderer Dank gilt dem Engagement unseres Verlegers
Dr. Jonathan Landgrebe, der trotz vieler Probleme und Unwäg-
barkeiten, die das Projekt zwischen Chile und Deutschland zu
überwinden hatte, stets von einem Gelingen überzeugt war.

Zeittafel

12.8.1912	Erich Honecker in Neuenkirchen an der Saar geboren.
17.4.1927	Margot Honecker in Halle an der Saale geboren.
8.Mai 1945	Ende des Zweiten Weltkrieges, Deutschland wird in vier Besatzungszonen aufgeteilt, Ostdeutschland und Berlin-Ost werden unter sowjetische Hoheit gestellt.
1946	Erich Honecker wird Vorsitzender der neu gegründeten Freien Deutschen Jugend (FDJ) und Mitglied der Sozialistischen Einheitspartei Deutschlands (SED).
	Margot Honecker wird Mitglied der SED und im FDJ-Kreisvorstand Halle FDJ-Sekretärin für Agitation und Propaganda.
7.10.1949	Gründung der Deutschen Demokratischen Republik (DDR), Wilhelm Pieck wird der erste Präsident.
1950	Erich Honecker wird Kandidat und 1957 Mitglied des Politbüros der SED, des höchsten Führungsgremiums der Partei unter der Führung von Walter Ulbricht.
1963	Margot Honecker wird Volksbildungsministerin der DDR bis 1989.
3.5.1971	Erich Honecker löst Walter Ulbricht an der Spitze der Partei ab und wird Erster Sekretär des Zentralkomitees der SED (ab 1976 Generalsekretär) und Vorsitzender des Nationalen Verteidigungsrates.
10.10.1974	Roberto Leonardo Yáñez Betancour y Honecker geboren.
29.10.1976	Die Volkskammer der DDR wählt Erich Honecker zum Staatsratsvorsitzenden. Erich Honecker ist damit sowohl in der staatlichen wie in der parteilichen Hierarchie der erste Mann; er ist auf dem Höhepunkt seiner Macht.
1978	Margot Honecker führt für Schüler der 9. und 10. Klassen Wehrkundeunterricht ein.

18.8.1989	Erich Honecker wird im Regierungskrankenhaus Berlin-Buch an Galle und Dickdarm operiert. Dabei entdecken die Ärzte einen Nierentumor, was sie dem Patienten nicht mitteilten. Erich Honecker wird in das Gästehaus der Regierung nach Groß Dölln zur Rekonvaleszenz gebracht.
19.8.1989	Die ungarische Regierung öffnet teilweise und am 11.9.1989 überall die Grenze zu Österreich.
22.9.1989	Erich Honecker nimmt in Berlin seine Amtsgeschäfte wieder auf.
30.9.1989	Etwa 4000 DDR-Flüchtlinge erhalten vom Balkon der Prager Botschaft durch den Außenminister der Bundesrepublik Deutschland die Nachricht, dass ihre Ausreise in den Westen durch die DDR-Behörden genehmigt wurde. Die Bilder der jubelnden Flüchtlinge gehen um die Welt.
6./7.10.1989	Staatsfeierlichkeiten zum 40. Jahrestag der DDR in Anwesenheit von Michail Gorbatschow; Demonstrationen werden in Berlin mit Gewalt niedergeschlagen.
10.10.1989	Robertos 15. Geburtstag.
17.10.1989	In der Politbürositzung stimmen an diesem Tag alle Mitglieder einschließlich Erich Honeckers für dessen Absetzung als Generalsekretär der SED.
18.10.1989	Erich Honecker tritt offiziell aus gesundheitlichen Gründen auf der Tagung des Zentralkomitees der SED von seinen Ämtern zurück.
20.10.1989	Margot Honecker tritt von ihren Ämtern zurück.
9.11.1989	Günter Schabowski öffnet auf einer Pressekonferenz die Berliner Mauer.
30.11.1989	Dem Ehepaar Honecker wird der Mietvertrag für sein Haus Nr. 11 in der Waldsiedlung Wandlitz gekündigt.
3.12.1989	Erich Honecker wird aus der SED ausgeschlossen.
5.12.1989	DDR-Staatsanwaltschaft leitet Ermittlungsverfahren gegen Erich Honecker ein.
7.12.1989	Hausdurchsuchung Haus 11.

14.12.1989	Freie Präsidentschaftswahlen in Chile, nachdem in einer Volksabstimmung 1988 eine Wiederwahl Pinochets ausgeschlossen wurde. Bei einer Wahlbeteiligung von 90 % erhielt der Christdemokrat Patricio Aylwin vom Parteienbündnis Concertacion, ein Mitte-links-Bündnis aus Christdemokraten, Liberalen, Sozialdemokraten und Sozialisten, 55,2 % der Stimmen. Die KPC geht in die Opposition.
10.1.1990	Erich Honecker wird in der Charité ein Nierentumor entfernt.
28.1.1990	Festnahme von Erich Honecker in seinem Krankenzimmer. Zwei Beamte bleiben über Nacht an seinem Bett.
29.1.1990	Einlieferung in das Haftkrankenhaus des Gefängnisses Berlin-Rummelsburg.
30.1.1990	Entlassung wegen Haftunfähigkeit. Aufnahme des Ehepaares Honecker durch Pfarrer Holmer in sein Pfarrhaus in Lobetal.
13.2.1990	Einigung auf Zwei-plus-Vier-Gespräche der beiden deutschen Staaten mit den Siegermächten des Zweiten Weltkrieges über den zukünftigen Status Deutschlands und den Abzug der sowjetischen Truppen vom Gebiet der DDR.
28.2.1990	Roberto reist mit seiner Familie nach Santiago de Chile aus.
11.3.1990	Der gewählte Präsident Chiles Patricio Aylwin tritt das Amt an.
18.3.1990	Erste freie Volkskammerwahlen in der DDR. Lothar de Maizière löst den bis dahin amtierenden Ministerpräsidenten Hans Modrow ab. Honeckers ehemalige Staatspartei PDS/SED erhielt nur 66 von 400 Sitzen in der neuen Volkskammer.
3.4.1990	Das Ehepaar Honecker kommt im sowjetischen Militärhospital in Beelitz unter. Nach einer wiederholten Untersuchung auf Haftfähigkeit stellten die Ärzte bei Erich Honecker eine Verdachtsdiagnose auf bösartigen Lebertumor.
3.10.1990	Herstellung der deutschen Einheit. Am Vorabend werden die Ermittlungsakten im Fall »Erich Honecker« von der Generalstaatsanwaltschaft der DDR an die der Bundesrepublik übergeben.

30.11.1990	Das Amtsgericht Tiergarten erlässt einen Haftbefehl gegen Erich Honecker wegen des Verdachts, dass er den Schießbefehl an der innerdeutschen Grenze 1961 angewiesen und 1974 bekräftigt habe. Der Haftbefehl kann nicht vollstreckt werden, da Honecker sich in Beelitz unter dem Schutz der sowjetischen Streitkräfte befindet.
13.3.1991	Das Ehepaar Honecker wird mit einem sowjetischen Militärflugzeug von Beelitz nach Moskau ausgeflogen. Bundeskanzler Helmut Kohl wird durch den sowjetischen Staatspräsidenten Michail Gorbatschow vorab informiert.
15.3.1991	Mit Hinterlegung der Ratifizierungsurkunde durch den sowjetischen Außenminister tritt der Zwei-plus-Vier-Vertrag offiziell in Kraft. Damit verbunden ist der Abzug der sowjetischen Streitkräfte auf deutschem Boden bis zum Jahre 1994.
12.6.1991	Boris Jelzin wird in der Präsidentschaftswahl zum Präsidenten Russlands gewählt.
19.-21.8.1991	Augustputsch in Moskau. Nach der Niederschlagung des Putsches Verbot der KPdSU auf dem Gebiet Russlands. Michail Gorbatschow tritt von seinem Amt als Generalsekretär der KPdSU zurück.
Oktober 1991	Staatsbesuch von Bundeskanzler Helmut Kohl in Chile.
11.12.1991	Flucht der Honeckers in die chilenische Botschaft in Moskau, nachdem sie zuvor vom russischen Justizminister aufgefordert werden, das Land zu verlassen, andernfalls erfolge die Abschiebung.
25.12.1991	Michail Gorbatschow tritt als Präsident zurück. Er übergibt die Amtsgeschäfte an den russischen Präsidenten. Die rote Flagge der Sowjetunion mit Hammer und Sichel wird eingeholt und die weiß-blau-rote Landesflagge Russlands auf dem Kreml gehisst. Am 31.12. hört die Sowjetunion auf zu existieren.

Februar 1992	Erich Honecker wird in Moskau untersucht. Dabei wird der bereits in Beelitz geäußerte Verdacht auf Leberkrebs und weiteren Metastasen-Befall durch eine Ultraschall-Untersuchung bestärkt. Nur drei Wochen später wird der Befund korrigiert. Die Computertomographie habe keinen Befall erkennen lassen, es seien nur Schatten. Damit wird Erich Honecker durch die russische Regierung zum Simulanten abgestempelt. Der russische Justizminister bestätigt die Überstellung Honeckers nach Deutschland.
März 1992	Der chilenische Botschafter Clodomiro Almeyda wird zurück nach Chile beordert. Der Diplomat James Holger übernimmt den Fall »Honecker« in Moskau.
29.7.1992	Erich Honecker verlässt die chilenische Botschaft in Moskau und wird in russischem Gewahrsam nach Berlin ausgeflogen. Auf dem Flughafen Tegel wird er von den deutschen Behörden verhaftet und in die Justizvollzugsanstalt Moabit gebracht. In Chile gibt es daraufhin Proteste von Exilchilenen, die Honeckers Freilassung fordern.
4.8.1992	Nach einer erneuten Untersuchung im Haftkrankenhaus Moabit bestätigen die deutschen Ärzte die erste Moskauer Ultraschall-Untersuchung. Honecker leidet an Leberkrebs.
19.10.1992	Die Anklage gegen Honecker wird durch das Landgericht Berlin zum Hauptverfahren zugelassen.
3.12.1992	Erklärung Erich Honeckers zu den Vorwürfen des Gerichts.
28.12.1992	Das Berliner Kammergericht folgt dem Gutachten der medizinischen Sachverständigen. Es sei davon auszugehen, dass infolge eines bösartigen Tumors in der Leber Honeckers Verhandlungsfähigkeit mit hoher Wahrscheinlichkeit nicht mehr lange bestehen werde. Er werde mit an Sicherheit grenzender Wahrscheinlichkeit den Abschluss des Verfahrens nicht überleben. Hiergegen erhoben Honeckers Anwälte Verfassungsbeschwerde. Die Menschenwürde umfasse insbesondere das Recht eines Menschen, in Würde sterben zu dürfen.
12.1.1993	Der Verfassungsgerichtshof entspricht der Verfassungsbeschwerde Honeckers und hebt den Haftbefehl auf.

13.1.1993   Nach 169 Tagen wird Honecker aus der Untersuchungs-
              haft entlassen und fliegt noch am selben Tag nach Santiago
              de Chile zu seiner Familie. Die Freilassung Honeckers löst
              Proteste von Opfern der SED-Herrschaft und in Chile Will-
              kommensbekundungen aus.

29.5.1994   Erich Honecker stirbt an seiner Krebserkrankung in Santia-
              go de Chile, La Reina.

11.3.2006   Michelle Bachelet wird die erste Präsidentin Chiles.

10.12.2006   Tod von Augusto Pinochet im Militärhospital in Santiago,
              La Reina.

6.5.2016   Margot Honecker stirbt in Santiago de Chile, La Reina.

Anmerkungen und Quellen

Für die Erarbeitung dieses Buches wurden insbesondere Zeitzeugen-Gespräche aus dem Bestand des Zeitzeugenarchivs von Thomas Grimm genutzt, die untenstehend dokumentiert sind.

Im Text sind diese Gespräche als Quellen nicht einzeln nachgewiesen. Im gesamten Buch stammen Zitate, so untenstehend nicht andere Quellen dokumentiert sind, aus diesen als Zeitzeugen-Gespräch aufgezeichneten Interviews mit den jeweiligen Personen. Zitate von Roberto Yáñez entstammen ebenfalls diesen Interviews oder aus von ihm schriftlich festgehaltenen, bisher unveröffentlichten Erinnerungen im Archiv von Zeitzeugen TV.

Zitierte Briefe von Familienangehörigen stammen aus dem unveröffentlichten Vorlass von Roberto Yáñez im Archiv von Zeitzeugen TV.

Im Text wurde auch bei Zitaten aus der Literatur zum Thema bewusst auf Fußnoten verzichtet. Die Nachweise finden sich stattdessen kapitelweise untenstehend.

Karl Liebknecht und Rosa Luxemburg

Das Zitat von Rosa Luxemburg stammt aus: Die russische Revolution. Eine kritische Würdigung: Berlin 1922, S. 109; Rosa Luxemburg: Gesammelte Werke, Bd. 4, S. 359, Anm. 3, Dietz Verlag Berlin (Ost), 1983.

Tod der Schwester Mariana

Die Erinnerungen von Bernd Brückner sind zitiert nach: Brückner, Bernd: An Honeckers Seite. Der Leibwächter des ersten Mannes. Berlin 2014, S. 194.

Der Songtext von »Depeche Mode« folgt den Worten von Martin L. Gore, 1986, Sonet Records & Publishing Ltd.

Das Haus 11 in der Waldsiedlung Wandlitz

Das Protokoll der Sitzung des Politbüros zur Versorgungssituation bei Kinderhosen ist dokumentiert bei: Malycha, Andreas: Die SED in der Ära Honecker. Machtstrukturen, Entscheidungsmechanismen und Konfliktfelder in der Staatspartei 1971-1989. Oldenburg 2014, S. 338.

Exilland DDR
Bernd Brückner wird zitiert nach: Brückner, Bernd: An Honeckers Seite.
Der Leibwächter des ersten Mannes. Berlin 2014, S. 177.

Großvaters Jagdhaus Wildfang
Bernd Brückner wird zitiert nach: Brückner, Bernd: An Honeckers Seite.
Der Leibwächter des ersten Mannes. Berlin 2014, S. 179.

Perestroika und Glasnost – Großvater erkrankt
Das Zitat von Heinz Keßler stammt aus: Keßler, Heinz: Zur Sache und zur
Person. Erinnerungen. Berlin 1997, S. 245.

Der Sturz des Großvaters
Das Zitat über die entscheidende Sitzung des Politbüros, die in die Absetzung
Erich Honeckers mündet, stammt aus der Biografie Gerhard Schürers:
Schürer, Gerhard: Gewagt und verloren. Eine deutsche Biografie. Berlin,
1998.

Kamerateam in Wandlitz – Verhaftung des Großvaters
Das Zitat von Jan Carpentier stammt aus dem Beitrag von Elff99 »Wandlitz
– Einzug ins Paradies«, Fernsehen der DDR, 23. 11. 1989
  Das Zitat aus der »Berliner Zeitung« stammt aus der Ausgabe vom 1. 12.
1989.

Das Colegio Alemán in Santiago
Die Selbstbeschreibung der Schule stammt von der Webseite des Colegio
Alemán http://www.dsstgo.cl/web/DE/Paginas/details.aspx?ID_PUBLI-
CACION=539&Id_Cat=264 [10. 1. 2018].
  Brief von Margot Honecker an Roberto, undatiert, höchstwahrscheinlich
aus der sowjetischen Militärgarnison Beelitz zu Beginn des Sommers
1990 (Archiv Zeitzeugen TV).
  Die Vorwürfe gegen Erich Honecker, die zum Haftbefehl führen, sind
zitiert nach: Kunze, Thomas: Staatschef a. D., Berlin 2001, S. 123.
  Das Zitat von Erich Honecker vom Tag seiner Verhaftung in der Charité
entstammt dem Buch Andert, Reinhold, Herzberg, Wolfgang: Der Sturz.
Honecker im Kreuzverhör. Berlin 1990, S. 43.

Die Familie lebt sich ein
Das Zitat über einen Brief des Enkels Roberto an seinen Großvater und
die Äußerung über Egon Krenz vor Gericht stammen aus einem Brief von

Margot Honecker an ihren Bruder Manfred Feist und dessen Frau Edith vom 14.5.1991 (Haus der Geschichte Bonn).

Das Zitat von Tochter Sonja stammt aus einem Brief von Margot Honecker an ihren Bruder vom 26.5.1991 (Haus der Geschichte Bonn).

Die erste große Liebe

Der zitierte Brief von Margot Honecker an ihren Enkel ist nicht datiert, nach dem Inhalt zu urteilen, wurde er im Oktober/November 1991 in Moskau geschrieben (Archiv Zeitzeugen TV).

Bald volljährig – Auslieferung des Großvaters aus Moskau

Der zitierte Brief von Roberto an seinen Großvater ist undatiert, höchstwahrscheinlich aus dem Oktober 1992; er ist erhalten geblieben in einer Abschrift von Erich Honecker.

Der »Störfall Honecker« ist zitiert nach Pabsch, Wiegand: Zeitgeschichten aus dem Leben eines Taugenichts. Bonn 2002, S. 452.

Uwe Wesel wird zitiert nach: Wesel, Uwe: Ein Staat vor Gericht. Der Honecker-Prozeß. Frankfurt am Main 1994, S. 9.

Reise in die Atacama-Wüste

Zitat über die Untersuchungshaft 1935 aus einem Brief von Erich Honecker an Roberto aus Moabit vom 22.10.1992.

Literatur

Andert, Reinhold, Herzberg, Wolfgang: Der Sturz. Honecker im Kreuzverhör. Berlin 1990.

Bark, Karlheinz (Hg.): Surrealismus in Paris 1919-1939. Ein Lesebuch. Leipzig 1996.

Bender, Peter: Episode oder Epoche? Zur Geschichte des geteilten Deutschland. München 1996.

Brückner, Bernd: An Honeckers Seite. Der Leibwächter des ersten Mannes. Berlin 2014.

Corvalán, Luis: Gespräche mit Margot Honecker über das andere Deutschland. Berlin 2001.

Danyel/Kimmel: Waldsiedlung Wandlitz. Eine Landschaft der Macht. Berlin 2016.

Grimm, Thomas: Das Politbüro privat. Ulbricht, Honecker, Mielke & Co. aus der Sicht ihrer Angestellten. Berlin 2004.

Grimm, Thomas: Was von den Träumen blieb. Eine Bilanz der sozialistischen Utopie. Berlin 1993.

Grimm, Thomas: Honecker im Kirchenasyl. Gespräch mit Uwe Holmer. Sinn und Form 1/2003.

Honecker, Erich: Aus meinem Leben. Berlin 1981.

Honecker, Erich: Moabiter Notizen. Berlin 2010.

Koch, Sebastian: Zufluchtsort DDR? Chilenische Flüchtlinge und die Ausländerpolitik der DDR. Paderborn 2016.

Kunze, Thomas: Staatschef a. D. Die letzten Jahre des Erich Honecker. Berlin 2001.

Malycha, Andreas: Die SED in der Ära Honecker. Machtstrukturen, Entscheidungsmechanismen und Konfliktfelder in der Staatspartei 1971-1989. Oldenburg 2014.

Pabsch, Wiegand: Zeitgeschichten aus dem Leben eines Taugenichts. Bonn 2002.

Riceour, Paul: Das Selbst als ein Anderer. München 2005.

Sabrow, Martin: Erich Honecker. Das Leben davor. München 2016.

Schmidt, Gerd: Ich war Butler beim Politbüro. Protokoll der Wahrheit über die Waldsiedlung Wandlitz. Schkeuditz 1999.

Schürer, Gerhard: Gewagt und verloren. Eine deutsche Biografie. Berlin 1996.

Schumann, Frank (Hg.): Post aus Chile. Die Korrespondenz mit Margot Honecker. Berlin 2016.

Wesel, Uwe: Ein Staat vor Gericht. Der Honecker-Prozeß. Frankfurt am Main 1994.

Im Buch verwendete Filmgespräche aus: Zeitzeugen-Archiv Thomas Grimm bei der DEFA-Stiftung und dem Archiv von Zeitzeugen TV, Berlin

Diego Aguirre, Gespräche 2017.

Reinhold Andert, Gespräche 2003, 2018.

Patricio Aylwin, Gespräch 2001.

Bernd Brückner, Gespräche 2003-2018.

Luis Corvalán, Gespräch 2001.

Ulrike Hainke, Gespräche 2004-2013.

Lothar Herzog, Gespräche 2004-2013.

Friedrich von Heydwolff, Gespräche 2013, 2018.

Uwe Holmer, Gespräch 2003.

Margot Honecker, Gespräche 2001-2002.
Jewgeni Janajew, Gespräch 2005.
Heinz Keßler, Gespräch 2003.
Egon Krenz, Gespräche 2004-2016.
Olaf Kühl, Gespräch 2018.
Hans Modrow, Gespräch 2017.
Ralf Opitz, Gespräch 2004.
Wiegand Pabsch, Gespräch, 2018.
Carlos Puccio, Gespräche 2001-2002.
Osvaldo Puccio, Gespräche 2001-2002.
Günter Schabowski, Gespräche 2003-2008.
Jan Schabowski, Interview 2017.
Gerd Schmidt, Gespräche 2003-2004.
Federico Schopf, Gespräch 2013.
Markus Wolf, Gespräche 2004-2006.
Roberto Yáñez, Gespräche 2013-2018.

Filme zum Thema von Zeitzeugen TV

»Honeckers Flucht. Das Ende eines deutschen Kommunisten«, Grimm/
    Kunze, ARD/MDR 2002.
»Die Honeckers privat«, Grimm/Stuhler, MDR 2003.
»Das Politbüro privat«, Grimm/Tress, MDR 2004.
»Hinter den Kulissen der Macht«, Grimm, ARTE/MDR 2005.
»Die Waldsiedlung Wandlitz«, Grimm/U. Kolano, RBB 2007.
»Das Ende des Politbüros«, Grimm/Becker, ARTE/MDR 2009.
»Honeckers Enkel Roberto«, Grimm, MDR 2013.
»Margot Honecker«, Sporn/Grimm, ZDF 2015.
»Die 50 Tage des Egon Krenz«, Sporn/Grimm, ZDF 2016.
»Die Honeckers. Die private Geschichte«, Sporn/Grimm, ZDF 2017.

Ortsregister

(Kursivierungen weisen auf Abbildungen hin)

Personenregister

(Kursivierungen weisen auf Abbildungen hin)

Bildnachweis

Aufbau Verlag, Berlin: Abb. 50
Bundesarchiv, Koblenz: 40 (Rainer Mittelstädt, 183-1989-0707-020)
Deutsche Schule Santiago de Chile: 53
Christine Kurby, Berlin: 1
picture-alliance, Frankfurt am Main: 45 (Zentralbild)

Alle weiteren Abbildungen stammen aus dem Privatarchiv von Roberto Yáñez und dem Zeitzeugen TV Archiv.